湛庐 CHEERS

与最聪明的人共同进化

HERE COMES EVERYBODY

CHEERS
湛庐

启智之火

The Greek Myths That Shape The Way We Think

塑造我们思维方式的希腊神话

[英] 理查德·巴克斯顿 Richard Buxton 著
黄悦 王新月 译

江苏凤凰文艺出版社
JIANGSU PHOENIX LITERATURE AND ART PUBLISHING

赞誉

和国内读者熟悉的文学分析视角不同，本书讲述希腊神话作为西方文明的元叙事或元故事，如何发挥文化基因的作用，规定西方人的感知和思想方式。原来世界各个古文明之间的差异是由神话传说时代塑造而成的。本书启迪人们去思考，神话原来具有如此重要的文化编码功能：何以美国人的登月飞船叫“阿波罗”，中国的登月飞船叫“嫦娥”。

叶舒宪

著名神话学学者、上海交通大学人文学院资深教授

在各民族神话那些诡谲变幻的形象和叙事背后，寄托着人类与生俱来的共通而朴素的欲望和恐惧，也蕴含人类先民最根本的困惑和思考。如果说，那些流传至今、充满象征和暗语的神话是遥远的祖先留给后人的漂流瓶，那么，这套三部曲神话读本，则用每一个现代读者都能听懂的语言，旁征博引，娓娓道来，把西方神话中那些古老的象征和暗语重新变成直抵人心的故事和教诲。

刘宗迪

北京语言大学文学院教授、民俗学研究所教授、博士生导师

希腊神话之于西方文化，正如普罗米修斯从众神那里盗取的“火种”，在人间驱散蒙昧、点燃思想、传承智慧，它照亮了人文精神的雏形，也淬炼出理性与科学的框架。

黄悦

北京邮电大学数字媒体与艺术设计学院教授、博士生导师

现代人对我们少时熟知的希腊神话、凯尔特神话、北欧神话接触越来越少，殊不知，我们现在身处的世界，我们的很多思维方式都来自那些神话故事，普罗米修斯、美狄亚、俄狄浦斯、亚瑟王、屠龙勇士，这些熟悉的名字，其实一直都离我们不远，这套解读几个重要神话谱系的丛书，将引领我们复盘，带给我们对那些波澜壮阔、神诡莫测的神话更深入的了解和思考。

张延

英国《金融时报》FT 中文网出版人

如果你曾为《指环王》的中土世界着迷，被哈利·波特的魔法吸引，追过漫威的《雷神》，或者是《魔兽世界》的忠实玩家，那么这套书将带你踏上一场惊艳的文化溯源之旅。传奇的亚瑟王、智慧的梅林，挥舞神锤对抗巨人的托尔，盗火挑战宙斯的普罗米修斯……听精灵的低语、看英雄与命运抗争。沉浸于那些动人心魄的奇幻史诗，回到人类所有故事与幻想的最初，再看它们如何变幻流传，深远影响着我们当代的文化。与神明们同行，从人类文明长河的源头直达大海。

今何在

畅销书作家，编剧，知名游戏策划

神话不仅是口口相传的古老故事，也是现代人创作取之不尽、用之不竭的灵感库，更是我们思考命运，获得勇气，改变自己人生的思想源泉。它们不断地被讲述，不断地被再造。通过这些神话，我们不但可以从中窥见先民的生活，也可以观照我们自身。

李天飞
知名学者、作家，西游文化专家

神话究竟是什么？神话学家凯伦伊认为，真正的神话并非用于解释事物，而是为了奠定事物的基础。这句话很妙。过去，我们总是认为事物的基础是物质，但到了现在，我们却越来越强烈地感受到物质之外的某种东西，似乎才是一切的起源。你可以说它是心灵，是灵魂，是意识，但是神话却通过故事告诉你，那是一种“体验”，一种“原初体验”。这种体验曾经发生在我们人类祖先的身上，让他们大为震撼。他们想把这种体验说给更多的人听，也想让它在自己身上更加长久地停留，就这样，神话诞生了。神话承载的并非幻想故事，而是这种共属于全人类的体验。因此，阅读神话就是阅读人类的童年，而理解神话就是理解我们自己。

黄天怡
资深译者，前戏剧电影制作人

真正的自信，不是独自呐喊，而是敢于用自己的方式和世界展开对话。每次读到这些神话，我都会问自己：为什么它们能成为持久的文化符号？答案或许就在于开放与融合。今天，我们有越来越多的中国故事通过新技术被世界看到，我也希望这套书能给所有创作者和读者带来启发：自信地讲述自我，也勇敢地与世界共情。

张忆翔
动画策划人，编剧

推荐序

神话为什么值得重读?

黄　悦
北京邮电大学数字媒体与艺术设计学院教授
博士生导师

这一套“塑造思维的神话”的系列图书终于要手拉手面世了，围绕着三本书重点讨论的希腊神话、北欧神话和凯尔特神话，我们提炼出了启智之火、原神之力和灵境之光三个关键词，希望能用多元文化的力量，点亮今人的文化创造。

因为研究方向的兴趣，我和湛庐围绕神话合作过几本书，其中包括久负盛名的《千面英雄》。神话学家约瑟夫·坎贝尔（Joseph Campbell）在这本书中提炼出的英雄之旅堪称故事里的神话模型，几十年来在文学、电影、游戏领域里广泛应用，成了打造流行文化作品的“金钥匙”。直到今天，人们还在讨论、套用或者试图超越这套源自神话的模型。比起单纯的模仿或颠覆，我认为更有意义的问题应该是拆解和深挖，“英雄之旅”超越时空的魔力究竟从何而来，它在今天依然有效吗？有没有可能被复制和扩展？我在“塑造思维的神话”这套书中找到了对这个问题最直接的回答。

如果要用一句话概括神话的功能，我想它们应该是**文化的干细胞**，也是**人类沟通的源代码**，其中包含着艺术的原型、哲学的雏形、情感的密码，以一种虚拟的方式演绎着碳基生物千年不变的底层算法。

神话塑造思维的框架

谈到西方神话，我们最为了解的三个传统，大概依次是希腊神话、凯尔特神话和北欧神话，其实如果把眼光放大到整个人类历史，他们的影响力并不是这样排列。北欧神话最为古老，希腊神话经过了神系的更迭，而凯尔特神话是从历史的尘埃中被挖掘抢救出来的遗迹。它们虽然都被中世纪的基督教视为“异教神话”，但并未成为被深埋的废墟，而是以更为隐秘的方式得以传承，这些痕迹保留在语言和思维的各个层面。其中最为显赫的当数希腊神话。希腊神话是古希腊人理解世界、解释自然现象、探索人性与社会关系的最早和最系统的尝试之一。它通过《荷马史诗》(《伊利亚特》《奥德赛》）和赫西奥德的《神谱》等作品，成为西方书面文学和系统思想的奠基之作。由于古希腊罗马文化长期被视为西方古典文化的正宗，所以在这片沃土之上培育出了哲学的萌芽、艺术的种子。**希腊神话之于西方文化，正如普罗米修斯从众神那里盗取的“火种”，在人间驱散蒙昧、点燃思想、传承智慧，照亮了人文精神的雏形，也淬炼出理性与科学的框架。**

阿瑟·克拉克（Arthur Clarke）最著名的科幻小说“太空漫游”系列，英文题目中用了 odyssey 这个词，火星探测器“2001 火星奥德赛号”的名字也延续了这个用法。英文中 odyssey 这个词与拉丁语 odyssea、法语 odyssée、希腊语 οδύσσεια（odysseia）一脉相承，都是源自古希腊的神话史诗《奥德赛》。这个词最初专指荷马的这部史诗作品，但随着时间推移，odyssey 在西方语言中逐渐沉淀，发展出比喻义，用来形容漫长而充满冒险的旅程或经历。现代英语中，我们常说 a personal odyssey（个人的人生历程）或 a spiritual odyssey（精神之旅）。将人生经历和面向未知的冒险比喻为一场旅程的观念就来自这个故事。不仅如此，大量英语及欧洲语言的词语、习语、典故直接源于希腊神话。例如，narcissism（自恋）源于那喀索斯，tantalize（逗引）源于坦塔罗斯，Achilles heel（致命弱点）

源于阿喀琉斯，还有 Pandora’s box（潘多拉魔盒）、herculean task（艰巨任务）、Oedipus complex（俄狄浦斯情结，即恋母情结），等等。这些词语融入了日常语言，成为思维和表达的基本构件。

《奥德赛》作为古希腊最著名的史诗之一，被视为希腊神话的宝库。你可能会问，这不是讲的凡人的故事吗？为什么也叫神话？因为在古希腊人的眼中，人无论多么努力，都在神的操控之下，而神自身其实也受制于命运。我们可以把《奥德赛》看作一部精彩的旅行文学作品，其中也包含了对人生重要问题的提问和回答。它更重要的意义在于，古希腊人将人类的命运浓缩在一个人身上，通过神所设置的众多考验和诱惑，凸显人类最致命的缺陷和最高贵的品质，实在是一种很高明的文学模式。这就是很多文学家声称自己从神话中得到灵感的一大原因，神话创造出很多文学的原型甚至框架，隐喻着人类的定位、处境和经历，也描摹了人性的复杂、幽微和多变。这种框架有时候还会成为当代文学有趣的参照系，比如，很多人可能都知道一部以晦涩难懂而著称的现代主义小说《尤利西斯》，这是爱尔兰作家詹姆斯・乔伊斯（James Joyce）的代表作。很多人都看不懂这部小说，甚至觉得名字都有些莫名其妙。其实尤利西斯（Ulysses）这个词就是罗马人对奥德修斯的称呼，作者从名字就开始暗示：我要讲的是一个当代奥德修斯的漫游故事，但因为作品中的人物与希腊神话中的英雄相去甚远，甚至截然相反，凸显出一种反讽和荒诞的意味，这就是希腊神话对现代主义文学的另一重馈赠了。

希腊神话最大的特点之一就是其神明具有高度的人格化特征，我们通常称之为神人同形同性。诸神拥有人的外貌、情感、欲望、优点和缺点，人类固有的嫉妒、愤怒、爱恋、虚荣、智慧、勇气在诸神的身上得到了最为充分的表达。这与许多其他文化中威严、抽象、超越人性的神祇形象形成鲜明对比。神话故事虽然充满神祇的任性妄为，但也通过英雄的品格（如奥德修斯的智慧与坚韧、赫拉克勒斯的勇气与力量）和故事的结局（如尼俄柏的傲慢导致毁灭、俄里翁不敬神带来惩罚），传递了关于勇敢、智慧、正义、节制、虔敬等早期伦理观念，为后世的道德哲学提供了讨论的基础。在希腊神话中，人类开始正视自身的欲望和缺陷，由此也获得了与诸神同等的价值。神话的核心虽然是神，焦点却常常落在人身上——他们同情俄狄浦斯的命运、赞美赫拉克勒斯的功绩、共情阿喀琉斯的愤怒与悲伤，人的命运、人的抗争、人的英雄主义、人的悲剧与弱点就得到了理解。**古希腊人对人类自身存在、价值和潜力的深刻关注与探索，是西方人文主义思想的源头。**

神话以最简洁的方式，铸造了一把钥匙，通往人类丰富灿烂的知识宝库。这里所说的知识不仅是天文历法等自然知识，更是通往人类认识自我和社会的终极问题。比起古人，今人或许在技术方面有了巨大的飞跃，但面对爱恨情仇、道德、信仰，人们的困惑却贯穿古今。更重要的是，今天西方的社会制度、审美观念很多都是从神话时代奠基，追根溯源，可以帮我们看清这个世界的来龙去脉。

神话世界里的素材宝库

沿着坎贝尔所开创的方向，我们首先会发现神话是通往创造的素材宝库，不仅古典艺术，就连在很多成功的流行文化作品中，也很容易分辨出神话的原型。

说到当代西方文化中的神话元素，首先绕不开的一个人就是托尔金。追溯历史，他几乎以一己之力创造了一个充满精灵和魔兽的中土世界，让西方奇幻文学成为影视、游戏的源头。在那里，魔法依然有效，理想旗帜高扬，热血的英雄始终在为部落和荣誉而战。事实上这个貌似凭空创造的奇幻中土世界正是脱胎于神话。

托尔金自小便对欧洲的异教神话兴趣浓厚，尤其是在他长期学习古英语、古挪威语、古德语等语言的过程中，北欧的诗歌、神话和史诗对他影响深远。托尔金学识渊博，精通包括《埃达》(*Edda*)、萨迦(saga)文学在内的许多古代文本，这些都深深地启发了他在《指环王》和《霍比特人》中的创作。

北欧神话中的世界之树伊格德拉西尔是一个核心象征。在神话中伊格德拉西尔被描绘为一棵巨大的树，树干贯穿着九个世界，每个世界代表了不同的存在形式或生命状态。这些世界和它们之间的关系由树的根、干和枝组成，树根深入冥界和巨人世界，树干连接着人类世界，而树枝则延展至神灵的居所——阿萨神域等。每个世界之间通过这棵树相互联系，树的存在象征着宇宙的整体性与平衡。伊格德拉西尔的三条根分别连接到三个重要的地方：一根深入到巨人世界，与巨人族的神秘力量相连；一根连接到冥界，是死者灵魂的归宿；另一根则连接到神圣的源泉——泉水中蕴含着知识与智慧的源泉。树的枝干代表着世界的上层空间，包括人类世界(米德加尔德)、神灵世界(阿斯加德)、精灵世界(阿尔夫海姆)等。伊格德拉西尔不仅是物理上的宇宙轴心，它的存在也是宇宙秩序、生命与死亡、命运与轮回的象征。《指环王》中的中土世界由不同的地区和种族构成，每个区域都承载着不同的历史、文化与冲突，类似于伊格德拉西尔所代表的多个世界之间的联系与交织。

托尔金的作品中有许多角色和神话形象与北欧神话中的人物高度相似，甚至是直接借鉴。比如拥有深厚魔法功力的巫师甘道夫身上就能看到奥丁的影子。在北欧神话中，奥丁是一个智慧与战争之神，拥有神秘的力量与深厚的知识。他常常以一位老年智慧的旅行者形象出现，具有领导者的特质。甘道夫是《指环王》系列中的核心人物之一，他是一个智慧、强大且拥有神秘力量的巫师，并且总是带着一根长杖，这与奥丁手持权杖的形象相似。甘道夫也在故事中承担了类似奥丁的“引领者”和“导师”的角色，帮助弗罗多、阿拉贡和其他角色走向他们的命运。甚至甘道夫的名字本身就来自北欧神话中的

Gandalf，这是一个古老的北欧名字，意指“魔法的精灵”或“持杖者”，这也揭示了甘道夫与奥丁的联系。

与他相对，萨鲁曼最初是白色巫师，象征着智慧和领导力，但他最终堕落为黑暗势力的一员，萨鲁曼为了个人的权力而背叛了他的同盟，尤其是在《指环王》中，他与索伦联合，企图掌控魔戒，显露出洛基般的自私与野心。这个形象源于北欧神话中的洛基，洛基在神话中是一个狡猾、变幻莫测、常常带来混乱的神祇。萨鲁曼和甘道夫之间的对立关系，直接源自神话世界中奥丁和洛基的关系。

阿拉贡在《指环王》中是王子、游侠和战士的结合体。他具有强大的战斗力和领导能力，与托尔的英勇精神相呼应。托尔是北欧神话中的雷神，他是战斗和保护的象征，手持雷神之锤妙尔尼尔（Mjöllnir）。在托尔金的作品中，阿拉贡有着类似的英雄气质。

北欧神话中的“艾尔夫”（Alfar）是神秘且美丽的生物，托尔金在创作精灵时，将其描绘为与自然和谐共处、长生不老、具有高贵气质的种族。像埃尔隆德、莱戈拉斯这样的角色，都具有这样的特点。比如，莱戈拉斯就拥有不凡的箭术和敏捷性，代表着精灵的超凡能力；埃尔隆德则是智慧与领导力的化身，类似于北欧神话中的高等精灵或神祇。

托尔金创造的中土世界不仅是一片虚构的土地，它还拥有复杂的历史、语言、种族和文化，而这些元素深深受到了北欧神话的启发。在北欧神话中，诸神黄昏是神与巨人之间的最终决战，标志着世界的毁灭和重生。这个概念直接影响了托尔金作品中的“末日”主题:《指环王》里的基本设定起源于魔戒的力量即将彻底摧毁世界秩序，这个中土世界面临的巨大危机就是脱胎于“诸神的黄昏”，正是通过这一设定，末日来临的氛围和英雄们奋力拯救的使命才得以激发。

作为西方奇幻文学的巨擘，托尔金在《霍比特人》和《指环王》中的创作，深深根植于北欧神话的土壤。无论是角色塑造、世界观构建，还是语言创作，都巧妙地融入了北欧的神话元素。这些神话中的神祇、英雄、世界末日和各种超自然生物，成了托尔金构建庞大、富有层次的中土世界的基石。托尔金在创新的同时，也保持了对北欧传统的尊重，这使得他的作品既富有新意，又充满了经典的神话色彩。这不仅使得他的作品获得了广泛的文化共鸣，也为后来的奇幻文学创作树立了新的标杆。

事实上，托尔金的选择绝非偶然，素材只是神话为现代文化提供的最表层的资源，在神祇和精灵的背后，神话以一种更为系统性的方式影响着人类文化的结构和走向。我们用“原神之力”来概括北欧神话给我们的馈赠，指的就是在一个庞大而富有层次的世界观之上，面对着“诸神黄昏”，英雄和精灵们所迸发出来的生命之力。**我们将北欧神话誉为西方文化的“原神之力”，正是强调其中的原始野性、混沌创世、毁灭宿命与抗争精神。**它不像希腊神话般闪耀着理性之火，也不似凯尔特神话般萦绕着灵境薄雾，而是以冰与火的狂暴能量、诸神与巨人的永恒厮杀、注定陨落的悲壮宿命，为西方精神注入了粗粝的生命力、直面深渊的勇气，以及在毁灭中寻求意义的终极力量。

古今相通的情感密码

很多人喜欢希腊神话，不是因为其中的英雄和战争，而是因为其中有很多贴合人性的情感纠葛。古希腊的神不像别处的神祇那样高高在上、道德完美，他们也有缺点，爱撒谎，喜欢追求好看的和好吃的。人们喜欢看众神陷入狼狈的境地，仿佛为人生的磨难找到了慰藉。其实古希腊人对神的设定，最大的特点就是神与人“同形同性”，而这一点也赋予了古今相通的独特魅力。但除了相通的人性，神话里更动人也更有价值的，还是那些让人成为人的故事。相传缪斯女神之一卡利俄珀有一个儿子叫俄耳甫斯，他拥有无人能比的音乐才能，能让草木顽石感动，连阿波罗都自愧不如，把自己珍贵的里拉琴送给了他。就是这样一个文艺天才爱上了无与伦比的美丽女子欧里狄克。但很不幸，欧里狄克因为被蛇咬到而瞬间丧命，俄耳甫斯决定下冥府去寻找她。这样的爱情可谓是感天动地了，在希腊神话及其后世创作中，俄耳甫斯经历千难万险来到了冥府，一路上渡过了愁苦河、悲叹河、火焰河、遗忘河和怨恨河，还遭遇了众多怪物，比如地狱的三头犬、半人马、百臂巨人、九头蛇海卓拉、鹰身女妖哈耳庇厄、奇美拉以及独眼巨人，所有这些考验都没能让他退缩。最终，他优美的音乐和坚贞不渝的真情果然打动了冥府的主人——珀尔塞福涅同意让他带着妻子重返阳光下的世界。但是，冥后珀尔塞福涅提出了一个条件：回去的路上欧里狄克只能静静地跟在身后，俄耳甫斯绝对不能回头看她，也不能与她交谈。与爱人重生相比，这个条件简直无足轻重，所以俄耳甫斯很痛快就答应了。他这时显然还不明白这个条件意味着什么。也许是因为幸福来得太突然，在回程的路上，俄耳甫斯忽然一阵担心，周围这么静悄悄的，欧里狄克是不是还跟在他身后？于是他偷偷回头看了一眼，这一次致命的回头注定了他们将永远分离。独自回到人间的俄耳甫斯再也无法感受到真爱，终其一生只与音乐为伴。这似乎是一个关于信任和禁忌的寓言，但在古罗马诗人维吉尔看来，驱动这个故事的是真爱，是热烈又盲目的爱。至于俄耳甫斯为什么偏偏要在那个紧要关口打破禁忌回头，你可以有很多种理解，但这或许从某种角度揭示了相爱的本质：越是小心翼翼，患得患失，越是渐行渐远，无可挽回。无可置疑的一点是，爱与死的对立是凡人无法逾越的鸿沟，爱人或许会阴阳相隔，但真爱不会被死亡抹去。这样看来，在爱情和婚姻的问题上，人类倒真成了神的榜样，也许正是因为我们不完美的形态和短暂的生命赋予爱情更高的价值，让我们知道珍惜，懂得坚守。

在心理学领域，从弗洛伊德开始，对神话的阐释逐渐发展为一个比较完整的系统。以往的神话学家在历史和社会等外部因素框架内寻找神话的真义，与此不同的是，心理学家更看重的是对神话的精神动力学的揭示。对持有外部视角的研究者来说，神话是蒙昧时代的化石，仔细解读可以获得关于历史的蛛丝马迹。但心理学家不这样认为，他们把神话看作内在心理结构向外投射的产物，其中最有名的成果是弗洛伊德提出的俄狄浦斯情结。从弗洛伊德的潜意识理论，到荣格的原型说和弗雷泽的文化人类学，再到阿德勒的个体心理学与罗洛·梅的存在主义，蔚为大观，不仅产生了一系列学术著作，而且从不同侧面对传统神话做出了更为深入的诠释。其中最为人所熟知的是坎贝尔分析英雄神话的《千面英雄》，这本已经被好莱坞和全球创意行业推为“圣经”的经典，呈现出的只是对神话的心理学解读之冰山一角。

对现代人来说，神话所能提供的不仅是与传统的深度连接，更重要的是对心理危机的克服，这种危机并非与愚昧和非理性必然相关，而是与人的生物属性相关。“神话是我们弥合生物自我与人性自我之间裂隙的必要手段。”心理学家罗洛·梅认为，神话是给予我们的存在以意义的叙事模式，能够在无意义的世界中让人获得意义。他指出，神话的功能是能够提供认同感、团体归属感，支持我们的道德价值观，并提供看待创造奥秘的方法。莉莲·费德（Lillian Feder）也提出：“只有当人们用神话作为合法性的模式来化解那些冲突的冲动、愿望以及无意识中的社会需求，这条贯穿弗洛伊德、荣格到弗雷泽爵士的思路打开了一个关于神话理论的潘多拉魔盒，从此心理学家、人类学家、诗人和文学批评家在其中互相冲撞。”事实上，神话学家和心理学家所阐述的深刻道理可以走出书斋，被还原到神话及其艺术载体的故事和形式中去，并使其为更多的现代人所理解和接受。凭借这些故事，古老的神祇摆脱了偶像的泥胎，从凝固的大理石和画框中走出来，化为我们身边一起嬉笑怒骂的熟人，在亲切而不浮华的叙事中，让读者与传统产生深度连接和认同，故事的魅力，就在于此。神话的魅力，也在于此。

神话是哲学的雏形

西西弗斯是柯林斯城的缔造者，是人间最具有智慧的国王，通晓很多凡人不知道的知识。有一次他为了向邻国国王埃索普斯要一眼泉水，就告密说是宙斯抢走了他的女儿。事实也确实如此，西西弗斯没有撒谎，但他知道的事太多，又爱告密，触怒了宙斯，宙斯决定剥夺他的生命。宙斯派死神塔那托斯前去索命，这本来是一个再正常不过的程序，但西西弗斯竟然亲自将死神打翻在地，并用绳子捆了起来，把死神囚禁在自己的宫殿内。由于死神缺位，世界上就没有了死亡，这下连哈迪斯都被惹怒了。事情败露，西西弗斯知道自己难逃一劫，计上心来又一次戏弄了众神。他叮嘱自己的妻子，在他死之后千万不要为他举行葬礼。于是到了地狱的西西弗斯就去找哈迪斯抱怨，说自己的妻子太不像话了，竟然连个像样的葬礼都没给他办。他要求回到人间去，惩罚他这个没有良心的妻子。哈迪斯也单纯，可能因为常年待在地下不了解凡人的套路，竟然就答应了。西西弗斯回到人间，再也不肯主动再去冥府报到了。他就这样留在世上享受生命，直到再次被抓回冥界。这一次众神就没有那么好说话了，西西弗斯被罚留在地狱里，向着山顶推一块巨石，这块石头大而且重，西西弗斯必须竭尽全力才能推动，更残酷的是每当他接近山顶时，巨石就会滚落下来，于是他必须再次推石头上山，这个过程永无休止。这个故事产生得很早，因为《荷马史诗》中奥德修斯就在冥府中见到了服役的西西弗斯，他“肌肉紧绷，汗流浃背，大团的灰土罩在头顶”，看起来很是狼狈。诗人但丁在《神曲》中也描绘自己在地狱里见到西西弗斯的场景。在他们看来，西西弗斯虽然命运悲惨值得同情，但这是他自己欺骗神的后果，也算罪有应得。

西西弗斯推了上千年的石头之后，终于有人肯站出来替他说话了，这个人叫加缪，曾经获得诺贝尔文学奖，但更多时候人们把他看作哲学家。他曾写过一篇散文盛赞西西弗斯，认为他才是人类中间真正的幸福者，因为他接受了命运的荒诞，这种荒诞在更多的时候并不是源于不公正，而是一种单纯的无意义。尽管西西弗斯清醒地意识到他的所有努力都是徒劳，但依然选择了忍耐和坚持，而不是放弃和自杀。在加缪看来，这是人在无意义的世界唯一的一种英雄行为。现在国内有一家很有名的连锁书店，已经开遍了各大城市，书店的名字就叫西西弗，据说就是源自西西弗斯。我猜想，书店的创立者或许和加缪有类似的想法，**虽然人在这个世界上的生存十分艰难，必须时刻与艰难、困苦甚至荒诞、无意义对抗，但真正的出路并不在于逃开或者放弃，而是以一种清醒而理性的眼光来参与现实人生，这样做看起来有时似乎徒劳，但也不失为一种幸福。**在各大城市的繁华地带，物欲流动的购物中心，一个得名于希腊神话的书店越开越多，或许就代表了希腊神话对现代人独特的启发或安慰。

集体情感的显影剂

凯尔特神话作为一种古老传统，代表着神话带给西方文化的另一重贡献，它带来了与众不同的生命力与神秘气息。**如果说希腊神话以其人本理性、英雄史诗和清晰轮廓点燃了启蒙与秩序之火，凯尔特神话则以其对异界的神秘向往、与自然的灵性共鸣、对命运循环的幽微体悟，为西方文化洒下了一片朦胧、深邃、充满魔法与生命力的“灵境之光”。**这种自然灵性不是蒙昧的迷信，而是对宇宙生命力、循环与内在联系的感知，是帮助人类认清自我在自然界中位置的一束独特光芒。

不同于希腊神话对奥林匹斯山顶权力的向往，凯尔特神话创造了一个薄纱般的“彼世”(otherworld): 其核心的特征是其对“异界”的执着描绘。这个世界并非遥不可及的天堂或地狱，而是与人间紧密交织、仅隔一层“薄纱”的平行维度。它充满魔力，时间流速不同，美丽丰饶却也暗藏危险。库丘林求学、布兰远航、亚瑟王求圣杯，凯尔特的英雄的旅程总是朝向远方，英雄、德鲁伊、仙女则常穿梭于人间与异界。这种对“他者世界”的开放性和探索，为西方文化注入了对未知、神秘、超自然维度的深刻迷恋和敬畏，是奇幻文学、哥特风格、神秘主义思潮的重要源泉。**所谓灵境，则代表了一种超越物质现实的、充满灵性可能性的领域，是灵魂、梦境、预言和魔法的居所，照亮了理性逻辑之外的广阔精神空间。**

和很多曾经辉煌后来失落的文明一样，关于凯尔特人的话题引人入胜而又充满神秘气息。然而，与那些留下丰富遗物的古文明不同的是，这个名字始终被传说层层笼罩，唯其如此，就更显得模糊而又迷人。根据今天历史学家的普遍看法，凯尔特人是印欧人的一支，曾经盛极一时，大约公元前 5 世纪到公元前 4 世纪在中欧地区占据了文化和军事上的绝对优势，对整个欧洲的文化版图的划定产生了非常重要的影响。他们曾经和希腊人结盟、和罗马人交战，以其浪漫诗意的文化基调和勇猛善战使对手印象深刻。在各种传说中，他们一方面被描述为野蛮好战，另一方面又浪漫唯美且充满艺术气质，他们有惊人的学习和创造能力，又有天真的一面。罗马人把他们称为“皮克特人”（Pict），意即“有文身的民族”，但同时他们也承认凯尔特人英勇好战、相貌堂堂。这些看似矛盾的特点，构成了独特的凯尔特文化，甚至成了他们独特的魅力所在。凯尔特文化虽被罗马帝国和基督教挤压，但其神话并未彻底消亡。它转入民间传说、地方习俗、圣徒传记中，以隐晦的方式顽强生存，成为非主流文化的精神火种。

18—19 世纪起的凯尔特复兴重新发掘其神话遗产，赋予其新的文化意义和民族认同感，使其“灵境之光”在现代重新焕发。早在 1889 年，爱尔兰独立运动的领导者，爱国诗人叶芝就曾出版过《奥辛的漫游及其他诗作》，其中奥辛这个人物就是凯尔特神话里的主角之一。叶芝从流传于民间的传说中汲取灵感，将其铸造成关于妖精、幽灵、古老神灵和巫术的故事。全书充满了梦幻般的意象和对凯尔特文化传统的深情描绘，展示出古朴乡村的生活风貌和文化底色。作品中反复提到的精灵（faery），就是爱尔兰文化中一种具有复杂背景的神话形象。叶芝将这些传说生动地带入文本，描述它们是“被降级的古代神祇”或者是“自然的元素精灵”。这些精灵往往神秘、喜怒无常，既令人敬畏又充满魅力。在凯尔特神话中，这些精灵是世界的一个部分，具有和人类相似的脾气秉性。

爱尔兰解放运动虽然已经过去上百年，但它提供给当代人的启发不容小觑。当然，凯尔特人的这种文化寻根的意识并非只表现在文学领域，除了当代西方十分流行的新时代运动格外推崇凯尔特文化之外，今天在 NBA 和欧洲的职业足球赛中仍然有“凯尔特人”这样的队名，大概正是因为推崇凯尔特人自由奔放、勇敢热情、崇尚荣誉、热爱冒险的精神。从《魔兽世界》的德鲁伊文化到《塞尔达传说》的海拉鲁大陆，从《潘神的迷宫》到《海洋之歌》，凯尔特神话的异世界、精灵、勇士和神秘氛围持续激发创作，其“灵境”美学广泛传播。经过历史的冲刷，“凯尔特神话”在大众文化的语境中也代表了边缘文化、前基督教异教信仰在主流文明压迫下的韧性和持久生命力，提醒西方文明其精神构成的多元性。

通往自我理解的桥梁

2017 年前后，我与湛庐合作制作坎贝尔的著作《追随直觉之路》的有声书。那一次逐字逐句阅读给了我一个人到中年梳理思路，重返内心的机会。在那之后，面临很多人生重大选择的时候，我常常会想起书里的句子。直觉并不是什么神秘力量，它其实是一套更为复杂庞大的潜意识系统绕过前台运行的意识，提前计算出了结果而已。这个后台运行的潜意识系统中更为丰富的参数，很可能就来自远古祖先的馈赠。

循着神话的心理学路径，坎贝尔不仅总结出人类英雄普遍的模式，还用这种模式打造出大量成功的文化成果。这么说你可能觉得有点抽象，但不妨试着将你所熟知的好故事和好品牌一一代入，你会发现，这套源自神话的密码一直在潜移默化地主导着我们的爱憎好恶、审美偏好乃至消费行为。**这些早在神话时代就已经埋下的种子，之所以至今生机勃勃，最终还是因为根植于我们内心深处的欲望和恐惧，联通了浓缩的人类经验和情感。**于是，神话又变成了直达集体心灵的桥梁。

弗洛伊德有一个比喻，他说人类的精神世界远不像表面看上去那么清晰明了，我们每个人的精神世界都藏着一座冰山，除了水面之上能看到的 1/10，水面之下还藏着巨大的潜意识。弗洛伊德主张借助童年经历和创伤性记忆去潜入水下，了解自己的潜意识，但他的得意门生荣格并不完全同意导师的看法，荣格认为决定潜意识的，不仅有被压抑的个体无意识，还有来自远古时代的集体无意识。荣格把这种从神话中提取的结晶物叫作神话原型。

伊卡洛斯的飞翔神话源自希腊神话，讲述了伊卡洛斯和他的父亲代达罗斯被困在克里特岛的迷宫中的故事。代达罗斯是一位智慧超群的工匠和发明家，他为国王米诺斯设计并建造了迷宫，最终他和儿子伊卡洛斯被困其中。

为了逃脱迷宫，代达罗斯发明了翅膀，用蜡和羽毛将其制作成飞行器。父子俩用这些翅膀逃离了岛屿。代达罗斯在启程前警告伊卡洛斯，不要飞得太高，因为太阳的热量会熔化蜡，也不要飞得太低，因为海水的潮湿会弄湿翅膀。父子俩在飞行途中，代达罗斯成功遵守了警告，但伊卡洛斯却因骄傲和自信飞得过高，接近太阳，导致蜡熔化，最终坠入大海。伊卡洛斯的飞翔和坠落有着深刻的象征意义，尤其是对人的骄傲和冒险精神的警示。伊卡洛斯过于自信，不听从父亲的经验教训，飞得过高，代表了人类在面对力量和欲望时可能会过度自信或盲目冒险，最终导致自我毁灭。

伊卡洛斯的飞翔象征了人类对自由和超越常规束缚的渴望，其与太阳的对抗代表了人类试图控制或超越自然法则的冲动。神话的结局表明，尽管人类可以通过智慧和努力取得某些进展，但自然的力量终究难以抗衡。伊卡洛斯的失败并非单纯的偶然，而是对人类冒险精神和不顾后果的飞跃行为的警示。他的死象征着人在追求目标时，若忽视界限与智慧，最终可能会付出惨重的代价。伊卡洛斯神话在艺术、文学、电影等领域有广泛的影响。在这些作品中，伊卡洛斯往往被视为勇气和失败的象征，成为人类对理想、梦想和极限挑战的复杂情感的载体。

伊卡洛斯的飞翔和坠落常常被视为人类精神或心理的象征。许多心理学家认为，伊卡洛斯代表的是人类内心中对自由和权力的欲望，尤其是自我超越的愿望。然而，这种欲望如果没有适当的节制和正确认知，便可能导致失败或自我毁灭。这与弗洛伊德所提到的自我和超我、意识和潜意识的关系相呼应，反映了个体与社会约束、内心欲望和理性之间的冲突，提醒我们在追逐梦想时，要保持谦逊与自律。

没有人会怀疑，历经千年，那些关于终极力量的寓言、英雄和反英雄的对抗、充满创造力量的大母神依然闪闪发光，照亮着现代人的精神之路。通过研究各种神话和精神病案例，荣格提出了一系列可识别、可组合的神话原型，其中最著名的包括阿尼玛和阿尼姆斯原型。所谓阿尼玛原型就是指男性心灵中通过遗传而具有的女性成分，因为叠合了人类能感受到的女性的全部特点，所以对男性具有致命的诱惑。阿尼姆斯原型则相反，是指女性心灵中的男性成分。阿尼玛在希腊神话中以女神、女妖或者女仙的形式出现，既美好又危险。奥德修斯在航海中所遇到的塞壬就是一个代表，这些具有魔性的海妖，用歌声诱惑过路船只上的男人，能令听者陶醉，但也会使他们发狂，最终失去理智和生命。这样的阿尼玛是致命诱惑的代名词，具有强大的情感唤起能力。所以塞壬不仅成了后来很多艺术作品描绘的对象，也成了消费社会的宠儿。

生命与死亡、英雄主义与自然崇敬等亘古主题，经由凯尔特神话这一桥梁继续在今日文化中回荡，彰显出其超越时空的恒久魅力与思想价值。神话并非尘封过去的静默遗迹，而是一座活水泉眼，至今持续滋养着我们的想象力与创造力。

流行文化的源头活水

近年来，电子游戏作为一种新兴的娱乐方式，也自然吸引了大量关于北欧神话的创作。究其魅力，可以从形式和内容两方面理解。首先，北欧神话中的世界观通常非常庞大，涵盖了从阿萨神域到米德加尔德的多个世界，包含丰富的地理、文化和物种，这非常适合用开放世界的方式呈现。玩家可以自由探索这些世界，解锁更多的故事情节与任务，增强游戏的沉浸感。

其次，游戏中的怪物、神祇、战斗场景和世界观，常常需要震撼的视觉效果和独特的设计，而北欧神话中的神祇、怪物和魔法世界在视觉呈现和游戏设计上具有很大的优势。巨人、龙、神秘的森林、寒冷的北国等，充满危险而神秘的气息，能为游戏设计师提供丰富的视觉素材。游戏中的战斗场景、角色设定以及世界设计，都能通过这些神话元素来创造更具冲击力和吸引力的视觉效果。不仅如此，魔法、神器（如托尔的雷神之锤）以及神祇的能力，可以成为游戏中战斗机制的一部分。这些元素为角色的技能设定和战斗玩法提供了极大的空间，也能带给玩家更加沉浸的游戏体验。

北欧神话强调“命运”与“预定的终结”，这些元素为角色扮演游戏提供了非常契合的叙事框架。玩家角色往往需要面对不可避免的结局，或者在历史中做出关键决策，正如“诸神黄昏”中的命运争斗。北欧神话中的英雄故事往往具有强烈的情感冲突、道德选择和英雄成长，这对于玩家来说，尤其能够产生共鸣。例如，英雄往往需要面对自我牺牲、亲情与责任之间的抉择等，这些都可以在游戏的情节中深刻体现。

北欧神话虽然源自古代，但许多元素在当代文化中依然具有强烈的象征意义。现代玩家在接触这些故事时，往往能感受到强烈的文化认同和情感共鸣，从而更容易投入到游戏体验中。究其原因，是因为其中把握住了古今相通的情感密码，比如**北欧神话充满英雄主义气质和悲壮的史诗感，尤其以表现英雄的成长与牺牲见长。**在诸神黄昏的总体设定之下，许多神祇和英雄都面临着命运的挑战，如托尔和洛基的冲突、奥丁的牺牲等，这些故事能够为游戏设计提供深刻的情感驱动力，让玩家在游戏中体验到英雄的成长与命运的冲击。

综上，北欧文化具有很多优势：丰富的文化资源、视觉冲击力、游戏机制的契合度，以及对玩家情感的深刻触动。无论是从游戏设计、市场需求，还是从文化背景来看，北欧神话都为当代电子游戏提供了一个极具吸引力的源泉。这使得越来越多的游戏开发者选择以北欧神话为题材，为玩家呈现充满幻想与冒险的虚拟世界。

伊格德拉西尔的象征性也出现在电影和电视剧中，尤其是奇幻题材的作品。例如，在漫威电影宇宙中，伊格德拉西尔的影响体现在阿萨神域的设定中，其中的宇宙结构与北欧神话的世界观密切相关。伊格德拉西尔本身作为连接不同世界的树，也成为许多现代电影中神秘和力量的象征。伊格德拉西尔的宇宙结构，也被许多学者用作宇宙观与宗教信仰的哲学模型。在一些宗教和哲学流派中，伊格德拉西尔代表了宇宙的整体性、统一性和层次结构，成为象征世界秩序、智慧与平衡的核心形象。此外，它对宗教仪式和象征的影响也延伸到了其他文化中，伊格德拉西尔的树形象经常被用于象征神圣的存在、灵性和人与宇宙的关系。

随着全球化的推进，尤其是影视、书籍、和文化产品的流行，北欧文化在全球范围内的影响力不断增强。近年来，北欧电影、电视剧（如《权力的游戏》、奈飞的《北海传说》）、文学作品（如尼尔·盖曼的《美国众神》）等都受到广泛关注，这些作品在一定程度上为北欧神话的现代化传播起到了推动作用。

我们也会在漫威系列的作品中看到北欧神话的影子，《雷神》电影和《复仇者联盟》让托尔、洛基等北欧神话中的角色进入了现代流行文化的视野。尽管这些电影并非完全忠实于北欧神话，但它们通过角色的塑造和情节的演绎，将这些神话元素带入了广泛的受众群体，增强了这些素材在全球范围内的认知度。

有趣的是，很多人从神话中琢磨出了一套实用的广告营销理论。美国经济学家肯特·沃泰姆（Kent Wertime）以荣格的神话原型说为基础，概括出 12 种广告世界最为常用的神话原型，其中包括：终极力量、塞壬、英雄、反英雄、创造者、变革大师、权力经纪人、智慧老人、忠诚者、圣母、小骗子、哑谜形象。与此类似，美国人玛格丽特·马克（Margaret Mark）和卡罗·皮尔森（Carol Pearson）曾经写过一本书，名字就叫《如何让品牌直击人心》（*The Hero and the Outlaw*），其主题就是以神话原型打造深植人心的品牌，这本书的作者之一马克是国际著名 4A 广告公司的执行副总裁，通过研究世界成功品牌的广告叙事，他们也提炼出一套可执行的神话原型符号，其中包括：天真者、探险家、智者、英雄、亡命之徒、魔法师、凡夫俗子、情人、弄臣、照顾者、创造者、统治者。对比这两套方案，我们会发现，虽然称呼略有不同，但内核基本相似，或许这就是神话原型的稳定性所在。比如塞壬这个原型，与情人类似，显然就是对阿尼玛原型的延展和应用，几乎可以在所有面向女性客户的奢侈品广告中看到；而高科技产品的发布会和广告则无不反复强化着“创造者”这个原型。这些早在神话时代就已经埋下的种子之所以至今生机勃勃，最终还是因为根植于我们内心深处的欲望和恐惧，联通了浓缩的人类经验和情感。所以神话的秘密不在别处，就在我们自己内心，特尔斐神庙上的话说得一点不错。

人之为人的关键

人们常常把神话看作博物馆里的古物，我们在茶余饭后提起它们，就像凝视那些千万年前形成的琥珀，这些相隔千年的古老故事，与我们之间还能有什么关系呢？我相信历史学家尤瓦尔·赫拉利（Yuval Harari）所说的，**神话里藏着人之为人的关键，用象征体系创造专属的意义。**赫拉利认为，我们人类之所以与其他动物不一样，其根本就在于我们发明出了一套共同信仰的符号体系，并把这个故事坚持讲了很多年。在我看来，那个古老的故事流传太久，已经被改头换面，融入人类精神血液，其沉淀下来在后台运行的代码体系，就是“神话”。

或许在理性的现代人眼中，古人对世界的解释荒诞不经，早已不再适用。但试想一下，如果忽然有一群外星人降临地球，或者1000年后觉醒的硅基智能生物穿越过来，刚好降落在巨星的演唱会现场，说不定也会觉得我们就是一群迷狂的非理性动物。冷眼旁观，我们今天所崇拜的一些形象，又何尝不是新版的神话呢？反过来，耐心倾听这些统治了人类几千年的好故事，必将有助于我们创造出直达人心的新故事。

愿这三本书能带你带着今人的理性重回古老神话的世界，观过往，见自我，知未来，获得艺术灵感、智慧启迪和信念之力。

测一测

你对希腊神话中的神祇与英雄了解多少

扫码加入书架
领取阅读激励

- 希腊神话中的死神摆渡人叫什么名字？（单选题）

  A. 赫尔墨斯

  B. 哈迪斯

  C. 卡戎

  D. 阿瑞斯

扫码获取
全部测试题及答案，
一起探索希腊神话中的
力量与智慧

- 美狄亚帮助伊阿宋取得了哪件宝物？（单选题）

  A. 金斧

  B. 金羊毛

  C. 神盾

  D. 王冠

- 代达罗斯与儿子伊卡洛斯用什么工具逃离克里特岛？（单选题）

  A. 船只

  B. 飞行器

  C. 翅膀

  D. 马车

扫描左侧二维码查看本书更多测试题

目 录

引言

神话的力量与现代心灵

作为一种想象载体，希腊神话承载着引人入胜的思想和情感，在全球范围产生了共鸣。它所提出的问题具有惊人的深度和广度，带给它们变色龙一般的适应性。希腊神话并不因古老而蒙尘，而是历久弥新。

如果没有希腊神话人物带来的取名灵感，泰坦尼克号（Titanic）远洋轮船、阿波罗（Apollo）太空计划、亚马孙（Amazon）跨国公司以及总部位于雅典的赫拉克勒斯（Heracles）水泥总公司恐怕不得不另寻芳名。

引　言
神话的力量与现代心灵

我们熟悉的希腊神话在大约 3 000 年前的爱琴海地区有了雏形，当时一种特有的组织形式，也就是“城邦”（polis），正在周边地区发展起来。虽说起步于小型社区，但希腊神话故事广为流传的程度可谓非同凡响。起初，希腊神话随着南征北战的亚历山大国王传播到了更广阔的地中海、近东和中东地区的希腊化王国中，并融入了当地的文化背景，得到繁荣发展。当这些王国屈服于罗马的力量时，罗马人根据自己的喜好重塑了希腊神话。在罗马灭亡后的几个世纪里，这些故事经过改编，被纳入了古典晚期、中世纪和文艺复兴时期的欧洲文化框架中，并随着欧洲人的东征西伐四海流传。最终，希腊神话的影响力远远超出了欧洲文化范畴。作为一种想象载体，希腊神话承载着引人入胜的思想和情感，在全球范围引起了共鸣。

若要探讨当今的思维辩论、道德困境和政治危机，很难想象有什么能比希腊神话更合适的素材了。20 世纪 70 年代，人们提出一个假说，认为生物体与非有机环境之间存在相互影响，而希腊神话中的大地女神盖亚（Gaia）显然是这种影响的化身。2016 年，一个风清日朗的早晨，英国首相组织了一次全民投票，以决定英国是否应该留在欧盟。许多评论家把首相和希腊神话中任性鲁莽的潘多拉（Pandora）作类比，因为二者都在打开匣子的同时释放了世界上所有的麻烦，只不过在潘多拉的故事里，被打开的是一个巨大的储物罐，而非投票的匣子。如果没有希腊神话人物带来的取名灵感，泰坦尼克号

（Titanic）远洋轮船、阿波罗（Apollo）太空计划、亚马孙（Amazon）跨国公司、耐克（Nike）运动服品牌、埃杰克斯（Ajax）消毒剂、爱马仕（Hermès）丝巾以及总部位于雅典的赫拉克勒斯（Heracles）水泥总公司恐怕都不得不另寻芳名。对于当代商业项目、广告和营销而言，希腊神话似乎仍然是装满了取名素材的首选宝库。不仅如此，希腊神话在戏剧、诗歌乃至漫画书、电子游戏等几乎所有当代艺术媒介中都有着举足轻重的地位。由此可见，希腊神话并不因古老而蒙尘，而是历久弥新。

希腊神话也并非全无争议。在不同的时期，由于不同的原因，希腊神话曾被广泛地批判，比如被诗人菲利普·拉金（Philip Larkin）诟病为“杂凑神话”（common myth-kitty）。[1] 反对声音之所以激烈，可能是因为希腊神话中屡见不鲜的道德僭越情节。皈依基督教的亚历山大的革利免（Clement of Alexandria）的反应就是证明，在种种道德僭越的故事中，阿佛洛狄忒（Aphrodite）女神其实是天神乌拉诺斯（Ouranos）被切断的阴茎的化身，革利免对此无比反感。[2] 除了攻击和驳斥，嘲讽也屡见不鲜。1712 年，约瑟夫·艾迪生（Joseph Addison）嘲笑当代诗人还写“我们的朱庇特和朱诺”① 这类陈词滥调，他直言道：“烂俗幼稚，过了 16 岁还这么写诗实在不可饶恕。”十年后，法国哲学家伯纳德·德·丰特内尔（Bernard de Fontenelle）将神话描述为“妄想、白日梦和荒诞之物”。[3] 近年来，有一种风气在欧洲和北美大行其道，那就是将神话研究污名化，连带着讲述神话的两种语言也被认为是过时的、自命不凡的文化精英的特权财产。然而，尽管饱受争议，希腊神话还是经久不衰。原因不止在于神话的引喻被认为是具有社会威望的，以及神话作为经典在传统上享有的崇高地位，更关键在于它所提出的问题具有惊人的深度和广度，带给它们变

---

① “我们的朱庇特和朱诺”原文为“Our Jupiters and Junos”，是对罗马神话中的众神之王朱庇特和天后朱诺的歌咏，相当于希腊神话中的宙斯与赫拉。就诗歌音韵而言，Jupiters and Junos 的头韵、腹韵和尾韵兼有，艾迪生认为，这是一种过时且幼稚的表达方式。——译者注

色龙一般的适应性。希腊神话是一种思想实验，不受限于经济文化背景，任何人都能从中受益。本书将用一系列具体案例证明这一观点。在此之前，为了进一步作出阐释，我们将回顾古希腊的世界，以便重温最初进行这些思想实验的主要背景，并强调一些希腊神话中一直以来被广为探索的重要主题。

希腊神话的叙事背景

神话与古希腊社会骨血相融，在家里由祖父母、父母和保姆向孩子们讲述，在学校里，孩子们也学习和背诵神话。它们被画在各种家庭装饰器皿上，尤其是花瓶上。诗人、演说家、哲学家和历史学家都无限援引着希腊神话作为道德行为的榜样或是训诫。作为过去真实发生的重要事件的记录，神话探讨着最严肃的问题，同时也频频出现在嬉笑怒骂甚至是污言秽语里。可以说希腊神话已经渗入了人类生活的方方面面。[4]

希腊神话与宗教有着千丝万缕的联系，在雅典卫城帕特农神庙南侧门楣上，有一个长方形的大理石浮雕，上面雕刻着英勇的拉庇泰族人（Lapiths）和半人马（Centaurs）的战斗场景。在厄硫西斯圣地（Eleusis）举行秘密仪式的场所里，不少石质浮雕和陶瓷花瓶被发现，上面雕刻着德墨忒尔（Demeter）苦苦追寻着被死神哈迪斯（Hades）绑架的女儿珀耳塞福涅（Persephone）的场景。地狱摆渡人卡戎（Charon）和赫尔墨斯（Hermes）的形象，以及他们一起将死者的灵魂送往冥界的场景经常出现在古希腊的细颈有柄长油瓶瓶上①，这些陶瓶一般装有橄榄油，作为祭品被放在已故之人的墓前。此外，为纪念诸神而举行的仪式活动中也会讲述神话，最典型的例子莫过于雅典

① 原文为希腊语 lekythoi，是一种古老的希腊陶器风格，该风格的陶器通常有白底，多见于前 460 — 前 400 年的考古发现。——译者注

的城邦酒神节。在这一节日中，人们为酒神狄俄尼索斯（Dionysus）表演的悲剧，几乎每一个都基于神话。最后，值得注意的是，其功绩被讲述神话的人所推崇的那些神和英雄，大多也在希腊各地的圣殿中被崇拜。

当希腊屈服于罗马的军事力量时，神话对社会的嵌入式影响并没有减弱。帕萨尼亚斯（Pausanias）对他的希腊之旅进行了细致的描述，并于公元 2 世纪写出了《希腊志》（*Description of Greece*）一书。书中几乎每一段都包含了对他在某个地方发现的某一地点、建筑或圣物的描述，它们或多或少都与神话故事有联系。在成千上万的记述中，有一段是关于拉科尼亚（Laconia）的一个小社区的创始英雄的故事：

在一个叫阿瑞农（Arainon）的地方有着拉斯（Las）的坟墓，纪念碑上立着一尊雕像。当地人说，拉斯是他们的创始英雄。阿喀琉斯（Achilles）抵达阿瑞农向廷达瑞俄斯（Tyndareus）求娶海伦（Helen），拉斯也在此时被阿喀琉斯所杀。但事实上，是帕特罗克洛斯（Patroclus）杀死了拉斯，也是帕特罗克洛斯（Patroclus）在追求海伦。[5]

故事以“当地人说…… ”这一介绍语展开，帕萨尼亚斯亲眼所见，有一座雕像立于伯罗奔尼撒半岛（Peloponnese）南部的一座坟墓上，这座雕像隐隐与发生在特洛伊战争之前的事件有关。当时不少英勇神武的希腊英雄向廷达瑞俄斯求娶海伦。廷达瑞俄斯是海伦的母亲勒达（Leda）的丈夫——大多数神话讲述者认为海伦的真正父亲是宙斯。由于希腊神话并非僵化的宗教教旨教义，所以帕萨尼亚斯可以以“但事实是……”这样的叙述语更改信源。但他的讲述其实与别的版本并无出入，同样是假定了历史事件和当代圣地之间的联系。向海伦求爱的故事，就像其他无数的神话一样，通过被嵌入到一个神圣场所，不断更新迭代，历久弥新。

希腊神话的六大主题

首先，神话总是围绕着家庭展开。无数的希腊神话都涉及家庭这个普遍存在的人类组织形式，并戏剧化地描绘了其中可以唤起的强烈情感。荷马的《伊利亚特》(*Iliad*)中，代际情感纽带将特洛伊的统治阶层团结在一起，父亲普里阿摩(Priam)、母亲赫库巴(Hecuba)、儿子赫克托尔(Hector)、儿媳安德洛玛克(Andromache)和她的儿子阿斯蒂阿那科斯(Astyanax)实现了理想的生活，这种生活甚至抵消了希腊人入侵所带来的战争和无情的混乱。在《奥德赛》(*Odyssey*)中，奥德修斯(Odysseus)与父亲拉厄尔忒斯(Laertes)以及儿子忒勒马科斯(Telemachus)之间的联结也同样强烈，他们之间的互惠关系让他们紧密相连。众神也不例外，父母与子女之间的爱可以凝聚成强大的力量，比如在德墨忒尔和珀耳塞福涅的故事中，母亲让大地万物停止生长，直到能和她心爱的女儿短暂地团聚。但是，更多时候神话还是聚焦于亲子冲突。比如克洛诺斯(Kronos)阉割了父亲乌拉诺斯，之后又被儿子宙斯推翻了统治；俄狄浦斯(Oedipus)杀死了他的父亲并诅咒他的孩子们；美狄亚(Medea)和赫拉克勒斯(Heracles)杀死了自己的孩子；阿伽门农(Agamemnon)以献祭之名屠杀了他的女儿伊菲革涅亚(Iphigenia)。兄弟姐妹之间也同样充满了矛盾。阿特柔斯(Atreus)和堤厄斯忒斯(Thyestes)两兄弟因迈锡尼(Mycenae)的王位之争展开了一场可怕的仇杀。阿特柔斯谋杀了堤厄斯忒斯的儿子们，将他们煮熟后在宴会上神不知鬼不觉地喂给了堤厄斯忒斯。姐妹之间则要更团结一些。当国王忒雷俄斯(Tereus)强奸了妻子的妹妹，并扯掉她的舌头试图让她闭嘴时，妹妹把指凶的证词编成挂毯寄给了姐姐，姐妹二人齐心协力，让忒雷俄斯吃下了亲生骨肉，受到了和堤厄斯忒斯所遭受的一样的可怕惩罚。至于夫妻之间的关系，往往是盘根错节且触目惊心的，最受欢迎的主题莫过于婚姻的崩坏。海伦与特洛伊王子帕里斯(Paris)的通奸导致她受到背叛的丈夫墨涅拉俄斯(Menelaus)煽动希腊人远征围攻特洛伊。当阿伽门农把被奴役的特洛伊公主卡珊卓拉(Cassandra)从特洛伊带回来共赴巫山时，他的妻子克吕泰涅斯特拉（Clytemnestra）也早有情人在侧。婚姻对于他们而言，仿佛是一杯放了不忠毒药的鸡尾酒。通奸也不仅限于凡人。宙斯对妻子赫拉的不忠已经是司空见惯，而阿佛洛狄忒与阿瑞斯（Ares）的外遇则导致了一个臭名昭著的事件：她的丈夫，工匠之神赫菲斯托斯（Hephaestus）用魔法将这对苟且的爱侣用一张几乎看不见的网固定在床上。相比之下，奥德修斯与妻子佩涅洛佩（Penelope）的关系，正如荷马的《奥德赛》中所探讨的那样，乍一看似乎确实光鲜亮丽，然而，奥德修斯是在与卡吕普索（Calypso）和喀耳刻（Circe）万般纠缠，还和天作之合一般的公主娜乌西卡（Nausicaa）几番暧昧之后，才与佩涅洛佩再次携手。两性关系中的心理交锋可谓神话中最复杂且有力的主题之一。

其次，神话的第二大主题是凡人与陌生怪异事物的邂逅，一言以蔽之，即与“他者”[①]的羁绊。不得不承认，“他者”是一个学术术语，但在很多情况下都非常适用。“他者”主题的神话故事往往有一个常见的模板，那就是一个英雄或一个特殊的凡人试图挑战人类的极限，他面对的敌人通常是身体畸形的可怕怪物或令人敬畏的混血对手。比如珀尔修斯（Perseus）斩杀戈尔贡蛇发女妖美杜莎（Medusa），柏勒洛丰（Bellerophon）大战狮头羊身蛇尾的奇美拉（Chimaera），以及奥德修斯对峙狰狞可怖的斯库拉（Scylla），斯库拉有六个头，腰部被恶犬环绕。要成为英雄，必须具备克服这些危险的能力。然而，怪异性并不总是怪物的标签，怪异性中渗透了诸神的个性。尤其是狄俄尼索斯，他是一个达到“狂喜”（ecstasy）境界的神，ecstasy 的字面意思是“出离自身的”。作为典型的出离之神，狄俄尼索斯的神力远远不止于葡萄酒，他甚至有着入侵人类意识的能力。“他性”[②]也是

① “他者”（other）的概念被广泛用于文学研究中，在哲学，政治学和社会学中都有广泛的讨论。“他者”是传统二元对立观点的产物，“他者”与“自我”相对，有着陌生、外来、怪异性和边缘性等关键特质。尤其是在后殖民理论中，殖民者往往被称为具有主体性的“自我”，殖民地的被殖民者则被称为“他者”。——译者注

② “他性”（otherness）是“他者”所拥有的特性。——译者注

其他许多神的共有特征，例如半羊半人的潘神和作为疯狂与情欲化身的性感的阿佛洛狄忒。宙斯也不例外，当宙斯的凡人情妇塞墨勒（Semele）坚持要与宙斯做爱时，伴随着电闪雷鸣，这位众神的统治者以其雷鸣电闪的化身与她做爱，从而烧死了她，这种飞蛾扑火的爱欲与牺牲让宙斯显得如此令人向往又深不可测。这些极富“他性”的神话故事也提出各种形式的关于凡人与非人的界限是什么的问题。

另一个普遍存在的母题是起源。神话通过讲述事物的形成过程来解释事物，与病因学研究同理。从终极角度看，“事物的起源”是一个宇宙学问题。一切都始于原始的混沌，混沌继而分离为盖亚和乌拉诺斯，也就是大地与苍穹这对原始的夫妇，他们诞下了一代又一代的神明。众神出世的场面可谓是惊天动地，比如雅典娜降生自赫菲斯托斯用斧头劈开的宙斯的头颅，乌拉诺斯被割下了生殖器，血液渗入大海，血水交杂的泡沫中诞生了阿佛洛狄忒。神话有时也讲述山川地貌的起源。从海上浮起的罗得岛（Rhodes）被日神赫里俄斯（Helios）中意并占为己有，而后他成了该岛的守护者。人类的起源是世界的另一特性，也是值得探讨的问题，而重视起源的神话故事也能为此提供有益的视野。灭世的洪水过后，杜卡利翁（Deucalion）和皮拉（Pyrrha），也就是古希腊版本的诺亚（Noah）和他的妻子发现自己身处一个人类消亡的世界，他们把石头扔向身后，石头化作了人类。因此，人类是石头的化形，是大地的孩子。人类社区也有起源可循，而神话叙事也致力于合理化解释社区的形成。这些叙事往往和杜卡利翁与皮拉的故事一样，强调了一种承前启后的转化与变迁。神话中，全副武装的战士们从播种了毒牙的土壤中拔地而起，波欧提斯的底比斯人（Boeotian Thebes）声称自己是毒牙战士斯帕耳托伊人（Spartoi）种出来的人的后裔，这个关于地下起源的故事生动形象地表达了底比斯人扎根于自己领土的土著意识。最后，人类生活中的许多习俗和仪式都是以神话传说为蓝本的，因此也极富神话色彩。最广为人知的例子莫过于动物献祭的起源：据说泰坦巨人普罗米修斯（Prometheus）在与凡人和众神共同进餐时将一整头牛分而食之，在这一极具开拓性的时刻，分配给人类的肉远比留给众神的肉更美味可口，之后的现实宗教仪式沿袭了这一传统，最美味的肉将永远属于人类。

政治也是神话主题的另一个焦点。政治家想要寻求合法性往往借助于神话。公元前 6 世纪，暴君庇西特拉图（Peisistratus）经历流放之后重回雅典，他所乘坐的战车上有一位名为菲伊（Phye）的高大而美丽的雅典女人随行。庇西特拉图将菲伊打扮成雅典娜的模样，这样一来他就有雅典的守护神作为自己的坚实后盾。古罗马开国皇帝奥古斯都（Augustus）将阿波罗（Apollo）作为自己的守护神，为强调自己与阿波罗的联系，他在罗马的帕拉蒂尼山（Palatine）上建造了一座神庙，神庙与其家宅比邻。奥古斯都遵循了一个影响悠久的先例，即通过加强与神明的联系来巩固政治权力。这一点在希腊化王国——埃及的统治者托勒密·斐勒达奥弗乌斯（Ptolemy Philadelphus）的豪华大游行中表现得淋漓尽致。游行在亚历山大举行，以描绘狄俄尼索斯、他的仆人以及他的萨提尔歌队载歌载舞的华丽场景为特色。自命不凡的罗马皇帝康茂德（Commodus）自比为赫拉克勒斯，还特意给自己加上了神话光环，让画像中的自己一手持棍棒，身披狮皮，一手捧一把赫斯珀里德斯仙女（Hesperides）的金苹果。国家和领导人都善于利用神话的象征性力量，很多时候他们将神话中的形象印刻在货币上，比如罗得岛货币上的赫里俄斯巨像，科斯岛（Kos）货币上的阿斯克勒庇俄斯（Asclepius）权杖，还有雅典货币上的雅典娜以及标志性的猫头鹰图案等，这样的例子不胜枚举。传统的光辉总能为权力增光添彩，而神话正是这种传统的重要组成部分。

希腊神话中另一个复杂的主题是围绕选择的困境和悖论展开的。最经典的莫过于俄瑞斯忒斯（Orestes）之母克吕泰涅斯特拉谋杀丈夫阿伽门农的故事。俄瑞斯忒斯是应该对父亲的死不加追究，还是遵从阿波罗的神谕杀死他的母亲？安提戈涅（Antigone）的困境也同样令人痛苦：她是应该任由她叛国的哥哥曝尸荒野，还是违抗统治者禁止埋葬叛国者的法令呢？另外，还有一系列的神话故事涉及命运或者宿命的概念。这种探索往往充斥着预言和神谕。诸如特伊西亚斯（Teiresias）和菲纽斯（Phineus）之类的预言家准确地预测了未来，但这是否意味着他们预测其行为的人在预言面前毫无选择的自由呢？阿波罗在特尔斐（Delphi）降下的神谕以及宙斯在多多那（Dodona）的神谕出现在许多神话叙事中，他们的预言是否让预言的主人公所做的一切都毫无意义呢？这种谜题的复杂性在阿伽门农的故事中得到恰好的总结。为了改变风向让舰队顺利抵达特洛伊，一位女神命令阿伽门农牺牲或者说屠杀自己的女儿伊菲革涅亚。此处，引用埃斯库罗斯（Aeschylus）的戏剧《阿伽门农》（*Agamemnon*）中的合唱团唱词："阿伽门农'戴上了命运的枷锁'"。戴上枷锁看似是一种自主选择的行为，然而，这个枷锁是命运强加于他的，除了戴上枷锁，他其实别无选择。不同于知晓天命的预言家，芸芸众生只有在事后才会认识到自己的命运，这时一切已成定局。对神明来说，他们能意识到自己即将卷入命运的旋涡，但是他们能否改变命运的问题往往会将一切引向悖论。对此，《伊利亚特》中有一个动人的例子，讲述了神明卷入选择与命运的浪潮之中的故事。海中仙女忒提斯（Thetis）预见到她心爱的儿子阿喀琉斯注定早逝，并且是在与他的宿敌——特洛伊勇士赫克托尔的战斗中死去。但她仍命令赫菲斯托斯为阿喀琉斯制作了盔甲，即便这会加速阿喀琉斯的死亡。

除了与命运紧密相关，人神关系也是无数神话的核心，这是我们要探讨的最后一个主题。有时这种关系与女性相关，比如阿佛洛狄忒与阿多尼斯（Adonis）的结合，狄俄尼索斯与阿里阿德涅（Ariadne）的结合，以及宙斯与他的众多情人的结合，包括被宙斯掳走的年轻美丽的特洛伊王子伽倪墨得斯（Ganymede）。虽然现代人可能会对建立在掠夺之上的关系感到不安，但希腊人更倾向于强调神通过"带走他们"来赐给凡人荣誉，可这并不是说这种关系总有好结局。伽倪墨得斯被永远地困锁在宙斯身边，做他的斟酒侍从；黎明女神厄俄斯（Eos）强占了凡人提托诺斯（Tithonus），结果是厄俄斯的神明之躯青春永驻，而提托诺斯却日渐萎靡，直至老态龙钟。

许多故事强调的不是人类与神明的接近，而是人神之间的鸿沟，讲述了人类一旦逾越自身的界限可能带来的后果。贞洁之神阿耳忒弥斯（Artemis）在泉水中赤身洗澡时，意外地被猎人阿克泰翁（Actaeon）惊动，阿克泰翁被女神变成了一头雄鹿，然后被自己的猎犬撕碎了。阿拉喀涅（Arachne）试图超越雅典娜，却因为自视过高被变成了一只蜘蛛。当底比斯的国王彭透斯（Pentheus）拒绝酒神崇拜，狄俄尼索斯便让城里的女子全部陷入疯癫，其中包括彭透斯的母亲，所有女性都屈服于这不可思议的神力，直至徒手撕碎了国王的身体。也许人神关系最重要的方面在于神对人类事务的强硬介入。对诸神来说，特洛伊战场上谁赢谁输很重要，伊阿宋（Jason）和他的阿耳戈英雄们（Argonauts）是否成功寻找金羊毛也很重要。诸神总是随心所欲地介入人类的纷争。所以，不论是众神之于人类还是人类之于众神，他们的所思所想、所作所为，都是希腊神话中不可或缺的基本组成部分。

日新月异的传播和演变

我们简短地回顾了希腊神话的各项主题，这些主题都显示出希腊神话有着惊人的潜力，能够在传达思想的同时激发人类关于自我的思考。接下来，本书将研究这种潜力具体是如何实现的，包括其在古典传统和后古典传统中的具体表现。对此，有以下三个要点值得强调。

第一个要点是多样性。自古希腊古罗马时期以来，神话在浩如烟海的各式背景中不断地改头换面。书面文本是最基本的传播形式，而且种类繁多。寓言式的解读是书面文本中的一个重要类型，旨在展示解读者的博闻广识。神话通常被认为是一种关于自然现象的寓言或道德、政治典范的呈现，中世纪和近代早期的作家和他们的作品在其中扮演了重要角色，比如乔万尼·薄伽丘（Giovanni Boccaccio）的《异教诸神谱》（*Genealogy of the Pagan Gods*）、纳塔莱·孔蒂（Natale Conti）的《神话》（*Mythologies*），还有弗朗西斯·培根（Francis Bacon）的《论古人的智慧》（*The Wisdom of the Ancients*，1609）。近年来，心理学家们，都致力于揭开神话表层叙事下的潜意识或是原型概念，如西格蒙德·弗洛伊德、卡尔·荣格和他们的后继者。除了上述文本类型，还有许多作者别出心裁地在文学作品中重新审视了这些神话，以史诗、田园诗、小说、悲剧和喜剧等丰富的体裁形式，以及囊括了象征主义、表现主义、现代主义、后现代主义、女性主义、后殖民主义和其他各式各样的“主义”的方式。在另外一些情景里，神话通过视觉和触觉的媒介被运用到一些具有装饰性的实物上。婚纱箱、麦饭石陶器、花园雕塑、挂毯、壁画，这些带有神话元素的装饰品在文艺复兴时期俯拾皆是，并且至今人们仍然可以在世界各地的博物馆、画廊、公共空间和私人住宅中看到。听觉媒介的重要性不亚于视觉媒介，管弦乐、流行歌曲、歌剧、芭蕾舞和电影开辟了神话叙述的新途径。希腊神话也对电子游戏和漫画书产生了重大影响，未来希腊神话肯定还会渗入其他的背景中，但如果没有普罗米修斯（Prometheus）那样的远见，很难预知其发展。宗教信仰与宗教仪式也许是现代语境清单中重要的缺失部分，但在现代社会，若论起在信仰崇拜与实践中的嵌入性，没有什么能与神话相提并论。即便那不是一种信仰层面的严肃性，现代希腊神话的严肃性仍是不容置疑的。

第二个要点是混乱性。希腊神话处处可感且无所不在，同时又具有不均衡性。即使神话元素出现在公司名称或产品品牌上，也并不意味着与该公司打交道的人，或购买该产品的人，都通晓品牌背后的神话故事的细枝末节。不同的人对神话故事有着不同程度的认知。在文艺复兴时期佛罗伦萨（Florence）的晚宴上，客人们所用的盘子上绘有丽达和天鹅（Leda and the Swan），一些食客可能会引用希腊神话或是一些相关诗句中旁征博引，而其他对其神话背景一无所知的人就可能会大受刺激，认为盘子上的绘画内容冒失而挑逗，神话的不均衡性此时就体现了出来。当皇家马德里队的球迷涌向市中心的西贝莱（Cybele）喷泉庆祝胜利时，马德里竞技队的球迷就聚集在海神（Neptune）喷泉的路边，但他们大多对西贝莱和海神这两位神明一知半解。

另一种混乱性在神话的历史流变中体现。从荷马在《奥德赛》（约公元前 8 世纪—公元前 7 世纪）中对奥德修斯流浪的叙述到西蒙·阿米蒂奇（Simon Armitage）在戏剧《奥德赛：失踪的疑似死者》（*The Odyssey: Missing Presumed Dead*，2015）中对其诗意化的呈现，如果要沿着显而易见的前后传承的关系对奥德赛的流浪历程进行历史解读，那实在是太容易了，不过就是荷马影响了某个创作者，后者又影响了另一个创作者，如此继承下去，最后影响了阿米蒂奇。同样的，从诗人赫西奥德（Hesiod，约公元前 8 世纪—公元前 7 世纪）的《神谱》（*Theogony*）到路易斯·莱特里尔（Louis Leterrier）执导的电影《诸神之战》（*Clash of the Titans*，2010），其中的变迁也可以用前后继承来解释。然而，文化传统的历史演变很少遵循简单的前后传承的原理，希腊神话更是如此。一个 20 世纪的作家或艺术家在勾勒一个神话主题时，脑海中可能只有一个几年前的模式；但也有的创作者会另辟蹊径，故意忽略神话传播和演变的所有中间阶段，直接回到公元前 700 年左右去追寻最原始的版本，这两种方法可谓是各有千秋、大相径庭。神话传统变幻莫测，规律难循，因此也更令人神往。

第三个要点是神话的新颖性。新媒体更新迭代，而其他媒介日薄西山。神话也在适应不断变化的环境，满足不同的需求。在某一时期，有些神话会引起文化上的共鸣，而在另一个时期，那些曾经风靡一时的神话会显得无关紧要或成为老生常谈。维纳斯（Venuse）、阿里阿德涅、达纳厄（Danaë）等形象在文艺复兴时期的绘画中无处不在，她们极尽奢华，袒胸露乳，但放到 21 世纪初很可能就变了味。随着人们对性别政治的认识不断更新，色情幻想的载体已经大有不同。诸神的形象也随着不断变化的文化环境悄然改变。自 17 世纪以来，类似“帕里斯的裁决”这种围绕神明展开的神话传说日渐衰落，虽然阿波罗和狄俄尼索斯仍然是尼采重要的哲学概念[①]。失之东隅，收之桑榆，有一些神话在现代风头日盛，尤其是涉及家庭问题的神话，比如美狄亚、俄狄浦斯、俄耳甫斯（Orpheus）与欧里狄克（Eurydice）的故事。热度见长的除了涉及政治话题的安提戈涅的故事，还有涉及陌生入侵者的暗潮汹涌的神话，比如亚马孙人的故事和赫拉克勒斯遭遇的怪物们的故事。诸神仍然带给我们丰富的想象空间，在之后的章节中我会详细说明。普罗米修斯也许是诸神中最耐人寻味的，他的神性与他的矛盾性密不可分，因为他是一个站在人类立场上反抗诸神的神明。

我们将从五彩斑斓、日新月异、变幻莫测的神话传统中选择神话人物进行探讨。每一个神话人物都如此生动，跃然纸上。行文至此，是时候开始了解第一个神话人物了。

① 尼采在著作《悲剧的诞生》（*Die Geburt der Fragödie*）中认为，希腊悲剧是在日神阿波罗精神与酒神狄俄尼索斯精神的对抗与调和中产生的，并以酒神精神为主导。——译者注

第 1 章

认知的边界

普罗米修斯的火

在希腊神话中，普罗米修斯享有着极其丰富多样的后世解读。有时，他作为抗击暴政的英雄荣耀登场，在专制的残酷面前叛逆地挥舞着自由的火炬。有时，他被誉为光明的使者，带来人类文明的火种，让人类得以提升生产力，实现技术发展和社会进步。有时，他不仅是人类的帮助者，更是人类的创造者。而亘古不变的是他与人类的亲密联结，以及这种联结给他造成的苦难。

在智慧女神密涅瓦的指引下，普罗米修斯从神界中取来了炙纯的真理之火，将其投入他捏成的人类躯壳中，从而淬炼出仁德与理性，灼噬野蛮与残忍。

第 1 章
认知的边界 普罗米修斯的火

在希腊神话中，普罗米修斯享有着极其丰富多样的后世解读，这样的神话人物并不多见。在后古典传统中，他有时被塑造为一种基督般的形象，遭受着类似十字架刑罚的折磨。他的名字有着“先见之明”（Forethought）的含义，这意味着他无比确信地预见自己所受的痛苦与折磨将持续数个世纪。有时，他作为抗击暴政的英雄荣耀登场，在专制的残酷面前叛逆地挥舞着自由的火炬。有时，他被誉为光明的使者，带来人类文明的火种，让人类得以提升生产力，实现技术的发展和社会的进步。有时，他不仅是人类的帮助者，更是人类的创造者。可有时，尽管他有着各式各样的英雄形象，人们更强调的是他的狡猾和欺骗性。在纷繁多样的后世想象中，亘古不变的是他与人类的亲密联结，以及这种联结给他造成的苦难。若要探讨普罗米修斯的一系列形象从何而来，并探析他的故事能触发关于哪些议题的思考，我们应当倾听来自古典时期的三种声音，它们分别来自诗人、剧作家和哲学家。

古典时期：普罗米修斯神话的成型

诗人的声音把我们带回到现存的希腊神话传统的开端。有人说，神话传统的开端甚至早于伟大的“荷马史诗”。诗人赫西奥德在他的《神谱》中对宇宙中神力的起源进行了令人印象深刻的描述，他讲述了宙斯在建立至高无上的权威过程中发生的一系列事件。泰坦巨人是赫西奥德叙事的一个重要部分，他们建立权威早于宙斯和其他奥林匹亚人，两者之间冲突不断。普罗米修斯正是泰坦巨人之一，他是泰坦伊阿珀托斯（Iapetus）和海洋女神克莱米尼（Clymene）的儿子。虽然《神谱》中描述了大量诸神之间的暴力冲突，但普罗米修斯故事的核心是欺骗而不是暴力。狡猾的普罗米修斯两次欺骗了宙斯，盗取众神的利益以造福人类。那么，普罗米修斯为何要与人类交好？这个问题始终是《神谱》中一个耐人寻味的谜团。普罗米修斯的第一个诡计发生在古希腊宗教发展初期的一个祭典上，那时，人们宰杀动物并献给神灵。普罗米修斯将屠宰好的动物分成两部分，一部分看起来引人作呕，因为全是动物内脏，殊不知，内脏里藏了好的肉；另一部分令人垂涎，因为包裹了一层亮晶晶的动物油脂，然而里面却是不能吃的骨头。宙斯明知如此，还是故意为众神选择了“金玉其外，败絮其中”的那一份。这一点令人费解，也许宙斯证明普罗米修斯欺骗性的最好方法就是顺势为之，好让普罗米修斯计谋败露。无论如何，宙斯的这一选择形成了一个惯例，此后的祭典上，人类可以大快朵颐，而神明则只能望而生津，眼馋不已。

宙斯被普罗米修斯激怒，没收了人类的火种，使他们退回到原始的生产、生活状态中。普罗米修斯则用他的第二个诡计进行反击。这一次，他以巧妙的障眼法玩弄着表相与内在的界限。他把火种藏在茴香茎里，从神明那里偷来给人类。宙斯怒火中烧，严惩了普罗米修斯和人类。他将第一个女性赐予人类，她由赫菲斯托斯用泥土铸成，并被奥林匹亚人打扮得极尽魅惑。她表面上楚楚动人，内在却是心机深重。还好，不是所有的希腊神话都有如此明显的厌女倾向。宙斯对普罗米修斯可谓是以牙还牙，对他偷换表里的障眼法巧加利用，并用自己的方式还击。至于对普罗米修斯的惩罚，宙斯无法杀死拥有不死之身的泰坦巨人，但他总有办法。宙斯把普罗米修斯捆在一个荒僻之地，用脚镣将他钉死在岩石上。在那里，一只老鹰每天都啄食他的肝脏，每天晚上，肝脏都会再生，新生的肝脏又成了老鹰第二日的饕餮盛宴，普罗米修斯日复一日承受着酷刑。鹰是宙斯的圣鸟，如此一来，仿佛是宙斯本人正借助自己的化形，撕裂啄噬着他的眼中钉、肉中刺。只有宙斯改变主意，这场酷刑才会结束。经年累月之后，宙斯的儿子赫拉克勒斯射杀了老鹰，宙斯也只能作罢。这位宇宙至尊的神明惩罚普罗米修斯的执念，终究比不上为儿子赢得声誉的夙愿。

赫西奥德在一首广为人知的诗歌《田功农时》（*Works and Days*）中，对《神谱》中的叙事有所改动。诗里有一个极具破坏性的女人，名为潘多拉。宙斯将她派往凡人的世界，厄庇墨透斯（Epimetheus）作为代表，不顾普罗米修斯的反对迎接了潘多拉。厄庇墨透斯是普罗米修斯愚蠢迟钝的弟弟，他的名字有“后知后觉”之意。后来不好的事情果然发生了。潘多拉有一个大储物罐，她打开罐子的同时，也释放了罐子里所有的邪恶和疾病，让它们飞到世界各处。有一个不可忽视的细节，那就是，当潘多拉重新将罐子封上的时候，“希望”或者说“希望”这种情感的化身还留在罐子里，这个细节发人深省又具有开放性，这是否意味着希望尚存于世，长存于心，永不破灭？还是说，希望仍然被封存在罐子里，是人类无法触及的存在？[1] 无论我们如何解决这个困局，普罗米修斯和潘多拉事件的结果是带给人类痛苦，即便普罗米修斯为人类殚精竭虑，不惜与宙斯针锋相对，也没有给他自己和他的人类信徒们铺下一条光明坦途。人类依然前路坎坷，唯有砥砺前行。

接下来，让我们听听剧作家的声音，它们也许比诗人赫西奥德的声音更能激发共鸣。《被缚的普罗米修斯》（*Prometheus Bound*）是剧作家埃斯库罗斯于公元前 5 世纪创作的一部伟大的悲剧，现代学者怀疑该剧是否由埃斯库罗斯执笔，但在古典时期，埃斯库罗斯的作者身份是毋庸置疑的。[2] 该剧开场，普罗米修斯被残忍地钉在荒凉的斯基泰（Scythia）峭壁上，施刑者有三人，分别是暴力神比亚（Bia）、威力神克拉托斯（Kratos），以及不情不愿的赫菲斯托斯。观众浑身战栗地目睹了普罗米修斯受刑的可怕过程：

威力神｜现在把这金属楔子的无情尖齿
一直穿过他的胸膛，牢牢地钉住。
赫菲斯托斯｜普罗米修斯啊，我叹息你受的痛苦。
威力神｜你怎么又在拖延，为宙斯的敌人叹息？
当心你会有一天，不得不为自己悲叹！
赫菲斯托斯｜你看面前这景象，真是惨不忍睹！
威力神｜我看他受这些报应是罪有应得。[3]①

金刚石的坚硬程度超乎想象，只有这样的东西才能摧毁泰坦巨人，就像氪石摧毁超人一样。

尽管舞台设计是静态的，该剧的叙事范围还是跨越了数万年。它追溯着过去，回顾了普罗米修斯给予人类的一切，包括火、理性、天文知识、数学、写作、医学、占卜等，但更重要的是关于未来的部分，因为如普罗米修斯的名字一样，这是一个关于预知的悲剧。普罗米修斯敏锐地预见了即将到来的每一分凌迟一般的痛苦。这种预知能力让他与凡人截然不同，正如当海洋仙女合唱团前来目睹了他的困境时，他向她们所诉说的那样：

普罗米修斯｜我还让会死的凡人不再预见死亡。
歌队长｜你为治疗这疾病找到什么良药？
普罗米修斯｜我把盲目的希望放进他们的胸膛。
歌队长｜你给予了凡人如此巨大的好处。[4]②

对普罗米修斯来说，这种无知并不能算是一种福泽。面对宙斯，他并没有坐以待毙，而是用一个秘密来和宙斯讨价还价。他神秘地预言，宙斯即将与一位女神结合，女神将诞下比宙斯更强的儿子，如果

① 埃斯库罗斯等：《古希腊悲剧喜剧全集》，张竹明、王焕生译，译林出版社，2011。——译者注
② 同上。

有了他的帮助，宙斯就可以避免被这个孩子篡权夺位。后来的故事证实了普罗米修斯的预言，宙斯本要与海仙女忒提斯结合，而宙斯把她嫁给了珀琉斯（Peleus）来化解危机，后来，她生下了阿喀琉斯。[5]就目前而言，宙斯涤除了可能的威胁。而在此之前，宙斯的亲信，施刑者学徒赫尔墨斯威胁普罗米修斯，让他把秘密说得更清楚一些，如果他拒绝，老鹰和自我再生的肝将让他更加痛不欲生。对此，普罗米修斯的回应也预示着后来每一个铁骨铮铮的英雄面对无情独裁者的卑鄙走狗时的反应，那就是“任凭千刀万剐，我自岿然不动”。

第三个声音把我们带到了政治哲学中。柏拉图（Plato，前 5 世纪—前 4 世纪）在他的对话集《普罗塔戈拉》（*Protagoras*）中构建了一个关于人类社会起源的思想实验。在此过程中，关于宙斯和普罗米修斯之间的纷争、普罗米修斯和厄庇墨透斯之间的关系，他提出了许多新观点。对话集中指出，诸神在创造了所有的生物之后，指示厄庇墨透斯和普罗米修斯赋予这些生物生存所需的技能。厄庇墨透斯向所有其他动物传授了相应的技能，独独忘记了人类。普罗米修斯试图干预此事，于是为人类盗取火种，并精心地将各种技术和自我保护的手段传授给人类。即便如此，因为缺乏社会凝聚力，人类的生活仍然危机重重。宙斯不但没有对普罗米修斯的干预感到愤怒，反而派赫尔墨斯下到人间，赋予人类尊重和正义的品质，以缓解不和谐的局面。可见，柏拉图对这个神话进行了耐人寻味的改编，他抹除了赫西奥德对人类生活日渐衰败的设想，也摒弃了埃斯库罗斯两极分化的道德评判，没有将宙斯和普罗米修斯塑造为暴君和叛党的对立关系。

在赫西奥德、埃斯库罗斯和柏拉图的叙述中，已经可以看到普罗米修斯神话的大体轮廓。而值得注意的是，所有的叙述都将这位泰坦与起源这一主题联系起来，比如最初的动物、原始的献祭、火的起源，以及人类文明的曙光等。但是一个重要的议题，或者说起源主题下的一个更基本的方面缺失了，那就是泰坦作为人类创造者的角色。尽管早期作家暗示了这个主题，但普罗米修斯的创世者形象只有在

《变形记》(*Metamorphoses*)中才得以凸显。《变形记》是一部宏伟的、影响巨大的作品，作者是古罗马诗人奥维德（Ovid，前43—18）。

奥维德笔下的普罗米修斯将泥土和雨水混合在一起，并从混合物中塑造出一个又一个“万能的神的形象”，他们直立着，凝视着天际。[6]《伊索寓言》对普罗米修斯作为创世者这一主题进行了改编，只是没有奥维德的版本那么有名。在寓言里，普罗米修斯造人的泥土据说是用眼泪混合而成的。眼泪作为原料深刻地体现了普罗米修斯的宿命，那就是注定在创造和磨难中前行，也暗示了人类与生俱来的特质，那就是创造与磨难共存。[7]

文学叙述中的所有主要情节都会以视觉方式被反复呈现。被缚的泰坦直面啄食血肉的尖锐鹰喙的场面最具戏剧张力，这一幕在梵蒂冈博物馆的拉哥尼亚（Laconia）基里克斯杯上有着生动细致的呈现。

对于赫拉克勒斯拯救普罗米修斯这一经典桥段，有一只阿提卡双耳喷口杯展现了赫拉克勒斯射杀老鹰的过程。古希腊、古罗马时代后期出现了普罗米修斯创造人类的经典场景，极具开拓性，它们对中世纪和近代早期关于人类诞生的思想产生了巨大的影响。

创世故事的另一个版本可以在伊特鲁里亚人的圣甲虫形宝石上看到，它描绘了普罗米修斯如何制造人的躯干。马德里普拉多博物馆的大理石石棺上有一个更具体的形象，上面的普罗米修斯创造了一个人类的躯壳，而雅典娜在他的头上放了一只蝴蝶。在希腊语中，蝴蝶意味着灵魂。①

① 原文的意思为：在希腊语中有 psuche 一词，该词有着蝴蝶和灵魂的双重含义。——译者注

画有普罗米修斯和阿特拉斯（Atlas）的拉哥尼亚基里克斯杯
［阿科斯拉（Arkesila）画家，前 560—前 550］

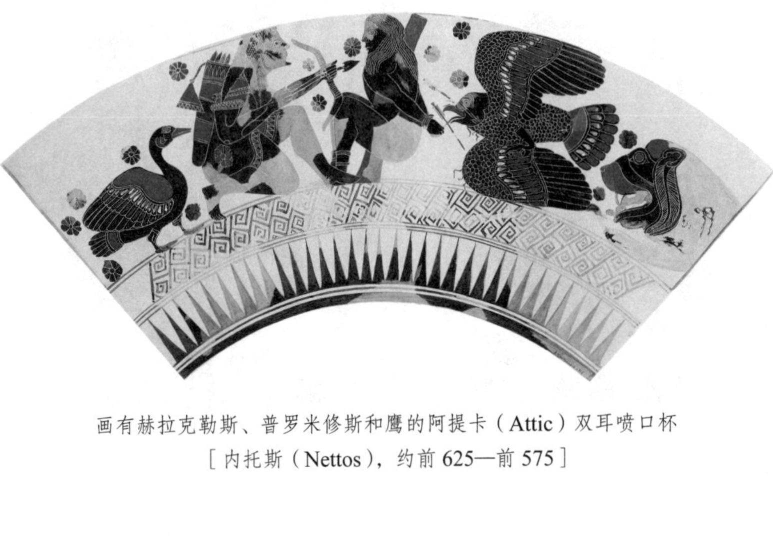

画有赫拉克勒斯、普罗米修斯和鹰的阿提卡（Attic）双耳喷口杯
［内托斯（Nettos），约前 625—前 575］

刻有普罗米修斯形象的伊特鲁里亚（Etruscan）圣甲虫形宝石
（前 3 世纪—前 2 世纪）

普罗米修斯塑造的第一个人（罗马石棺，约 185）

普罗米修斯并不总是以这种权威的姿态出现。在阿里斯托芬（Aristophanes）的《鸟》（*Birds*，前 414）中，他拿着一把遮阳伞紧张地爬上舞台，以避免被宙斯看到。宙斯凌空而居，所以他的惴惴不安也情有可原。普罗米修斯在剧中饰演鸟儿们的顾问，这些鸟儿在空中建立了自己的乌托邦，它有着隔绝的作用，避免奥林匹亚诸神闻到凡人享用祭典美食时的香气。这是典型的阿里斯托芬式的戏剧处理，他用完全符合雅典喜剧顾左右而言他的惯例表现普罗米修斯与宙斯的对峙，但这种处理方式并不代表古典时期的主流态度，也不会在后来的大多数神话听众和讲述者的思想和情感中产生共鸣。那么，这些后古典时期的“接受者”是如何改编异彩纷呈的普罗米修斯的故事呢？

中世纪与文艺复兴时期：作为创造者的泰坦

在一本关于古典时期及以后的普罗米修斯神话的研究专著中，学者卡罗·多尔蒂（Carol Dougherty）从浪漫主义时期高尚又反叛的英雄形象出发，讨论了普罗米修斯神话的接受史。[8][①] 以此为出发点彰显了一个重要事实，那就是浪漫主义无疑是普罗米修斯的故事根深叶茂、大受推崇的最佳土壤，但这同时具有误导性，因为在此之前，普罗米修斯神话扎根的土壤几经变迁，从古典时期晚期到文艺复兴时期，主流想象中的普罗米修斯不是拜伦式英雄[②]，而是创造者、制造者、“人类塑形器”。他是人类的塑造者，更是人类生命引擎的启动者。

① 鉴于“接受者”和“接受史”等概念在全书被普遍提及，此处补充说明。接受理论普遍认为，作者创作的作品是“第一文本”，需要经历读者的领悟、解释、融会贯通，再次生成“第二文本”之后，才成为真正的审美对象，未经过读者的吸收和转化的作品欠缺完整性，两个文本共同构成了作品。“接受史”强调读者对作品领悟吸收的历史流变。——译者注

② 指 19 世纪英国浪漫主义诗人拜伦（Byron）的作品中的一类人物形象，他们通常高傲倔强，有强烈的叛逆精神。——编者注

在将古典神话或者说是基督教层面的异教神话纳入基督教世界观的整个后古典体系中，普罗米修斯始终是一块难啃的骨头。要如何将他的创造者身份与创造亚当的上帝相提并论呢？迦太基基督教作家德尔图良（Tertullian，约 160—240）认为，答案只有一个，那就是普罗米修斯本人正是全能的上帝，他用泥土创造了人类。[9] 一个世纪后，另一位北非基督教作家拉克坦修斯（Lactantius）采用自己的策略来弱化普罗米修斯对上帝的挑战，他认为普罗米修斯仅仅有着雕刻和塑造的技艺，人类的唯一的、真正的创造者是基督教的上帝。[10] 奥古斯丁（Augustine，354—430）将普罗米修斯人性化的同时，也承认了他惊人的天赋，他认为普罗米修斯是一个凡人，但他也是“大受尊崇的智慧导师”。[11] 整个中世纪时期，人们一直强调的是普罗米修斯的人性而非其神性地位，对他的雕塑天赋的推崇之声亦是不绝于耳。而到了 12 世纪，作家彼得鲁斯·康麦斯托（Petrus Comestor）对普罗米修斯的故事给出了不同的解释，这一解释可谓影响深远。康麦斯托认为，也许普罗米修斯只是捏出了会行走的躯壳，又或者，他确实给人类带来了文明。[12] 马索·菲尼格拉（Maso Finiguerra，约 1470—1475）在一系列绘画作品中呈现了普罗米修斯人类雕塑者兼具泰坦占星师的形象，这个系列的作品被收录于《佛罗伦萨编年画》（*Florentine Picture-Chronicle*）中。所有关于普罗米修斯的视觉呈现都暗示着普罗米修斯是基督教造物主的先驱，但并没有对上帝的独特地位提出质疑。

以上所有解读都可以归入“神话即历史”（euhemerism）的大主题下，这个主题是学者广泛应用的一种解读模式，即把神明理解成被神化了的常人，把他们的行为理解为普通人类在现实世界中真实事件的反映。欧赫墨罗斯（Euhemerus）是一位希腊作家，他开创了这种解读模式。在中世纪，寓言式的解读模式也具有同等的重要性。对此，解读者的目标是揭开隐藏在寓言表面意义下的内在含义。14 世纪意大利伟大的人文主义作家乔万尼·薄伽丘所著的图文并茂的神话文集《异教诸神谱》中就有一个典型的例子。

关于普罗米修斯的画面细节(《佛罗伦萨编年画》,
13 页,马索 · 菲尼格拉,约 1470—1475)

薄伽丘承袭了古典时期的塞尔维乌斯（Servius）与富尔根提乌斯（Fulgentius）的记述，他们认为普罗米修斯在捏造人形方面的高超技艺吸引了密涅瓦①即雅典娜的注意。之后，密涅瓦引导他去往神界，以让他获得他需要的东西。[13]在神界，他把一根茴香茎和太阳神菲比斯（Phoebus）的战车轮子连接起来，捕捉到了火并带回了人界。正是火让他捏造的人类躯壳拥有了生命。神话的内容大抵如此，现在谈谈薄伽丘的寓言式解读。在智慧女神密涅瓦的指引下，普罗米修斯从神界中取来了炙纯的真理之火，将其投入他捏成的人类躯壳中，从而淬炼出仁德与理性，灼噬野蛮与残忍。至于在高加索山上的受罚②，根据薄伽丘的说法，这是对普罗米修斯遁入孤寂的寓言式表达。在那里，他茕茕于崇高而深刻的忧思，这些忧思深埋于被鹰撕碎的叙述之下。关于普罗米修斯神话的寓言式解读有着漫长而复杂的历史，在寓言里，他并不总是道德高尚的那一方。16 世纪的意大利神话学家纳塔莱·孔蒂在其影响巨大的作品《神话》中认为，普罗米修斯象征着新教的异端。因为普罗米修斯的死对头——鹰，正是神圣罗马帝国的标志纹章。[14]

普罗米修斯的形象还有一个自相矛盾的地方，那就是他既可以神情冷峻，指点江山，也会凄凄无助，求生无门。在赋予人类生命时，他是前者；而被鹰折磨时，他是后者。有时这两个形象是并存的，在皮耶罗·迪·科西莫（Piero di Cosimo）绘于箱子面板上的画作中，左边是这位泰坦一心一意、极尽虔诚地用火点燃泥塑人类的心脏；而右边是墨丘利（Mercury）将普罗米修斯捆绑在树上，老鹰在上面垂涎欲滴、伺机而动（约 1515，见彩插图 1）。[15]无论如何，这两个场景之间都有一种隐含的叙事联系。正因为普罗米修斯创造了人类，所以他受到了惩罚。有时，这种联系表现得更为直白，普罗米修斯会戴着或手持一个大戒指出现。[16]这类图像的元素可以追溯到一个

① 密涅瓦（Minerva）即罗马神话中的雅典娜。——译者注
② 普罗米修斯在宙斯的惩罚下，被钉在高加索山上。——译者注

不常见的神话传统，根据这一传统，泰坦所戴的戒指正是把他绑在岩石上的链子的其中一环，链环做成的戒指象征着亘古不变的残酷刑罚，因为宙斯曾发誓要永远惩罚他。[17] 也因此，对意大利人文主义者波利多·弗吉尔（Polydore Vergil）来说，普罗米修斯是戒指的创造者。[18]

克里特岛（Crete）的巨型茴香。

《赫菲斯托斯、比亚和克拉托斯在高加索山监守普罗米修斯》
[*Hephaestus, Bia and Kratos Securing Prometheus on Mount Caucasus*,
亨利·菲尤泽利（Henry Fuseli），约 1800—1810]

在 16 和 17 世纪，普罗米修斯受刑的主题吸引了许多声名显赫的艺术家。在他们的画作中，泰坦偶尔保留了他的尊严，他衣冠整齐，身姿挺拔，相对无忧无虑。[19] 更多的时候，艺术家们竞相描绘着普罗米修斯受到的惨绝人寰的折磨，极力让他表现得痛不欲生，有时候他身体扭曲着躺在地上。一个极具张力的例子是鲁本斯画于 1611 年—1618 年的布面油画，画作现藏于费城艺术博物馆（见彩插图 1）。鲁本斯让这一受刑场景表现得极尽残酷，鹰不仅用喙残忍地啄食着普罗米修斯的肝脏，而且其中一只爪子似乎还在挖着他的一只眼睛。这只鸟十分庞大，由于视角的关系，它的身形看起来与普罗米修斯不相上下。鹰以它庞大的身躯主导了这一画面，毫不费力地彰显了它的身份，它是宇宙至尊宙斯的象征及其化身。[20]

后来的许多艺术家都描绘了普罗米修斯受刑的场面，其中最严峻的莫过于亨利·菲尤泽利的版本，他将埃斯库罗斯的悲剧开场中的所有恐怖景象进行了视觉表达。与《被缚的普罗米修斯》的主要不同之处在于，在菲尤泽利所绘的恐怖形象中，泰坦是仰躺于地，而不是被钉住并被迫保持直立的。

现代精神：崇高又反叛的英雄主义

不管是出于盲目还是其他原因，“希望”这一母题在普罗米修斯和潘多拉的故事中都不容忽视，普罗米修斯神话在法国大革命期间及紧随其后的时代里都具有非凡的意义，这并非巧合。当时自由论乐观主义在旧政权垮台后如雨后春笋一般迅猛生长，又在法国大革命的大恐怖时期枯萎，随后在拿破仑帝国时期重新卷入社会议题，但充其量只是一个令人头疼的思潮。然而，既崇高又反叛的泰坦神话并不是在法国达到了它的最高点，而是在德国和英国。

歌德在他各种体裁的作品中反复援引这个神话，也许最令人难忘的是《普罗米修斯》（约 1773）这首赞美诗，它书写了攥紧拳头的反抗者对神界压迫者的抗争，它颂扬了人类对诸神的反抗精神，并在最后以一种胜利的、自我肯定的人文主义者的口吻向开拓创新的艺术家致敬：

我坐在这里，照我的
样子造人，
造出跟我相似的种族，
去受苦，去流泪，
去享乐，去欢喜——
而且不尊敬你，
像我一样！[21]①

普罗米修斯神话对拜伦的艺术想象力的影响不亚于对歌德的影响。拜伦写道："埃斯库罗斯的普罗米修斯一直在我的脑海里，我提笔所写，行文所至的一切皆受到他的影响。"[22] 拜伦心目中的普罗米修斯不是赫西奥德式的捣蛋鬼，而是埃斯库罗斯式的反抗不公暴政的人。拜伦为了追求自己的理想甘愿忍受一切，他渴望着永恒的名声，不得不忍受批评家的嘲讽。对于这样一个长期忍耐又富有革命精神的诗人来说，普罗米修斯的故事无疑是一个不错的思维模式。《普罗米修斯》中的这些诗句呈现了拜伦思想的要点：

巨人呵！你被注定了要辗转
在痛苦和你的意志之间，
不能致死，却要历尽磨难；
而那木然无情的上天，
那"命运"的耳聋的王座，
那至高的"憎恨"的原则

① 引自《歌德文集·歌德诗集》，钱春绮译，上海译文出版社，1999。——译者注

（它为了游戏创造出一切，
然后又把造物——毁灭），
甚至不给你死的幸福；
“永恒”——这最不幸的天赋，
是你的：而你却善于忍受。[23] ①

《普罗米修斯》出版于1816年，这一年，拜伦、珀西·比希·雪莱以及雪莱的妻子玛丽·雪莱（Mary Shelley）在日内瓦湖畔的迪奥达蒂别墅（Villa Diodati）度过了一个充满艰辛但是对文学艺术贡献非凡的夏天。和拜伦一样，雪莱夫妇也对普罗米修斯神话的后世影响做出了里程碑式的贡献。

就雪莱而言，与此相关的作品是抒情剧《解放的普罗米修斯》（*Prometheus Unbound*，1820），它既是对埃斯库罗斯版本的重新创作，也是对埃斯库罗斯原则的彻底反思。埃斯库罗斯的戏剧始于普罗米修斯遭受酷刑，而雪莱把我们带到了三万年后的未来，虽然，泰坦巨人仍然被钉于悬崖上饱受折磨。历经沧海桑田，一切并非一成不变，宙斯仍然是自我困囿的邪恶的囚徒，而普罗米修斯的心态已经悄然改变，他收回了对那位奥林匹斯山至尊之神的诅咒，现在的他渴望一个理想化的世界。在这个世界里，暴政和复仇将被自由和平等所取代。至于希望，在这个全新的、乐观的愿景中，普罗米修斯和他拥护的人类都将沐浴希望，而且不是盲目乐观的。在充满希望的黎明中活着，是何等的幸福。

在玛丽·雪莱的划时代小说《弗兰肯斯坦》（*Frankenstein*，1818）中，人类的面前并没有一条光明的坦途。《弗兰肯斯坦》也被称为“现代的普罗米修斯”。在最明显的层面上，故事的中心人物的

① G.G. 拜伦、P.B. 雪莱（Percy Bysshe Shelley）、J. 济慈：《拜伦·雪莱·济慈抒情诗精选集》，穆旦译，当代世界出版社，2007。——译者注

确是普罗米修斯式的维克多·弗兰肯斯坦（Victor Frankenstein）。他狂妄地利用了他浮士德（Faust）式的科学知识，制造出了一个人造人，然后“给无知无觉的尸体注入生命的火花”。[24]弗兰肯斯坦创造的怪物让人想起埃斯库罗斯式的和柏拉图式的普罗米修斯神话呈现，而不是奥维德式或是伊索寓言式的。因为怪物向我们娓娓道来：他是如何从一种自然状态中并不健全地发展起来的，他在遇到流浪乞丐遗弃的火堆时受到的启发，他对火很着迷，从实践中了解了火的特性、好处，以及保存方式，并最终了解到火在维持社会生活方面的作用，以及它无可比拟的破坏能力。[25]正如有人指出的那样，“玛丽·雪莱的创作饱含沉思，揭示了重塑人类的远大梦想的阴暗面，这种梦想激发了浪漫主义神话缔造者的无限想象”。[26]可想而知，当她和丈夫坐在家中温暖的火堆旁，火光一定会引发不少有趣的对话。

普罗米修斯的英雄主义在19世纪后期及往后发生了剧烈的转变，因为与他相关的一系列思想将工业技术进步与促进社会主义的理想联系在一起。马克思在其博士论文的序言中，将这位泰坦描述为“哲学史上最杰出的圣人和殉道者”。[27]不久之后，马克思的期刊《莱茵报》（*Rheinische Zeitung*）被禁，有一幅漫画很好地反映了当时的情况。漫画中，这位理论家本人扮演了普罗米修斯的角色，被锁在印刷机上，其肝脏被代表着普鲁士的老鹰啄出。在他的脚下，一群海洋女神们为他求情，她们的形貌让人想起瓦格纳式的莱茵水仙子。马克思所饰演的普罗米修斯不再是拜伦所设想的孤立的个人英雄，也不是离群索居的弗兰肯斯坦，而是一个为人称颂的与集体和社会休戚相关的人物，人类的福祉是他的至高关注。这种受难的无产阶级英雄形象持续到德意志民主共和国时期，比如海因茨·切霍夫斯基（Heinz Czechowski）的诗作《普罗米修斯》（1963）中的泰坦，他被锁在一个大锅里，用搅拌棒击退老鹰。[28]

马克思的普罗米修斯形象［漫画作品，洛伦茨·克拉森（Lorenz Clasen），1843］

当代象征：知识、预见和人类觉醒的火种

在赫西奥德和埃斯库罗斯等人的描述中，宙斯保留了他作为最高神的权威。得益于诗学传统的影响，宙斯在当代视野中依然占据主导，他是整个古希腊世界宗教精神力量的重要源泉以及宗教崇拜的对象，在罗马神话中的朱庇特也是如此。但是，一旦神话的宗教基础消失，宙斯和普罗米修斯的冲突就摆脱了神学内涵，转变为一个无情的独裁者和一个高尚的自由战士之间的政治对抗。两极分化的道德处境也就跃然纸上。

一个引人注目的现代例子是约克郡（Yorkshire）诗人托尼·哈里森（Tony Harrison）自编自导的电影《普罗米修斯》（1998）。[29] 这部作品饱含焦灼的社会现实主义观点，在韵律和方言的使用方面也令人眼花缭乱，它描绘了英国衰落的煤炭工业、东欧的共产主义政治，其中最突出的观点是火种的两面性。在电影《普罗米修斯》中，火是环境乃至于人类的毁灭者，尤其可见于奥斯威辛集中营（Auschwitz）及德累斯顿（Dresden）大轰炸事件中。火也是维系者，影片中普罗米修斯的化身是一个烟瘾深重、患有癌症、满嘴脏话的退休矿工，外号是“老头”，他用各种行径挑衅着老板和他口齿伶俐的手下，正如普罗米修斯对宙斯及其走狗赫尔墨斯的蔑视。香烟也是偷藏火种的茴香梗的另类化身，而香烟里的东西百害而无一利。

赫尔墨斯｜ 当火成了人类的危害，
宙斯就会欣喜若狂……
你以为他对欧洲的种族灭绝，
感到满意，
但当他听到孩子们的低泣，
如新鲜幼苗一般的孩子们……
咳嗽着的幼小生物，
病床边放着雾化器，

如果熬过了癌症和哮喘，
可能会得到些许补偿。[30]
但“老头”固执己见，他驳斥道：
那个该死的宙斯，
你对他毕恭毕敬，
但休想让我对他奴颜婢膝！
掘地三尺的发电站，
向你们这些不老不死的垃圾吹烟。[31]

哈里森令人不适的反乌托邦观点是黑暗的乐观主义成型的必经之路。这部作品也是他诗歌生涯中最辉煌的成就之一。

普罗米修斯仍然是一个意义非凡的名字。除了他的众多文化衍生品，这个名字还被用于一个生产雪茄配件的独家品牌、一家高端房地产开发商公司，以及一个开源系统监控和警报工具系统。在互联网上搜索甚至可以看见如下内容：

> 通过一套集成的解决方案，扩展和增强您的 EAM、ERP 或 CMMS 功能，增强维护和运营能力。为资产管理中至关重要的个人和部门带来统一性、一致性、问责制和可视性。这就是普罗米修斯平台。为您带来综合的、全面的企业资产管理。

谁也不知道这句话的意思是什么，但很明显，普罗米修斯的名字给相关产品笼罩上了知识和力量的光环。

除了那些从事商业营销的人，政治家们也对普罗米修斯十分热忱。2019 年 9 月，当时的英国首相鲍里斯·约翰逊（Boris Johnson）在联合国发表演讲，演讲过程中，他毫不谦虚地把自己比作普罗米修斯一般的英雄。他认为，自己的一项重要政策正被邪恶的政治对手从中破坏，就像普罗米修斯的肝脏被老鹰啄食一样。另一个例子，约翰逊总统在伊顿公学和牛津大学接受古典教育期间，在老师的启发之下，他也许更多地着眼于该神话的另一个角度，那就是普罗米修斯的诡计与欺骗。这种亦正亦邪的特质不仅仅是约翰逊政治生涯中的一个附带特征，而且是一种指导性原则，至少在他的评论家看来是这样，所以约翰逊明智地避免在演讲中提及普罗米修斯的欺骗性特征。他这样做无可厚非，毕竟任何神话都不存在绝对正确的版本。无论如何，约翰逊与普罗米修斯明面上的联系微乎其微，但普罗米修斯神话几乎覆盖了他政治生涯的全景。打造这位政治家个人声誉的经纪人、形象设计师和演说家在他身上融合了两个元素，一个是“街上的人”（the Man in the Street），因为约翰逊经常被拍到戴着硬礼帽、穿着靓丽的夹克，或穿着屠夫的围裙，或拿着啤酒杯；另一个是“聪明的浪子”[①]，意指背后所有的经典典故。

雪茄上的普罗米修斯形象

① “聪明的浪子”原文为英式习语“the Brainy Toff”。Toff 源自约翰·克瑞希（John Creasey）的小说人物，而后被普遍用来指出身不凡但行为放荡的人。另外，toff 意指 tuft，意思是牛津大学或剑桥大学本科生佩戴的金色流苏，盎格鲁－撒克逊词汇 toforan 也有优越的含义。约翰逊的学习经历进一步对应了该习语。——译者注

从这个角度看，约翰逊不断引用经典是为了给他惯常的“可爱的小丑”（lovable clown）角色赋予严肃性，从而达到一种平衡。这是对一个时代怀旧的回声，当时未来的帝国建设者们在相同的几所学校里学习着荷马和维吉尔的作品，那时候地图的大部分都被染成了粉红色。①

除了广告商和政治家对普罗米修斯情有独钟，各种艺术媒体也不遑多让。一个聪明而有趣的例子是《最后的英雄》（*The Last Hero*，2001）这本小说，它是特里·普拉切特（Terry Pratchett）的《碟形世界》（*Discworld*）幻想系列的第 27 部小说。[32] 对普拉切特来说，普罗米修斯的神话是与读者进行交互的重要思想媒介，他对此兴致盎然。虽然书中并未出现普罗米修斯的名字，但普罗米修斯的特质被放置在《碟形世界》的第一位英雄，外号“手指”的马兹达（Mazda）身上。据说他从诸神那里偷来了火，并把它送给了人类，因此也难逃被钉于石上监禁以及每天被老鹰撕咬的痛苦。马兹达这个名字源于古代伊朗的创世之神阿胡拉·马兹达（Ahura Mazda），体现出普拉切特热衷于融合设定。最终，银色部落，也就是一群由野蛮人科恩（Cohen）领导的老年英雄，在诸神试图召回火种时，选择了一种极端的归还方式，那就是用玛瑙雷土炸毁神明的世界。在放弃了炸毁诸神世界的计划后，银色部落众人通过偷窃瓦尔基里（Valkyries）的飞天战马得以逃出生天，这里又是一个融合的设定，这次普拉切特借用了日耳曼神话女武神的典故。最后，科恩将宝剑归还于马兹达，马兹达终于圆满结束了这趟苦难之旅。

> 在一个没有地图的地方，不朽的马兹达，火的使者，躺在屹立不倒的岩石上。

---

① 粉红色地图涉及英国与葡萄牙的历史冲突，葡萄牙提出“粉红地图计划”，在该文件中，葡萄牙声称其对安哥拉和莫桑比克之间的土地拥有主权。英国与葡萄牙两国在这些地区的领土冲突导致英国向葡萄牙发出最后通牒。葡萄牙被迫让步，此举对葡萄牙王室形象造成严重损害，并引发了随后的共和运动。——译者注

> 一万年后记忆将天翻地覆，沧海桑田都成了过眼云烟。有一些骑马的老人从天上俯冲下来，剪断了他的锁链，喂他以佳酿，轮流握着他枯瘦的手。
>
> 然后他们骑马离开，驶入星空，就像他们来时一样快。
>
> 马兹达躺回了印刻于石上的坑洞，那是由他的身体几个世纪磨成的。他不太清楚这些人姓甚名谁，也不清楚他们的来意，以及他们为什么这么高兴。事实上，他只确定两件事。
>
> 他确定天快亮了。
>
> 他确信他的右手握着老人给他的那把非常锋利的剑。
>
> 他还能听到，随着黎明的到来，老鹰的翅膀的拍打声。
>
> 他将会享受这一切。[33]

普拉切特的奇幻小说的巨额销售量说明，如果对神话进行引人入胜的重塑，它们仍然可以大受欢迎。现在的情况还是如此。2015年，费城艺术博物馆与当地一家出版商合作，制作了《永恒的普罗米修斯》(*Prometheus Eternal*)。这本漫画集彰显了鲁本斯关于普罗米修斯神话的经典看法对当代漫画家及插画家的影响。几年前，雷德利·斯科特(Ridley Scott)的电影《普罗米修斯》(2012)，即“异形”(Alien)系列的第五部，将普罗米修斯的名字带到了更广大的公众面前。电影以一次星际探险为背景，讲述了人类乘坐“普罗米修斯”号飞船寻找外星人的故事，探讨了外星人、神和人类之间的相互关系。这些外星生物具有神力，被称为“工程师们”，他们可能是最初地球上人类的创造者。这部电影不仅让大量的观众知道了“普罗米修斯”这个名字，还为人类的起源提供了无限的遐想空间。

普罗米修斯是人类的创造者，是欺骗者，是不羁的囚徒，是受折磨的殉道者，是技术专家，也是工人无产阶级的捍卫者，但他身份的复杂程度远不止于此。很少有人强调他作为先知的角色，这实在出乎预料，因为“先见之明”正是他名字的含义，这一突出的特质在未来必定会引发更多的关注。现代医学的发展愈发凸显了预见的重要性。如果有一天，医生不仅可以告诉病人他们的生命只剩不到一年，还可以精确告知他们可能只余 178 天零 15 小时的生命，抛开意外横死的情况不谈，有了这样的预知能力，人类究竟会做出什么事实在不得而知。另外，再说回到医学，个人、家庭乃至社会也许在大流行病发生前的一两个月，就能提前乐观地制定面对流行病的中长期计划。所以，普罗米修斯赋予人类的“盲目的希望”是否有理可循？预知这种能力有着复杂而深刻的内涵，普罗米修斯神话对此进行了独到的解释。

第 2 章

情感的深渊

美狄亚的激情

美狄亚，一个偶尔被冠以神性特质的女性，在关于她的构想中，往往铭刻着她骨子里人性的激情，以及一系列具有破坏性的纠葛。作为一个外来者，她屡次成为故事的核心，并强势地左右着事件走向。她是那样的错综复杂，矛盾重重，引人深思，为后世留下了宝贵的想象空间。

美狄亚陷入情绪和情欲的漩涡中，她的心如同阿波罗尼奥斯那句有名的比喻，宛如日光随着倾斜而下的流水跳跃舞动，在注入水桶时与震颤的水面交相辉映。

从表面上看，普罗米修斯和美狄亚几乎毫无相似之处。普罗米修斯，一个男性神祇，为了宇宙至高无上的权力在与众神的交锋中身陷囹圄。他恒久地伫立于山巅，启迪着关于人类的起源与发展的种种叙事。美狄亚，一个偶尔被冠以神性特质的女性，在关于她的构想中，往往铭刻着她骨子里人性的激情，以及一系列具有破坏性的纠葛，美狄亚经历了种种变迁，辗转于不同的家族。然而，两位神话人物确有相似之处。他们的名字都包含希腊语中的“谋划”一词[1]，表示“计划，运筹，图谋”的意思，如果说普罗米修斯有先见之才，那么美狄亚则是谋定而动。

古典时期：颠沛流离中的情感背叛之苦

美狄亚是日神赫里俄斯的孙女，埃埃亚（Aia）的王埃厄忒斯（Aietes）的女儿。埃埃亚通常被认为是黑海东岸的科尔喀斯（Colchis）王国。有关埃埃亚的传说被史诗作家罗得岛的阿波罗尼奥斯（Apollonius）详细地记载于《阿耳戈船英雄纪》（*Argonautica*，前 3 世纪）中。本文关于埃埃亚的讨论也全部基于他的记述。埃埃亚之所以声名远播，是因为它藏有着绝美的金羊毛，这也是一件被埃厄

① 希腊语原文为 mēdomai，译作“谋划”。——译者注。

忒斯严加看守的稀世之宝。金羊毛原本属于一只会飞的公羊，它曾奇迹般地救走了一对兄妹，带他们逃离恶毒的继母。当伊阿宋和阿耳戈英雄们为寻找金羊毛而抵达埃埃亚岛时，埃厄忒斯为阻止他们获得金羊毛而设下了一系列几乎不可能完成的考验，包括战胜并驾驭喷火的公牛、用巨蛇的牙齿犁地并杀死地上冒出的凶恶的武士等。即便能够毫发无伤地通过这些考验，挑战者还需要避开金羊毛的守护者：一条致命的毒蛇。伊阿宋通过了所有考验，正是多亏了美狄亚。

阿波罗尼奥斯的叙事多着墨于美狄亚在帮助伊阿宋时所用的魔药和魔咒。美狄亚用神药涂满伊阿宋的身体，让他在一段时间内刀枪不入。这种药来自一种根茎是血肉状的植物，它们生长在普罗米修斯被鹰啄食时血液所流到的山巅，由此可见美狄亚和普罗米修斯之间的象征性联系比世人想象的深刻很多。[1] 美狄亚用她特有的咒语和魔药摆平了看守金羊毛的巨蛇，让它陷入沉睡。这种巫术在她的家族中流传：喀耳刻有着把受害者变成动物的可怕能力，而美狄亚正是她的侄女。[2] 为什么美狄亚坚持帮助伊阿宋，甚至不惜背弃父亲的意愿呢？理由很简单，因为爱神厄洛斯（Eros）的情欲之箭穿透了她的心脏，使她不顾一切地爱上了伊阿宋。美狄亚也因此陷入情欲的漩涡中无法自拔：

> 她长久地矗立在前厅，羞耻感让她止步不前。她蓦地转身回卧房，不一会儿她走出来，接着又再次躲进卧房，无谓地徘徊不定，坐立难安。[3]

她的心，如同阿波罗尼奥斯那句有名的比喻：宛如日光随着倾斜而下的流水跳跃舞动，在注入水桶时与震颤的水面交相辉映。[4] 对于伊阿宋即将面对的考验，她的心神也同样震荡不安：

> 她时而觉得，应该把可以战胜公牛的魔药和咒语给他，但是她迟疑了。她时而宁愿自己赴死，便不用交出魔药，时

而不愿赴死，也不愿交出魔药，但如果真能冷静自持，怎至于如此踟蹰不定，痛苦不堪。[5]

但她不能代替伊阿宋赴死，所以她终究还是把魔药给了他，她也因此再无法回头了。离开埃埃亚意味着巨大的痛苦，但她别无选择，只能登上伊阿宋的阿耳戈号，漂洋过海去往希腊。她为了所爱之人背弃了亲人，这种偏爱在航行中变得更加暴烈决绝。当科尔喀斯来的追捕者赶上他们时，来者中包括美狄亚的弟弟阿布绪尔托斯（Apsyrtos），美狄亚引诱并伏击了阿布绪尔托斯，她设法转移弟弟的视线，而伊阿宋趁此将其杀害。这是阿波罗尼奥斯叙述的版本。在更令人毛骨悚然的版本里，美狄亚亲手杀害了阿布绪尔托斯，并将其肢解抛尸大海，借科尔喀斯人费力打捞尸体的时机逃脱追捕。[6]

美狄亚麻醉巨蛇［鲁沃（Ruvo）双耳喷口杯，普利亚（Puglia），前 4 世纪］

美狄亚故事的各种版本（包括阿波罗尼奥斯的叙述）都有一个显著特点，即体现了一种仿佛要将她吞没的流动性。她的生活充满了动荡与迁徙，无论是情感上的不安、内心的挣扎，还是实际生活中的被迫迁移，她的行为常常表现出一种不安定的特质。除了在她施展魔法时那种短暂的、诡异的平静时刻外，她的生活充满了波动与混乱。此外，她的命运也迫使她不断从一个地方迁移到另一个地方，这种地理上的迁移与她的内心动荡相互映照。经历了危机重重的航行之后，美狄亚一行人从科尔喀斯来到了阿尔戈号的母港伊奥尔科斯（Iolkos），也就是现在的沃洛斯（Volos）。

当初正是伊奥科斯的王朝纷争催生了这场阿耳戈勇士们的远征。珀利阿斯（Pelias）篡夺了埃宋（Aison）的王位。埃宋是珀利阿斯同母异父的哥哥，也是伊阿宋的父亲。珀利阿斯一直把伊阿宋视为眼中钉，所以干脆交给他一个不可能完成的使命，那就是取得金羊毛。有一种版本认为，伊阿宋离开后，珀利阿斯试图谋杀埃宋，但埃宋选择服下致命的公牛血自杀；另一种版本认为埃宋没有死，但是被珀利阿斯篡夺了王权。[8]

无论如何，故事还是要继续，阿耳戈船回到母港后，美狄亚的巫术成为故事的焦点。她告诉珀利阿斯的女儿们，只要将年迈的珀利阿斯大卸八块扔进沸水滚滚的坩埚里，辅以适当的草药，就能让他返老还童。为了让她们信服，美狄亚使一只老迈的山羊返老还童以展现自己高超的技艺。但是对于珀利阿斯，美狄亚故意放入了无效的草药，这让他的女儿们酿成了集体弑父的大祸，成了罪大恶极之人。美狄亚不只在隐喻层面让她在科尔喀斯的母族分崩离析，如今又亲自戕害了另一个家族。罪孽让她不得不再一次踏上流亡之路，从伊奥科斯向南前往科林斯（Corinth）。[9]

美狄亚让羊返老还童（阿提卡提水罐，哥本哈根画家，前 480—前 470）

美狄亚的经历被写入欧里庇得斯（Euripides）的伟大悲剧作品《美狄亚》（前 431）中，为群星荟萃的神话传说贡献了浓墨重彩的一笔。戏剧初始，美狄亚便沦为后来经常在传统中扮演的角色：一个边缘化的局外人，一个被希腊排除在外的异邦人。与此同时，伊阿宋则过得风生水起，他将美狄亚弃若敝屣，并将与格劳刻（Glauce）喜结连理。格劳刻是科林斯的统领者克瑞翁（Creon）的女儿，克瑞翁了解美狄亚的异能，于是提议驱逐她以及她与伊阿宋所生的两个儿子。美狄亚成功从克瑞翁处争取到一天时间，为流放之行做准备，并借这个时机毁灭了伊阿宋珍视的一切。她利用天真的儿子作为信使，将一顶金色冠冕和一件漂亮礼裙送给了伊阿宋的未婚妻。格劳刻一戴上金冠，身上便燃起一股蚀骨融髓的烈焰，她身上那件浸泡过剧毒的裙子在瞬间腐蚀了她的身体。克瑞翁试图拥抱自己濒死的女儿，毒液却将他一同腐蚀。为了惩罚伊阿宋，美狄亚杀死了两人的亲骨肉，既是为了给伊阿宋诛心的报复，也为了防止孩子们死于他人之手，尤其是那些为克瑞翁复仇之人（见彩插图 3）。这并不是美狄亚神话的唯一版本。虽然各种神话来源都指出两个儿子的死亡，但关于他们的死法和死因还是众说纷纭。一种说法是在美狄亚试图让他们获得永生时，他们意外死亡。[10] 另一种说法认为他们是被科林斯人杀害了。[11] 欧里庇得斯的版本首次将美狄亚与弑子者的形象挂钩，这一文学传统由此奠基，对后世影响深远。

杀戮也让行凶者付出了可怕的代价。行凶之前，美狄亚再次经历了痛苦的内心挣扎，她时而决心杀死孩子，时而心软放弃，然后又心意已决。行凶之后，结果显而易见：科林斯再也容不得她。她乘坐巨蛇为轮的马车逃离，带走了两个儿子的尸体，以此剥夺了伊阿宋在孩子墓碑前与他们最后告别的机会。欧里庇得斯剧作中的美狄亚有着近乎神的疏远形象，同时也是一个被痛苦折磨的凡人。

其他传说记述者接续了欧里庇得斯的故事，将美狄亚带入另外两段流亡中。美狄亚从科林斯跑到了雅典，孤身一人，将关于伊阿宋的糟糕回忆抛之脑后。雅典国王埃勾斯（Aegeus）为她提供了避难所，由于他苦于没有合法继承人，美狄亚承诺治愈他的不育之症作为回报。[12] 美狄亚将自己打扮得明艳动人，嫁给了雅典国王，并育有一子名为美杜斯（Medos），这个名字象征着孩子的存在以母亲而非父亲为中心。然而，一个不知名的年轻人的到来促使美狄亚重拾屠刀。埃勾斯并未意识到这个叫忒修斯（Theseus）的年轻人就是自己与其他女人生下的失散已久的亲儿子，美狄亚却已然知晓。当美狄亚谋害忒修斯的计划落空，她不得不再一次流亡，回到了科尔喀斯。根据神话作者阿波罗多罗斯（Apollodorus）的说法，"美狄亚发现父亲埃厄忒斯的王位被他的弟弟珀耳塞斯（Perses）篡夺，于是杀死珀耳塞斯助父亲夺回了皇位"。[13] 至此，美狄亚的流亡完成一个循环，始于科尔喀斯又终于科尔喀斯。但也许并非尽然，据传有一个特别的版本，在这个版本中，美狄亚死后到了极乐世界，嫁给了阿喀琉斯。[14] 很多人对这个版本不置可否，因为人们认为美狄亚作为神有着不死之身。然而希腊神话故事往往盘根错节，讲述者也莫衷一是。

在我们结束探讨希腊版本的美狄亚神话前，有必要回顾一下整个故事的全貌。[15] 美狄亚神话的两大主题是她极富情感张力的反复流亡以及背叛的痛苦，譬如美狄亚背叛了埃厄忒斯，而伊阿宋背叛了美狄亚。还有一个并不明显但也不容忽视的母题，那就是男性之间的王权争夺，例如埃宋与珀利阿斯、埃厄忒斯与珀耳塞斯的王权之争。埃勾斯的继承人选也涉及这一母题，是传位于美杜斯还是忒修斯？美狄亚强大而危险的形象贯穿故事始终，她影响着所有人，甚至通过返老还童的法术将时间玩弄于股掌之中。美狄亚的一生不服从于任何一种道德准则，当然希腊神话中并不存在简单的道德准则。但是有一个显著特点值得深思，那就是美狄亚似乎从未因自己的一系列暴虐行为受到惩罚。对此可以有多种解读。如果我们强调美狄亚近乎神性的特质，那么她的行为可以理解为一种超越凡人道德范畴的存在——神可以做出凡人必将受到惩罚的行为而无须承担后果。如果着眼美狄亚的人性层面，可以说即便在现实中，也并非总是恶有恶报。

美狄亚叛逃（阿里斯堪红色双耳喷口杯，前 4 世纪—前 3 世纪）

但是无论如何，尽管她有着高超的操控能力，美狄亚在她的辗转变迁过程中确实反复遭受着极大的精神折磨。她坚忍不拔，足智多谋，危险叛逆，但同时也很脆弱。作为一个外来者，她屡次成为故事的核心，并强势地左右着事件走向。她是那样的错综复杂，矛盾重重，引人深思，给后世留下了丰富的想象空间。

对罗马人而言，美狄亚是神话中情感最丰沛的角色。奥维德不厌其烦地在各种类型的诗作中讲述美狄亚的故事，其中最有名的是一封虚构的美狄亚写给伊阿宋的信，名为《女英雄》（*Heroides*）。悲剧作家塞涅卡（Seneca，前 4—65）的《美狄亚》同样影响深远，其中的残忍和悲恸比起欧里庇得斯的版本可谓有过之而无不及。在戏剧的尾声，这位飞速逃离的罪人将两个儿子的尸体抛得远远的，他们落在伊阿宋脚边，让他痛呼：

尽管肆意驰骋高耸于空中的殿堂，
你将见证所过之处，众神已死。[16]

美狄亚弑子前的思量［狄俄斯库里（Dioscuri）家族的壁画，庞贝，62—79］

这是美狄亚另一个深刻的矛盾特质，她能以超自然的异能逃脱追捕，可见她确有神性，但她又十分依赖夜之女神赫卡忒（Hecate），因为美狄亚的巫术正是由于早期赫卡忒的存在才得以生效。塞涅卡笔下的伊阿宋认为众神已死也不无道理，毕竟他遭受了重创，但事实也许没有那么简单。

在罗马人中，美狄亚的视觉形象和文学形象一样知名。奥维德的诗作中曾提到，他发现了一个非常有趣的现象，那就是罗马家庭布置中极富争议的室内挂画，画作中的美狄亚通常有着一双弑杀的眼睛，至今仍然有很多藏品可以证实这样的形象。[17] 有一种解读认为，美狄亚的形象传达着一种导向男性的讯息，即告诫他们，一个危险的女性一旦失控会有怎样的后果。[18]

中世纪与文艺复兴时期：女性运动的灵感源泉

在中世纪与文艺复兴时期，希腊人与罗马人的讲述让美狄亚神话更加错综复杂。因为每种版本的故事都有着不同的侧重点，故事也因此有了不同的寓意，有了更出人意料甚至自相矛盾的走向。

我们不妨先看看 13 世纪以后的一系列托斯卡纳式或威尼斯式的故事。[19] 从科尔喀斯回国的航行过程中，伊阿宋把美狄亚遗弃在寸草不生的荒岛上，就如同忒修斯背信弃义地把阿里阿德涅抛弃在拿索斯（Naxos）那样。但是与阿里阿德涅的故事不同的是，在伊阿宋抛弃美狄亚时，她身怀六甲。美狄亚全靠自己诞下了两个儿子，在那之后整整三年，她靠着草叶树根勉强为生。还好一艘路过的船只救了他们母子并送他们去往伊阿宋所在的国度，在那里，伊阿宋正与国王的女儿谈婚论嫁。美狄亚的复仇之残酷超越了古典传统中任何其他故事。在威尼斯式版本中，杀死两个儿子不足以泄愤，美狄亚甚至还不动声色地让孩子们的父亲吃下了他们的心脏，并将其余的残尸钉挂在伊阿宋的房门上。这很难不让人想起普洛克涅（Procne），她让犯下强奸罪的丈夫吃下了自己的亲生骨肉作为惩罚。纵使美狄亚的罪行残忍可怖，她依然无法避免弑子带来的深重的情感创伤。在该版本中，美狄亚拒绝继续逃亡和流动，她扑向直立的利刃，了结了自己的生命。

威尼斯式版本中的美狄亚与克里斯蒂娜·德·皮桑（Christine de Pizan，1364—1430）的想象大有不同。皮桑是整个中世纪欧洲最耀眼的文学家之一，她生于威尼斯，在父亲被委任宫廷占星师职务后，随父亲移居巴黎。有着独特个性和文学天赋的皮桑成了现代女性主义运动的拓荒者，在丈夫因疫病过世后，她通过写作自力更生并养活孩子。美狄亚是她不竭的灵感源泉，她欣赏美狄亚的智谋并深刻地理解美狄亚的女性特质。在其中一本著作《妇女城》（*The Book of the City of Ladies*）中，皮桑对美狄亚进行了深刻的挖掘和阐释：

> 她是科尔喀斯国王埃厄忒斯的女儿，美丽动人，面容令人愉悦，拥有高贵正直的心灵，不仅如此，她的学问还超过了所有的女子：她熟悉每一种草药的功用，能调制出各种药剂，对各种技艺无所不知……国王的女儿美狄亚注意到，伊阿宋很英俊，而且出身高贵，名声卓著。她知道他将是自己的好丈夫，不可能在别的地方更好地利用自己的爱了，便决定保护他不被杀死。想到这位骑士将不得不这样死去，她唏嘘不已，因此有空就与他讲很长时间的话。简短地说，她把破解的咒语和魔法教给了伊阿宋，并用自己的专门知识教会他如何赢得金羊毛，条件是他必须娶她为妻，不得再有别的女人，永远忠诚地信任她、爱她。然而，伊阿宋对她发了假誓。他遂了心愿后，就离开美狄亚，投入了另一个女人的怀抱。因为这个缘故，美狄亚变得很沮丧，再也没有感到过温暖和快乐：但她宁愿毁灭自己，也不愿背叛他。[20]①

① 克里斯蒂娜·德·皮桑:《妇女城》，李霞译，学林出版社，2002. 人名有改动。——译者注

神话讲述者对于具体情节往往有所侧重，不同的侧重决定了一个角色整体的道德呈现。美狄亚是一个很好的例子。她有着独特的流动性，这种流动性给她的故事带来了丰富的象征和寓指。这种“情节依赖”在名为卡索奈长箱的文艺复兴时期视觉呈现中尤其显著。卡索奈长箱是一种婚礼常用的箱子，装着新娘的嫁妆。在 15 世纪的佛罗伦萨的大街小巷，常能见到卡索奈长箱从新娘家中被运到新郎家中，这也是婚礼习俗的一部分。值得注意的是，乍看有一些箱子上竟然画着伊阿宋与美狄亚的神话作为装饰。[21] 如果设计稍微显眼一些，势必让佛罗伦萨参加婚礼的宾客联想到美狄亚的种种人生经历，再看到婚礼上被祝颂声包围的一对新人，难免对他们的未来感到忧心忡忡。然而，伊阿宋和美狄亚的婚礼确实有可取之处，毕竟那是国王的女儿与英勇的骑士的结合。这也从某种意义上解释了为什么画家比亚焦·德·安东尼奥（Biagio d’Antonio）选择刻画这对神话中的夫妻执手的瞬间，并以此传递幸福美满的寓意。

美狄亚人生的阴暗面并没有被淡忘。在比亚焦之前不久的宫廷画师仍用画作诠释着美狄亚的阴暗面，比如勃艮第公爵菲利普·古德（Philip the Good）。在他的一幅作品中，美狄亚正在为埃宋的头颅放血，施展返老还童之术；在另一幅作品中，阿布绪尔托斯的尸体诡异地漂浮在海面上，隔开了阿耳戈号与科尔喀斯的追兵，美狄亚则神秘莫测地立于船头；在第三幅画中，美狄亚驱策巨龙，在伊阿宋与他的新欢的婚礼上大肆屠杀。[22] 这些画作的背景，与佛罗伦萨卡索奈长箱上的世界大相径庭。拉乌尔·列斐夫（Raoul Lefèvre）在他的传奇传记《伊阿宋传》（*L’Histoire de Jason*，1460 年）中作出了解释，他在书中赞美了伊阿宋并为他的始乱终弃开脱。拉乌尔·列斐夫认为伊阿宋对美狄亚的爱是巫术的结果，所以伊阿宋抛弃恶毒的美狄亚是合情合理的。[23] 他认为伊阿宋不受巫术强迫，体现出正直的品格，若非如此，菲利浦爵士也不会以金羊毛命名骑士勋位。[24]

《伊阿宋与美狄亚的婚礼》（*The Betrothal oF Jason and Medea*，
比亚焦·德·安东尼奥，1486）

美狄亚为埃宋放血
（拉乌尔·列斐夫的《伊阿宋传》中的微型画，15 世纪）

美狄亚神话的视觉呈现至今风头不减。其中有几幅里程碑式的作品，从不同层面阐释了她的神话形象。在欧仁·德拉克罗瓦（Eugène Delacroix）1838年的著名油画作品中，一个充满矛盾的母亲保护着怀中的孩子同时又握着致命的屠刀。30年后，弗里德里克·桑迪斯（Frederick Sandys）选择刻画一个孤立的眼神空洞的巫女，她往沸腾的火炉中倾倒着不知名的液体，有蟾蜍和恶龙在侧。10年后在乔治·莫罗·特尔斯（Georges Moreau de Tours）的作品《珀利阿斯惨死于女儿之手》（*The Murder of Pelias by his Daughters*）中，为了让他重返年轻，不幸的珀利阿斯即将被受骗的女儿们乱刀捅死，而美狄亚在暗中恶意满满地注视着一切。画面中，一个女儿的形象看起来仿佛刚结束了一场软色情的拍摄。成千上万的欧洲艺术作品都利用了经典作品作为挡箭牌，将性挑逗合理化。

阿布绪尔托斯被肢解

（拉乌尔·列斐夫的《伊阿宋传》中的微型画，15世纪）

《美狄亚》
（弗里德里克·桑迪斯，1866—1868）

《美狄亚》
（欧仁·德拉克罗瓦，1838）

比起剧作呈现，美狄亚神话的视觉呈现其实居于次要地位。[25]前有欧里庇得斯的悲剧影响深远，后有塞涅卡的再创作为其添砖加瓦，两位剧作家的伟大作品主导着文艺复兴之后关于美狄亚的神话想象。让人叹为观止的是，后世的卓越剧作家们都不厌其烦地援引着美狄亚的故事，包括但不限于皮埃尔·高乃依（Pierre Corneille）、弗朗茨·格里帕泽（Franz Grillparzer）、让·阿努伊（Jean Anouilh）等一系列剧作家，以及歌剧、芭蕾等音乐作品的创作者（见彩插图 4）。这些艺术家都被欧里庇得斯的剧作中入木三分且极具破坏性的人性冲突激起了澎湃的灵感。

究其本质，欧洲文化史还是由男性铸就的，关于美狄亚的神话也是如此。然而，近几十年来情况却发生了巨变，尤其是在剧作领域。随着女性主义意识的崛起，女性作家们逐渐发现美狄亚是性别研究、父权制及排外主义的典型人物。爱尔兰和意大利则是这种思潮的两个主要发祥地。[26]

1998 年 10 月，在都柏林的艾比剧院，观众们欣赏了由屡获殊荣的剧作家玛丽娜·卡尔（Marina Carr）创作的作品《猫原边……》（*By the Bog of Cats*）的首演。该剧直接以爱尔兰为背景，海斯特·斯维恩（Hester Swane）是一个漂泊的外来者，与情人迦太基·基尔布赖德（Carthage Kilbride）育有一个七岁的女儿。迦太基移情别恋，试图追求一个只有自己半数年纪的农场主女儿。海斯特烧毁了迦太基的房子，开始了疯狂的复仇，最终杀死了他们的女儿，只为“大发慈悲地”让女儿免受被母亲抛弃的痛苦。虽然这部作品主要基于欧里庇得斯的悲剧[27]，但是故事的结局脱离了希腊版本的框架，可是又与其他一些更晚近的作品相差无几，比如高乃依与阿努伊的版本。[28]相比于颠沛流离，卡尔的“美狄亚”最终选择了自我了结的命运。

把卡尔的戏剧称作“一个女性眼中的美狄亚”未免太过傲慢，基于美狄亚神话进行再创作的女性作家大有人在，她们重构了各式各样的美狄亚。比如玛丽克拉·波吉奥（Maricla Boggio）意大利版本的《美狄亚》(1981年)，它有着与卡尔的作品迥异的情节和风格，但同样引人入胜，而且比卡尔的作品早现世十余年。[29] 和波吉奥的其他作品一样，这部作品从古典传统出发，但不只沿袭了欧里庇得斯与塞涅卡，还有关于美狄亚的其他古典传统，剧中的主要角色引用了一系列后古典时期的美狄亚的语录。值得强调的是波吉奥的创作有着20世纪80年代女性主义运动的时代背景。她笔下的美狄亚与丈夫的新欢结成了同盟，而不是杀死对方。欧里庇得斯版本中为虐杀而制作的剧毒礼裙成了同阵线的姐妹间惺惺相惜的赠礼，这种惺惺相惜甚至感染了更多的女性：

我赠你礼裙
一份衷心的礼物
望能惠存
当你穿上纯白的礼裙
裙下有蓝色的牛仔裤
将瞬间化身年幼的少女
纵情起舞
姐妹们纷至沓来
共舞高歌[30]

这样的改编与欧里庇得斯、塞涅卡以及一系列古典版本大相径庭。不过波吉奥的《美狄亚》又与先前的版本有一个共同点，那就是美狄亚的流动性，只是这种流动性有了更新颖的意义。波吉奥的美狄亚经历了心理上的流动、成长和发展。以往故事里的美狄亚频频丧子，因此，伊阿宋就能像她最年长的孩子一般，不用担心其他孩子分走妻子的关爱。而一旦将这些以男性为中心的诉求抛诸脑后，如今的美狄亚以结成女性联盟为生活重心，也就不会产生杀死孩子们的念头。波吉奥的《美狄亚》肯定了古希腊神话的现代意义，证明了神话依然可以与炙手可热的社会议题紧密相连。

当代议题：谋杀动机、法律以及社会责任

在卡尔和波吉奥的再创作中，面临当代信仰体系对神性特质并不热衷的社会现实，美狄亚作为女神的一些特质被消解了。然而，仍有一些现代作品关注着美狄亚超越人类的异能，呈现出她不同凡响的如鬼魂一般的超自然力量。对此，电影是主要的艺术表达形式，最好的例子就是智利导演亚历杭德罗·阿梅纳瓦尔（Alejandro Amenábar）执导的电影《小岛惊魂》（*The Others*，2001）。故事发生在二战后不久的泽西岛上的一处孤寂的宅邸。女主角格蕾丝由妮可·基德曼（Nicole Kidman）饰演，她独自抚养一双儿女。丈夫赴战场未归，她只能全靠自己，孩子们对阳光有着奇怪的过敏反应，这让她的生活异常艰辛。此外，她们的居所似乎还遭受着鬼魂的侵袭，随着情节的推进，观众逐渐发现格蕾丝和她的孩子们才是困扰宅邸的鬼魂，那些她们眼中的入侵者其实是新搬来的住客，是活生生的人。格蕾丝和孩子们之所以成为鬼魂，是因为格蕾丝使孩子们窒息而死，这可谓是经典的美狄亚故事框架，当然其中也有鲜明的不同之处，那就是格蕾丝杀死孩子并不是为了向丈夫复仇，也不是为了保护孩子，而是出于绝望，正如她的女儿说“妈妈疯了”一样。在此之后，格蕾丝便自杀了。孩子们以鬼魂的形式存活于世，让格蕾丝可以再次履行母亲的职责，她表现得虔诚又周到，无微不至地照看着孩子们的起居和学习。另一个偏离传统美狄亚故事的要点在于流动性的缺失：在电影尾声，格蕾丝宣称她和孩子绝不会离开房子，这里属于她们。

2019 年，迈克尔·查维斯（Michael Chaves）执导电影《哭泣女人的诅咒》（*The Curse of La Llorona*）也探讨了超自然的可怕存在，电影基于墨西哥传说，讲述一个女人为了报复不忠的丈夫而淹死了她们的孩子，同时也自溺的故事。随后她阴魂不散，成了专门戕害孩童的恶灵。这里融合了拉弥亚（Lamia）的传说，她经历了丧子之痛，成了专吃孩童的怪物。在《小岛惊魂》中，美狄亚的形象也是一个亡灵，她拒绝流动和迁徙，永远地困守于她犯下罪孽的房子。

《小岛惊魂》剧照（亚历杭德罗·阿梅纳瓦尔，2001）

很显然，美狄亚的现代形象数不胜数。尤其是她作为弑婴者的形象，这一形象比她在古典神话中的其他特质都更为突出。一个犯下杀子罪的人为自己极力声辩，这对于当代戏剧和电影的观众来说，无疑是一个极大的看点。当代读者也被美狄亚深深吸引。托妮·莫里森（Toni Morrison）那引人心神激荡、争议无数、斩获了无数奖项的作品《宠儿》（*Beloved*，1987），讲述了黑人女性塞丝不愿女儿被奴役于是亲手将其杀死的故事。当被杀死的女儿化身为“宠儿”还魂归来，情节就此有了超自然的走向。这本小说是基于现实故事创作的，19世纪一位非裔美国女性试图逃脱奴役，在被抓捕时杀死了她的女儿，使其免受囚禁。如果说奴隶制是一种终极的“他者”，那么《宠儿》则深入探究了奴隶制压迫之下的美狄亚形象。

我们所探析的美狄亚人生历程中所有的流动，以及那些少有的静止，都是各种艺术媒介再创作的关注重点。学术领域的研究者虽然默默无闻，但其对美狄亚文学传统的贡献亦不容小觑，他们在思维领域起到了至关重要的作用。尤其是两位身为人母的女性古希腊研究学者，帕特里夏·伊斯特林（Patricia Easterling）与伊迪斯·霍尔（Edith Hall），两位教授以现代统计学研究从社会和法律层面对弑婴罪行进行了深入剖析，并掷地有声地提出，这样的研究能够为美狄亚弑婴的研究带来新的启迪，美狄亚的弑婴者形象也能为当代研究注入无限的生命力。早在 40 年前，伊斯特林就指出了男性古典研究者观点的不足之处。男性学者认为，精神正常的现代公民无法理解欧里庇得斯笔下的美狄亚的所作所为。而数据有力地反驳了这一观点，一些研究数据表明，大量谋杀案件的主要受害者都是孩童，行凶者也多是父母，与欧里庇得斯的剧作不同，现实中的行凶者往往在犯罪后自杀。[31] 霍尔在进一步的研究中援引了许多真实的母亲弑婴的案例，并且从中发现了一种固定模式，与美狄亚的模式有惊人的相似。这些案例中的母亲，往往在嫁人后独自抚养孩子，遭受了社会隔绝并一心向丈夫复仇。[32] 谋杀动机、法律，以及社会责任等当代议题总能从美狄亚神话中获得无限的灵感。

《现代美狄亚》[*The Modern Medea*，
托马斯·萨特怀特·诺布尔（Thomas Satterwhite Noble），1867]

这些严肃的社会议题有着深刻的思考价值，但是正如我们不厌其烦地强调的那样，古希腊神话是多么地包罗万象，总能在不同的叙述背景与叙述目的下催生出丰富多彩的意蕴。美狄亚神话并不总是与弑婴挂钩，美狄亚的名字也不一定总与杀戮绑定在一起。当人们提及古希腊神话人物，提及的往往是这个人物所投射的文化意象。这个现象在商标命名时屡见不鲜。“美狄亚”设计师名牌包是意大利双胞胎姐妹茱莉亚（Giulia）与卡米拉·范德瑞尼（Camilla Venturini）的创意。她们在设计过程中大概是选用了美狄亚神话中的女性赋权的寓意，采用非女性化的反传统设计，使包袋显得危险又迷人。商品宣传时的模特造型直接采用了玛丽亚·卡拉斯（Maria Callas）在帕索里尼 1969 年的电影《美狄亚》中的扮相，仿佛品牌背后的不是神话本身，而是影响深远的对这个古老神话的再阐释。这一形象使美狄亚品牌的销量十分可观。除此之外，更重要的是美狄亚神话总能引起思考。

玛丽亚·卡拉斯在帕索里尼电影《美狄亚》中的剧照（1969）

第3章

探索的勇气

代达罗斯的翅膀

代达罗斯和伊卡洛斯是一对凡人父子，父子关系是他们故事的核心驱动力。强烈的情感纽带将他们拧在一起，而父子关系的张力也是儿子生命陨落的重要原因。与伊卡洛斯不同，代达罗斯有着丰富多样的神话传记，远不止一段具有事实灾难性的经历。然而比起代达罗斯，伊卡洛斯的形象更具有经久不衰的象征意义。

“他张开翅膀，向人群呼喊，他的双目熠熠生辉。当他乘着梦想的翅膀飞翔，才知道父亲的作品不可依仗。”

——《伊卡洛斯的飞行》

毋庸置疑，普罗米修斯是神，而美狄亚尽管很脆弱，也同样具有神性。与二者相比，我们接下来要讨论的两位神话人物显然是凡人，他们有着许多人类特有的弱点，尽管这两位凡人中相对年长的这位，也有一些非凡的技能。代达罗斯（Daedalus）和伊卡洛斯（Icarus）是一对凡人父子，父子关系是他们故事的核心驱动力。强烈的情感纽带将他们拧在一起，而父子关系的张力也是儿子生命陨落的重要原因。与伊卡洛斯不同，代达罗斯有着丰富多样的神话传记，远不止一段具有事实灾难性的经历。然而比起代达罗斯，伊卡洛斯的形象更具有经久不衰的象征意义。

代达罗斯是著名的建筑师和雕像制造者，他的名字意为“巧妙的艺术创作”。他的天赋与赫菲斯托斯、雅典娜和普罗米修斯这三位神匠不相上下。代达罗斯的祖籍是雅典，但他不得不离开家乡，移居克里特岛，原因稍后会讲到。后来，他不得不再次逃亡。这次他要么逃到那不勒斯附近的库马（Cumae），要么逃到西西里岛，在那里他的聪明才智得到了充分的发挥，但他的艺术才能并不是只在上述提及的地方得到彰显，而是随着古希腊文化的传扬散播到了世界各地。古埃及是他的创作灵感来源之一，据说法老墓的建造影响了著名的克里特岛迷宫的设计。[1] 他生命中的最后一次旅行可能是重返雅典，但我们无从得知他的死亡地点和方式。[2]

与代达罗斯的多才多艺和辗转流离的生命历程相比，伊卡洛斯的故事更简单，焦点也更明确。古代神话讲述者对他的童年漠不关心，也不关心他的成人岁月，因为他没有活到成年。最受关注的是他青春期的一次未经慎思的逃亡，当时他和父亲计划一起逃出克里特岛。对美狄亚来说，乘坐驭蛇的车辇飞行是她神话形象的一个显著特点。而对伊卡洛斯来说，他只能凭借父亲的发明创造，短暂地享有飞翔的能力。在这个故事里，他的生命正是因父亲的发明创造而陨落。

古典神话溯源：伟大的工匠与陨落的伊卡洛斯

实际上，古典神话总会因其古典资料来源的不同而在传播中千变万化。如果仅仅依靠现代神话词典或相应的互联网网站，这种变化就很容易被忽视。在现代版本中，神话的个体轮廓往往被熨平，被打扮成一种具有欺骗性的平滑而连贯的叙事。就代达罗斯和伊卡洛斯而言，他们的故事很难从一大堆东拼西凑的古典来源中被整合出来，所以我们最好是逐案研究。

在古希腊古罗马时代最伟大的史诗诗人荷马的作品中，有几处简要提及了代达罗斯的故事。在《伊利亚特》中，荷马提到了代达罗斯为克里特公主阿里阿德涅建造的圆形舞池，因此在公元前 8—公元前 7 世纪，代达罗斯就以克里特王室建筑师的身份而闻名。[3] 在维吉尔的《埃涅阿斯纪》（*Aeneid*，前 29—前 19）中，有一个凄美的片段写到，据说代达罗斯在库马建造了一座庙宇，描绘了与弥诺陶洛斯（Minotaur）有关的场景。代达罗斯还想要雕刻一个伊卡洛斯陨落的金像。维吉尔补充说，但因为过于悲痛，这位父亲雕刻的双手两次僵住，最终一无所获。[4] 另一个故事来源于帕萨尼亚斯对希腊旅行的记述（前 2 世纪）。作者在几个段落中记录了他在各地看到的令人难忘的艺术品，其中就有代达罗斯亲手制作的古代木制雕像。帕萨尼亚斯还提供了有关这位雕塑家的神话传记的只言片语。[5]

更具有实质性参考价值的是狄奥多罗斯·西库鲁斯（Diodorus Siculus）在公元前 1 世纪撰写的大型“世界历史”系列著作中的一组资料。狄奥多罗斯的叙事开始于希腊和非希腊神话的描述，在这个过程中，这位历史学家有很多关于代达罗斯的评价。通过访问杰出人物获得知识是狄奥多罗斯作品的一个鲜明的特点，杰出人物包括埃及旅行者、哲学家、政治家，以及像俄耳甫斯一样兼具宗教与神话特性的人物[①]。代达罗斯也是一个从埃及之行中获得灵感的人。例如在孟菲斯（Memphis），人们认为赫菲斯托斯神庙的一部分由代达罗斯完成，其中有一个代达罗斯亲手雕刻的木制的自己的雕像。狄奥多罗斯说，他的雕像与早期艺术传统中的作品的区别在于其惊人的栩栩如生的特质：那双眼睛似乎缓缓睁开，那分开的双腿仿佛在迈步，那双臂伸展极富抒情表达的意味。但是，这位天才也有他的缺点，比如他妒恨他人的杰出技能。在雅典时，代达罗斯曾指导自己的侄子塔罗斯（Talos），这位年轻的雕塑家试图超越他的老师，他设计出三种出色的创新工具：陶轮、锯齿和画圆的指南针。这对代达罗斯构成了威胁，代达罗斯出于嫉妒杀死了这个年轻的威胁者。在另一个版本中，他把塔罗斯推下了雅典卫城，并在法庭上受到了应有的惩罚。

就像希腊神话中的许多谋杀者一样（如美狄亚），代达罗斯设法逃脱了处罚并在其他地方东山再起。他从雅典前往克里特岛，在那里，他完成了米诺斯国王（Minos）和帕西菲女王（Pasiphae）的两项特殊委托。他为帕西菲制作了一头人造母牛，使帕西菲能藏身于其内，受孕于波塞冬（Poseidon）派来的雄壮的公牛。事情的起因是之前米诺斯拒绝为波塞冬献祭雄壮的公牛，波塞冬一怒之下将惩罚降于帕西菲，所以帕西菲的情欲是大受误导的产物。这种怪异的结合所产生的后代就是弥诺陶洛斯，一个凶猛的牛人混血儿，米诺斯下令把它藏在一个封锁的迷宫里，迷宫的设计就是代达罗斯的第二个任务。完工之后，米诺斯仍旧怒火中烧，因为是代达罗斯

---

① 第 8 章《俄耳甫斯与欧里狄克》（*Orfeo ed Euridice*）中对俄耳甫斯这一特质有详细说明。——译者注

制造了人造母牛，促成了帕西菲的不轨行为，所以当忒修斯杀死弥诺陶洛斯时，代达罗斯不得不带着他的儿子匆匆离开克里特岛。狄奥多罗斯记录了父子俩躲避追捕的不同版本，一个是可信但无趣的版本：他们乘船逃离，伊卡洛斯落水后淹死。还有一个更刺激的版本，他们以飞行的方式离开：

> 代达罗斯认为乘船逃跑希望渺茫，便以惊人的智慧制造了一双翅膀。他巧妙地设计，奇妙地用蜡装配，把翅膀固定在儿子和自己的身上，当把它们展开飞行时，所有人都惊讶无比。他在克里特岛附近的公海上逃离。至于伊卡洛斯，由于年幼无知，他飞得太高，导致固定翅膀的蜡被太阳熔化，于是坠入了海里。而代达罗斯则贴近海面飞行，反复打湿翅膀进而安全地到达了西西里，实在堪称奇迹。[6]

以上这种空洞的叙述几乎遗漏了故事中所有的动人之处。为了补充这段情节的广度和张力，以及它所带来的情感高潮，我们需要引用一位伟大诗人的荡气回肠的诗句，这些诗句也是理解代达罗斯故事的一个重要来源。

经过对伊卡洛斯的陨落的两次渲染，奥维德是当之无愧的这一神话在后古典主义传统中最具决定性的塑造者。在诗篇《爱的艺术》（*The Art of Love*）中，奥维德把伊卡洛斯在克里特岛的空中逃生与诗篇的整体主题联系起来。诗人说，当你抓住了你的女孩，只是战斗了一半，你还必须留住她。这很棘手，因为爱神阿莫尔（Amor）是一个行踪难测的神，就像代达罗斯一样，即便当时米诺斯试图扣留，他依然能逃出生天。另外，阿莫尔和代达罗斯之间的联系显而易见，那就是翅膀。只是，阿莫尔的翅膀属于与生俱来的身体结构，而代达罗斯的翅膀是一种后天的艺术性巧工：

> 才能常常是被不幸所唤醒的。谁会相信人可以在空中旅

> 行呢？可是代达罗斯却用翎羽制造了翼翅，用麻线绑缚住；又用熔蜡胶固了底部。于是那个新的机械就制作完毕了。[7①]

在《变形记》中，奥维德的诗歌才华达到了顶峰，在这里，父亲试图控制儿子的冲动行为，但没有成功：

> “伊卡洛斯，我警告你，你不要飞得太低，也不要飞得太高。太低了，翅膀沾水就会变重；太高了，太阳的热就会把它烧坏。你飞行的时候，要介乎高低之间……”
>
> 在左面，他们早飞过了朱诺的萨摩斯岛、提洛斯岛和帕洛斯岛；在右面，他们飞过了勒宾图斯岛和盛产蜜蜂的卡吕姆涅岛。伊卡洛斯愈飞愈胆大，愈飞愈高兴，面前是广阔的天空，心里跃跃欲试，于是抛弃了引路人，直向高空飞去。离太阳近了，太阳炽热的光芒把粘住羽毛的芬芳的黄蜡烤软烤化，伊卡洛斯两臂空空，还不住上下拍打，但是没有了长桨一般的翅膀，也就扑不着空气了。他淹死在深蓝色的大海里，直到最后他口里还喊叫父亲的名字。后人就给这片海取了少年的名字。那不幸的父亲（现在也不称其为父亲了）也叫道：“伊卡洛斯，伊卡洛斯，你在哪儿？我到哪儿去找你呢？伊卡洛斯。”他一再地这样喊叫着。不久，他看见了漂浮在海面上的翅膀，他诅咒自己的巧艺。[8②]

奥维德的故事中还有一个巧妙的构思。代达罗斯在埋葬儿子时，一只鹧鸪在一旁喜悦地拍打着翅膀。鹧鸪在希腊语中是佩迪克斯（perdix），也是塔罗斯的另一个名字。塔罗斯正是代达罗斯的侄子，那个被代达罗斯出于嫉妒推下了雅典卫城的男孩。他掉下去的时候，雅典娜把他变成了一只鹧鸪，这就是为什么这个故事会出现在奥维德

① 奥维德：《爱的艺术》（中英对照），戴望舒译，陕西师范大学出版社，2006。专有名词有改动。——译者注

② 奥维德：《变形记》，杨周翰译，人民文学出版社，2008。——译者注

的《变形记》里。奥维德指出，鹧鸪总是对高处感到恐惧，因为当时塔罗斯是坠落而死的。这种高处与低处的对立关系也是代达罗斯和伊卡洛斯神话的一个重要方面。[9]

代达罗斯的最终停靠地是西西里岛。历史学家狄奥多罗斯将为我们继续讲述这个故事。代达罗斯的才能再一次在王室中得到了发挥，他在阿格里根图姆（Agrigentum）附近为卡米库斯（Camicus）的科卡洛斯国王（Cocalus）完成了许多巧妙的建筑工程。其中最值得一提的是一座悬崖顶上的城市，它几乎藐视一切外部攻击，坚不可摧。它像迷宫一样，以通往城堡的蜿蜒通道隔绝了任何潜在的入侵者。

但是，和在克里特岛的经历如出一辙，正是代达罗斯的技艺让他命途多舛。根据神话学家阿波罗多罗斯提供的细节，米诺斯从未放弃追捕这位前任建筑师。他对代达罗斯穷追猛打，并最终找到了科卡洛斯的宫廷，[10] 为了诱敌上钩，米诺斯承诺给任何能将线穿过螺旋状的海牛壳的人巨大的奖励。米诺斯很清楚，只有代达罗斯有这样的才能完成这项任务。这个任务与忒修斯在克里特迷宫中的考验如出一辙，只不过更为精小。当时，克里特的公主、米诺斯国王的女儿阿里阿德涅给了忒修斯一个线球，让他用线追溯来路，走出了迷宫。当科卡洛斯束手无策时，代达罗斯把线绑在一只蚂蚁身上，在壳上钻了一个洞，然后让蚂蚁引线穿过海牛壳。现在，这位伟大的工匠才能显露，米诺斯便要求科卡洛斯把他交出来。但科卡洛斯拒绝放弃如此宝贵的人才资源。后来米诺斯再也没有回到克里特岛。一个版本认为，科卡洛斯的女儿们在米诺斯沐浴时以开水浇顶杀死了他，但这样对待外邦来客未免太过无礼。还有一些版本暗示代达罗斯的聪明才智助力了这场开水谋杀案，因为他在西西里岛的发明中有一个温泉，也就是一个用蒸汽加热的岩洞。

我们的最后一份文学参考资料来自散文家及讽刺作家琉善（Lucian，

公元 2 世纪），他探讨了伊卡洛斯飞升和坠落的各种象征和寓意。在他的两部作品中，琉善将飞得太高的概念应用于道德阐释中，如果富人过于飘飘然，就要承担后果；反过来说，如果穷人突发横财，也会遭遇同样的后果。[11] 在其他地方，琉善将同样的道理应用于知识汲取而非道德阐释。在《论占星术》（*On Astrology*）一文中，琉善认为伊卡洛斯是因为他的父亲教给他的神秘传说而放弃了理性，从而掉进了“深不可测的知识海洋”。[12] 在对话集《船》（*The Ship*）又名《愿望》（*The Wishes*）中，伊卡洛斯的飞行不仅代表着知识，而且代表着知识是力量的来源。当一群朋友讨论每个人最渴望的东西时，其中一个叫蒂莫拉斯（Timolaos）的人说，他渴望拥有一套魔法戒指，让他能够实现凡人的终极梦想：永恒的青春、免于痛苦、拥有隐身以及飞行的能力。[13] 这样一来，他就可以去任何地方旅行，看尽所有美轮美奂的风景，探寻一切困惑着思想家的东西，比如找到尼罗河的源头、对跖点的存在、群星的本质等等。蒂莫拉斯的一个朋友说：“一切都是徒劳的，你将遭受和伊卡洛斯一样的命运。你的羽毛会脱落，你会从空中陨落，在地上行走，你会失去所有的戒指，它们会从你的指尖滑落。”但并不是说伊卡洛斯式的飞行一定会招致灾难，至少在琉善的讽刺视野中大有不同。对话集《伊卡洛梅尼普斯》（*Icaromenippus*）讲述了哲学家梅尼普斯（Menippus）不可思议的空中旅行。他把老鹰的右翼和秃鹫的左翼绑在自己身上，在地球上空翱翔，寻找思考人类的新视角。“请放飞想象”，他告诉他的对话者：

> 首先我看到一个很小的地球，比月球小得多的样子，目及下界，我久久无法想象我们的山川湖海都变成了什么样子。如果我没有看到罗得岛的巨像和法洛斯塔（Pharos）的高塔。我向你保证，我根本无法认出这是地球。但它们的巍峨与壮阔，以及太阳下海洋的波光粼粼，让我相信我所看到的一定是地球。然后，当我的视线正确地聚焦时，整个人类世界对我来说就清晰可见了。不仅仅是国家和城市的形状，更是航行、战斗、耕作、勤工的芸芸众生。我看到妇女，我

看到野兽，我看到“由肥沃的土地滋养”的每一个生灵。[14]

哲学家超然的世界观似乎有一定的危险性，因为这是一种典型的浮士德式的越界，而越界注定带来致命的危险。但琉善无意悲剧创作，虽然在他的作品中，宙斯剪掉了梅尼普斯的翅膀，但还是命令赫尔墨斯把这个重伤的飞行员送回他的家乡雅典，梅尼普斯依然可以自由自在、活蹦乱跳地向听众们讲述他蒙乔森式（Munchausen-Like）的经历①。

与书面材料的广度和精细程度相比，艺术家们可以深耕的图形样式相当有限，但还是有一些可圈可点的视觉作品。其中最出彩的作品之一是罗马阿尔巴尼别墅（Albani）中的大理石浮雕（公元前2世纪）。它描绘了全神贯注的代达罗斯正坐着制作一组人造翅膀，站在旁边的伊卡洛斯如阿多尼斯一般美丽，等待着翅膀的完成。[15]

比大理石浮雕早半个世纪，一尊可爱的青铜雕像刻画了这个身披翅膀准备起飞的年轻人。[16]一个反复出现的形象是正在坠落或已经陨落的伊卡洛斯，这个主题在罗马壁画中尤其流行。[17]还有一幅作品来自庞贝的阿芒杜斯祭司（Amandus）之家，壁画上有赫里俄斯的战车，装满了观望的渔民的两艘船，以及两个伊卡洛斯：一个从穹顶坠落，一个死在海边（见彩插图5）。[18]

---

① 蒙乔森式的经历泛指想象力比知识更重要的冒险追求。儿童文学《吹牛大王历险记》中，蒙乔森男爵是一位喜爱夸大谐闻的漫游探险家，蒙乔森男爵认为知识可以穷尽，而想象力是无限的。——译者注

代达罗斯和伊卡洛斯（罗马阿尔巴尼别墅的浮雕，2 世纪）

伊卡洛斯（青铜雕像，约前 430）

代达罗斯和帕西菲［壁画，庞贝维提（Vettii）之家，1 世纪］

庞贝城的另一幅凄美的画作中也有这个身世凄惨的年轻人的尸体。[19] 同样值得注意的是，代达罗斯制作人造母牛这一意象，也是一个极受罗马艺术家青睐的创作主题。[20] 更为人熟知的是来自现代土耳其泽乌玛市（Zeugma）的一幅马赛克作品（2 世纪，见彩插图 7），刻画了代达罗斯和伊卡洛斯在辛勤地做木工活儿。[21] 图中左下角的牛头大概是最后添加上的。最后，我们应该注意到代达罗斯最著名的设计：克里特岛的迷宫。他本人并不在其中，迷宫的中心是弥诺陶洛斯。一幅来自科宁布利加（Conímbriga）的马赛克将弥诺陶洛斯的雕像简单化了，迷宫中心只安置了一个全无威胁性的牛头人。

弥诺陶洛斯的迷宫（马赛克作品，葡萄牙科宁布里加，3 世纪上半叶）

潜在主题：父子关系的对立面联结

有一个概念贯穿了代达罗斯故事的几个情节，那就是他具有弥合鸿沟、跨越边界、联结对立面的能力。首先，他操纵着生命体与无生命体之间的边界，人造母牛就是一个例子，他标志性的“栩栩如生”的雕像也是如此。在柏拉图的一部对话集中，苏格拉底这样形容代达罗斯的雕像：如果不把雕像绑起来，它们就会跑掉。[22] 不仅如此，代达罗斯还能够淡化人类和动物之间的界限，就像他把自己和伊卡洛斯变成了“鸟”，他让帕西菲同时成为女人和母牛。其次，天地之间的对立，或者更广泛地说，上层与下层之间的对立，也是他能够调解的一种问题，这要归功于翅膀，它让佩戴者可以驰骋天地。最后，他也是掌控内部与外部之间对立的大师。坚不可摧的迷宫、固若金汤的堡垒、错综复杂的海牛壳，所有的谜团都被这位伟大的设计师巧妙地解决了。

如果说对立面的结合是代达罗斯神话的一个关键特征，那么另一个更为具体的主题，即父子关系也同样重要。许多希腊神话都从不同的心理角度探讨了父子关系。有时，父子之间占主导地位的情感是相互尊重和爱护，如普里阿摩和赫克托尔[①]，或奥德修斯和忒勒马科斯[②]，但更多的时候，父母和后代之间存在着情感上的疏离，这种疏离显现于俄狄浦斯与他所诅咒的儿子厄忒俄克勒斯（Eteocles）、波吕涅刻斯（Polynices）之间。而在俄狄浦斯和他的父亲莱俄斯（Laius）之间，这种疏离以不同的方式表现出来，那是一种瞬间爆发的谋杀性的暴力，源自始料未及的命运作弄和俄狄浦斯家族特有的自我主张。[③]忒修斯和希波吕托斯（Hippolytus）之间的亲子疏远则源于一场悲剧性的误解，导致了父亲对儿子的诅咒。[④]与前面所有的例子相比，在本章代达罗斯和伊卡洛斯的故事中，情感上的疏离来自难以调和的父权威严和年轻抱负，并由此产生了爱与悲伤的凄美融合。一个有部分可比性的例子是赫里俄斯和法厄同（Phaethon）的神话故事。故事中，太阳神之子法厄同对父亲的指导不闻不问，导致其驾驶的双轮战车被宙斯的一记雷电击中，造成了致命的后果。两个神话的主要区别在于，法厄同驾驶着父亲的战车破坏性地接近着地球，而伊卡洛斯则是过于飞离地球的上空。但在这两种情况下，都是太阳的巨大热量带来了灾难，而这种力量是任何凡人都无法驾驭的。

① 赫克托尔在特洛伊之战中落败于阿喀琉斯，特洛伊国王普里阿摩曾深夜前往阿喀琉斯的营帐苦苦哀求，希望寻回长子赫克托尔的尸体。——译者注

② 忒勒马科斯是奥德修斯和佩涅洛佩之独子，奥德修斯出征特洛伊后，许多人向他母亲求婚，他劝求婚者离开，但没有用。他在雅典娜的建议下前往寻父，而后终于找到阔别多年的父亲，两人一起返回故乡，杀死所有向他母亲求婚的人。——译者注

③ 详见本书第 5 章，俄狄浦斯在三条路交叉的地方与尚未相认的父亲莱俄斯国王狭路相逢，国王态度粗暴，俄狄浦斯盛怒之下将其杀死。——译者注

④ 忒修斯之子希波吕托斯一心追逐狩猎女神阿耳忒弥斯，拒绝与其他女性交往，藐视爱神阿佛洛狄忒。这使爱神十分恼怒，于是她让继母费德尔疯狂地爱上希波吕托斯，却被他拒绝。费德尔蒙羞自杀，留下遗书诬陷希波吕托斯对她不轨。忒修斯看到遗书气急败坏，放逐希波吕托斯，并用海神的诅咒处死了他。——译者注

伊卡洛斯的鲁莽行为至少在表面上与希腊神话中许多人物的故事类似，皆是狂妄自大的人因其轻率行为而受到惩罚。马西亚斯（Marsyas）吹嘘自己的音乐能力高于阿波罗或雅典娜，并因傲慢而被活活剥皮。尼俄柏（Niobe）吹嘘她比勒托（Leto）女神更子嗣绵延，阿拉喀涅吹嘘她的纺织技艺比雅典娜更出色，两个女人都遭受了失去人形的惩罚。伊卡洛斯也是如此，在他的故事里，字面意义上，他超越了自己，并承受了后果。一种现代批评方法甚至将伊卡洛斯的飞行解释为“对太阳神的反抗”。[23] 但这并不足以将伊卡洛斯的故事与前面几位的相比，因为伊卡洛斯的故事中没有与他人攀比的竞争因素。他的所作所为是愚蠢的，但并不等同于对神灵的蓄意挑战。因此，他获得的同情更多。

现代象征：创新与风险并存的伊卡洛斯悖论

代达罗斯和伊卡洛斯的故事相互交织，其中隐含的思想在后世的传颂中大放异彩，但同样的问题却一次又一次地出现：“飞得高”的含义究竟是什么？它是一个勇敢而光荣的愿望，还是一场注定失败的鲁莽行为？又或者说既光荣又鲁莽？

在中世纪的欧洲，神学是重新思考伊卡洛斯的飞行的一个主要背景。法国寓言式长诗《道德化的奥维德》（*Ovide moralisé*，14 世纪）将代达罗斯描述为上帝，一个创造者，而伊卡洛斯则代表人类，因为他有两只翅膀，即代表对上帝之爱的右翼和代表对人类之爱的左翼，所以能够跟随上帝前往天堂。[24] 飞行的关键是要处于中间，飞得太高意味着把上帝所给予的恩典视为理所当然，而飞得太低意味着太眷恋凡世之物。在神学探讨之外，伊卡洛斯的命运被理解为一个更具普遍道德意义的故事，一个关于超越自我的危险的寓言。弗朗西斯·培根在他的《论古人的智慧》第 27 章中铿锵有力地指出：

> 美德之路不偏不倚落在过分与不及之间。伊卡洛斯年轻气盛，自然而然会成为过分那一端的牺牲品。一般来说，年轻人有过分的毛病，老年人有不及的缺点。毋庸否认，两条道路都不好，但是，有人肯定要死的话，他会选择过分的那条。过分的毛病理应好于不及的缺点，因为过分中包含了崇高的行为，像空中的飞鸟，与天国接近，不及则像爬行动物在地上爬行。[25]①

但伊卡洛斯的神话并不只涉及道德问题，也可以应用于知识探究。意大利历史学家卡洛·金兹伯格（Carlo Ginzburg）在他的一篇文章中出色地分析了圣保罗给罗马人的书信中四个词的衍生意义，即"不要有骄傲的想法，要敬畏"②，字面上的意思是"不要太'高'"。[26]正如金兹伯格所阐释的，这个简洁的劝告中流露出一个沿袭千年的传统。由于拉丁文《圣经》公认读本中的错误翻译，圣保罗的话一再被认为不是在告诫道德层面上不要骄傲，而是在说认知层面上不应知道太多。尽管像伊拉斯谟（Erasmus）这样有影响力的思想家曾提出抗议，他认为圣保罗的格言被理解为"求知不应超越应知"，是为了抑制天马行空的胡乱猜测。该观点适用于从神学和哲学到自然科学和政治科学的广泛的智性争论。[27]托马斯·肯比斯（Thomas à Kempis，约 1380—1471）的观点就很有代表性，他是僧侣也是唯心主义作家。他警告人们不要对知识有太大的渴望，因为知识里有"许多烦恼和妄想"，知识的许多方面对灵魂几乎没有好处。[28]而伊卡洛斯正是这种风险的化身，他的命运似乎在警告人们，如果知识探究超越了适当的限度，必将大祸临头。这一观点在 16 世纪一本影响深远的书《纹章》（*Emblems*）中得到了概括，安德里亚·阿尔恰蒂（Andrea Alciati）写道：

① 弗朗西斯·培根：《论古人的智慧》，李春长译，华夏出版社，2017。专有名词有改动。——译者注

② 原文为"mē hupsēlophronei, alla phobou"。——译者注

> 伊卡洛斯，你飞到了高空中，直到蜡熔化，你被一头扔进海里。现在，同样的蜡和燃烧的火焰使你的精神复生，你可以通过你的例子给后世提供可靠的教导。让占星家谨慎预测一切。因为装腔作势者如果飞到星星之上，就会一头栽下去。[29]

这就是浮士德的命运，这位众所周知的越界者，他的目空一切导致了不可避免的堕落。用克里斯托弗·马洛（Christopher Marlowe）的《浮士德博士的悲剧》（*Dr Faustus*，约 1592）序言中的话说，这位神学家和魔术师的学识凌驾于所有人之上：

> 直至因沾沾自喜而自我膨胀。
> 他的蜡翼飞到不可触及的高度
> 最终熔化了，这是天降的惩罚！

然而，警告知识的危险性也不是故事的全部，伊卡洛斯的飞行也与知识的好处相关联。伊卡洛斯也以一个蓄势待发、自信满满的飞翔者形象象征着这种对知识的渴望。

正如安塞姆斯·德·布德特（Anselmus de Boodt）《象征杂书》（*Symbola varia*，1686）中的插图所展示的那样，伊卡洛斯不是在危险地俯冲，而是自在地滑翔。图上有维吉尔的格言“不留任何余地。”[30①]

还有一种解读方式认为，伊卡洛斯的飞行是积极且光荣的。那不勒斯诗人雅科波·桑那扎罗（Jacopo Sannazaro，1458—1530）在他极负盛名的十四行诗《伊卡洛斯在此坠落》（*Icaro cadde qui*）中，将伊卡洛斯生命的终结刻画为一个美丽超越死亡、野心超越一切人类极限的时刻：

---

① 维吉尔的格言原文是“Nil linquere inausum”。——译者注

有了这样的坠落，他也就心满意足了：
他像鸽子一样勇敢地翱翔于天空；
火焰如此猛烈，翅膀被烧得精光；
他的名字现在在每一个波浪中大声回响。
穿过海浪，身寄汪洋，
世上有谁能获得这样的坟墓？[31]

说到视觉艺术中对高空飞行的呈现，最有影响力的作品无疑是老彼得·勃鲁盖尔（Pieter Bruegel the Elder）的《伊卡洛斯的坠落》（*The Fall of Icarus*，约 1555，见彩插图 6）。[32]

《占星师》（*In Astrologos*，安德里亚·阿尔恰蒂，来自 1621 年版的《纹章》一书）

勃鲁盖尔的视觉呈现启发了无数的现代衍生品，包括戏剧、诗歌、科幻电影和摇滚乐等各种类型。[33] 他的设想借鉴了奥维德在《变形记》中的描述，但同时又系统地偏离了它。这幅画充斥着漠然，对神话世界中的惊天动地呈现出一种不为所动的态度，看上去自己的日常生活可以保持原本节奏继续下去。画中有三个平民：渔夫、牧羊人和耕作者。如果在奥维德的作品中，同样的三个平民一定对代达罗斯和伊卡洛斯的共同飞翔瞠目结舌；而在勃鲁盖尔的作品中，他们完全忽略了图中右下角发生的事。伊卡洛斯消失在海浪之下时，头朝下且双腿乱蹬，这种惨状只被当作不足为奇的小事件。（画面中伊卡洛斯的坠落只占据了很小的部分，位于右下方，显得不足为奇。）画面中没有代达罗斯，似乎任何亲人的悲痛都会与画面中漠然宁静的调性相冲突。取而代之的是一个耕作者，他辛勤地专注于自己的工作，这正是“不过度”的体现。有人认为，这种漠然正是一种奥维德式的代达罗斯对伊卡洛斯的警告，告诫他保持中间的飞行路径，否则无可怨尤。[34]

威斯坦·休·奥登（W. H. Auden）在他的《艺术博物馆》（*Musée des Beaux Arts*）一诗中直指问题的核心。在诗的开篇中，奥登说：“古典大师们对苦难，一直有独到的理解。”大师们意识到，苦难每日都在降临，而普通人的生活一如往常。虽然在勃鲁盖尔的画中，耕作者可能听到了伊卡洛斯坠落时飞溅的水声，但“对他来说，这并不是一个重大的失败”，因为太阳仍然照耀着农民耕作的土地，耕作者自然对伊卡洛斯的坠落漠然以待。但有一点奥登是错的，并不是所有的古典大师都这样认为。对一些人来说，苦难处于视觉呈现的前端和中心。例如，在弗朗西斯科·德·戈雅（Francisco de Goya）的一幅充满力量的画作中，父亲脸上张口结舌的惊恐表达了与漠然截然相反的情绪。视觉作品也乐于呈现其他情绪。奥诺雷·杜米埃（Honoré Daumier）的一幅石版画兴致盎然地将代达罗斯设想为天文学家。一代人之后，艺术家弗雷德里克·莱顿（Frederic Leighton）勋爵认为其中没有任何可笑之处，他只看到了冷静的美感和克制的英雄主义。

《代达罗斯看着儿子伊卡洛斯坠落》（*Daedalus Watching his son Icarus Fall*，弗朗西斯科·德·戈雅，约 1825—1828）

《伊卡洛斯的坠落》（*The Fall of Icarus*，奥诺雷·杜米埃，1842）

《代达罗斯和伊卡洛斯》(*Daedalus and Icarus*，弗雷德里克·莱顿，约 1869)

在 20 世纪的艺术作品中，伊卡洛斯显然抢了代达罗斯的风头。比如在亨利·马蒂斯（Henri Matisse）1944 年创作的剪纸作品中，那颗小小的红色的激情之心与坠落的黑色身体、灿烂的蓝天和火热的黄色旭日形成鲜明对比。不过，代达罗斯在雕塑家的作品中也依然风头不减。爱德华多·保罗兹（Eduardo Paolozzi）的青铜雕像放置在剑桥大学耶稣学院的院子里，名为《车轮上的代达罗斯》（*Daedalus on Wheels*），这个机器人般的形象标新立异，完全符合这位艺术家的一贯风格，同时与代达罗斯这一特定的神话主题尤为契合，因为代达罗斯正是生命体和人造物之间界限的掌控者。代达罗斯站立的带轮平台让人想起青铜铸造厂使用的小车，[35] 这位被塑为雕像的雕塑家仿佛在演绎着他自身被创造的过程，还巧妙地呼应了代达罗斯作为工匠大师的身份。[36]

马蒂斯和保罗兹只是 20 世纪许多对代达罗斯或伊卡洛斯进行再创作的艺术家中的两位。为什么这对神话人物在 20 世纪会尤其引人注目呢？一个原因是航空旅行的发展，引发了人们对飞行的想象和憧憬；[37] 另一个原因是人们重燃了对迷宫的兴致，无论是在谜题中、花园里还是作为精神冥想的场所。[38] 为了解释这种趋势，我们需要援引两位著名人士的故事。他们都无比醉心于这个关于憧憬、灾难、才智和怅惘的故事，也都自成一派地表现出了一种执迷和夸张的个性。

第一位要提到的人物是加布里埃尔·邓南遮（Gabriele D'Annunzio，1863—1938）。他是一位意大利诗人、小说家，也是一位充满争议的多面人物。[39] 在第一次世界大战期间，他驾驶飞机缔造了传奇（尽管不是作为一名飞行员），他在炮火中所受的伤（包括失去了一只眼睛）使他的传奇色彩更浓。在 1909 年的布雷西亚（Brescia）航空展上，他向 5 万名观众朗诵了一首关于伊卡洛斯的诗，当时办展的机场至今仍以他的名字命名。对邓南遮来说，在他的诗歌、小说、他自己的生活中，像伊卡洛斯一样高飞不仅是获得身体自由的一种方式，而且是一种高级的、绝对神性的存在。

《车轮上的代达罗斯》（爱德华多·保罗兹，1994）

正如邓南遮在小说《也许是也许不是》（*Forse che sì forse che no*，1910）中所说："新的飞行工具，飞机，似乎使人超然于他的命运，不仅赋予他新的主导地位，而且还赋予他第六感。"[40] 小说的主人公保罗·塔西斯（Paolo Tarsis）是伊卡洛斯的化身，他热爱快车、迅捷的飞行器以及快生活。当保罗在撒丁岛的海滩上坠机身亡时，他的陨落并不是一种耻辱，而是光荣的超级英雄主义。不管是对于邓南遮，还是对于他笔下的保罗·塔西斯而言，伊卡洛斯的生命历程都是他们人生的决定性隐喻。

另一位痴迷代达罗斯和伊卡洛斯神话的是迈克尔·艾尔顿（Michael Ayrton，1921—1975），他是一位雕塑家、作家，以及非凡的迷宫制造者。历史上似乎没有任何其他艺术家像艾尔顿那样独独被代达罗斯和伊卡洛斯的神话故事所吸引。他为之创造了数以百计的画作，甚至超过了毕加索对弥诺陶洛斯的关注。事实上，毕加索不仅影响了艾尔顿，还引起了他艺术层面的嫉妒。弥诺陶洛斯的形象也反复出现在艾尔顿创作的作品中，青铜作品《出发点》（*Point of Departure*）就是这种嫉妒心理最好的证明。作品中，胜利的伊卡洛斯翱翔在高空，而弥诺陶洛斯蜷缩在地上。艾尔顿以代达罗斯自比，并且设计了真正的迷宫，他还撰写了一本获奖的小说《迷宫制造者》（*The Maze Maker*，1967），并将小说标榜为代达罗斯的自传。对艾尔顿来说，迷宫构成了存在的一个基本层面："每个人都将自己团团围住，制造了这样一个迷宫，迷宫各有不同，因为每个迷宫都囊括了个人生命的长度、宽度、高度和深度。"[41] 艾尔顿也有着伊卡洛斯的特质，因为他试图超越自己的天才父亲，即诗人和文学评论家杰拉尔德·古尔德（Gerald Gould）。值得一提的是，艾尔顿选择了随母姓，也就是政治家芭芭拉·艾尔顿（Barbara Ayrton）的姓氏。艾尔顿小说中有两段对比鲜明的文字，体现出他在代达罗斯和伊卡洛斯两者之间的摇摆的心理倾向。

《出发点》
（迈克尔·艾尔顿，
1970）

首先，比较直观的是《代达罗斯的遗嘱》（*The Testament of Daedalus*，1962）中的这段摘录：

> 伊卡洛斯比我更声名远播，尽管他身无所长，也不能被称为制造者，除了他那虚荣的、极富诗意的死亡方式。确实，他比我更有名，也许我对此很反感。[42]

其次，更值得深思的是《迷宫制造者》中的这段话：

> 我认为对伊卡洛斯来说，我不是一个好相与的父亲。我给予他事无巨细的关注，热切地希望在他身上找到沿袭自我的独有品质，好让他超越我，在方方面面。[43]

伊卡洛斯仍然是一个心理上比代达罗斯更强大的形象。1973 年，饱受争议的洛杉矶艺术家克里斯·伯登（Chris Burden）创作了一件名为《伊卡洛斯》的艺术作品。为了这次展演，艺术家赤身裸体地平躺在地上，助手们在他的肩膀左右各放了一块玻璃，把汽油倒在玻璃上，然后点燃，呈现出一个人背负着熊熊燃烧的双翼的形象。几秒钟后，伯登一跃而起，玻璃坠落在地上。10 年后，重金属摇滚乐队“铁娘子”（Iron Maiden）也基于代达罗斯与伊卡洛斯的神话故事创作了他们自己的版本：

> 展翅高飞吧，触摸太阳。
> 是的，现在人群散开了，一个年轻的男孩出现了，
> 他看着老人的眼睛。
> 当他张开翅膀，向人群呼喊，
> 他的双目熠熠生辉；
> 当他乘着梦想的翅膀飞翔，
> 才知道父亲的作品不可依仗。
> 最终他的翅膀烧成了灰烬，而灰烬堆成了他的坟冢。

在商业领域，“伊卡洛斯悖论”的概念被广泛应用，通常用以表示：一个公司如果执着于最初使其成功的模式，可能会陷入困境。[44] 然而，当航空集团采用这个神话中的飞行者作为其标志时，他们主要考虑的方面并非伊卡洛斯的悲惨宿命。以伊卡洛斯命名的奥林匹克航空公司的前身在其成立后不久就破产了。要嘲笑这种有明显消极寓意的名称太容易了，嘲讽者也许会故意发问：那些命名者真的不知道伊卡洛斯坠落殒命了吗？这种嘲笑，至少在一定程度上，忽略了问题的关键。毕竟，古往今来，人们始终可以从另一个角度来看待伊卡洛斯，那就是，他是一个将勇气和荣耀写入自己的英雄事迹的年轻飞行员。如往常一样，希腊神话的多面性以及它们变色龙般的多重性，是其最不容忽视的特征之一。

第4章

性别的重塑

亚马孙人的神话

独立、坚韧、迷人、手持武器的女性形象在当代流行文化中炙手可热，其中亚马孙女性的象征意义不断发挥着作用。从某种意义上说，这种富有压迫感的身体展示标志着一种女性赋能。正如玛丽娜·华纳所说，在以征服和战斗为核心的男性辩证思维中，亚马孙人以其男性化的女性外表，有效地为当今的女性提供了言论自由的空间。

按照希腊神话的逻辑，要想拥有非凡的力量，同时仍然保持人性，她们的力量就必然受到相应缺陷的限制。她们总是以右乳缺失的形象出现在人们的想象中，这就是“异能必然伴随着缺陷”这一神话逻辑的典型例证。

第 4 章
性别的重塑　亚马孙人的神话

神话是如何与现实世界中的事件和人物联系起来的呢？这个问题看似简单，实际上却非常复杂。讨论的神话不同，这个问题的答案也不同。我想现在很少有人会叩问普罗米修斯、美狄亚、代达罗斯或伊卡洛斯是否真的存在，因为即使问了，也并无益处。但那些被希腊人和罗马人称为“亚马孙人”的神话女性是否存在呢？答案也许就有些扑朔迷离了。据称，这些女战士与现实世界中的某些族群相似，这种关联的可能性如今仍然是一个被热烈探讨的问题。从前是否真的有一个由女性而非男性掌权的母系氏族社会？如果确实如此，关于亚马孙人的神话是否为母系氏族社会的存在提供了依据？虽然，这些问题是特别针对史前考古学的，但它们的影响显然广泛得多。试想一个女性超越了男性并拥有组织和主导特权的社会，更甚者，一个全员女性的社会，这些概念都能让我们对性别政治进行深入的探讨。

首先，我们将尝试分析古典时期亚马孙人神话中的一些错综复杂的线索；然后，我们将看看这些神话后来是如何被重新用于思考世界的。除此之外，我们将踏上后古典主义之旅，了解一位杰出的中世纪原型女性主义（proto-feminist）作家。在了解西班牙征服者的故事之后，我们将探讨《战士公主西娜》（*Xena: Warrior Princess*）和《神奇女侠》（*Wonder Woman*）。在这个过程中，我们将尝试剖析“亚马孙人真的存在吗？”这个极其棘手的问题。

古典时期线索：强壮而迷人的女战士

在希腊人和罗马人讲述的亚马孙人神话中，可以发现三条线索。第一条线索涉及人种学，在这个叙事脉络下，亚马孙人被设想成一个独特的族群，处于神话和真实存在的历史之间的某个未经涉足之地。第二条线索是个别亚马孙人的故事，关于彭忒西勒亚（Penthesilea）、希波吕忒（Hippolyte）和安提俄珀（Antiope）在与希腊人和其他族群的互动中所取得的功绩与成就。第三条线索意义非凡，它与意识形态的形成息息相关，那就是亚马孙人入侵希腊事件。接下来，我们将依次研究每条线索。

历史学家狄奥多罗斯·西库鲁斯有一段话，是我们研究人种学的一个很好的出发点：

> 据记载，在流入黑海的特尔莫冬河（Thermodon）沿岸，有一个国家，位于安纳托利亚（Anatolia）北部，主权掌握在一个族群手中。对这个族群而言，女性拥有至高无上的权力，女子像男子一样南征北战。在这些女战士中，有一位被尊为女王，她以铜浇铁铸的体格和骁勇善战的英姿闻名。她集结了一支女子军，训练她们使用武器，并在战争中征服了一些邻国的人民。由于英勇，她声名日盛，并向邻近地区发动了战争。由于她百战不殆如有神助，她傲睨自若，给自己起了“战神之女”的称号。她制定了法律，把纺织羊毛和其他原属于妇女的家务分配给男人。她带领妇女们逐鹿远征，对男人则施加羞辱和奴役。新生男孩的腿和胳膊都被砍掉了，失去参战的能力。新生女孩的右乳则被烧焦，以便在身体发育成熟后不会凸出碍事。正因这些特质，这个民族被称为亚马孙人。[1]

与狄奥多罗斯同时代的地理学家斯特拉波（Strabo）延伸讨论了这段叙述。他将亚马孙人的位置进一步向东移至里海，并讲述了更多她们的生活习性。[2] 他强调了亚马孙人对养马和射箭的重视，并证实了烧灼右胸以方便投掷标枪的细节。这个细节显然有助于我们从词源学视角追溯亚马孙人的名称 Amazons，希腊语 a 作前缀时意为“不”，后接的 mazos，也就是 mastos 的方言别称，与“乳房”同义。这个解释在整个古希腊文化传统中反复出现，并且仍然是当代人理解亚马孙人的关键概念之一。也有一些现代学者认为古人误用了词源学，用字面意思捏造了单乳的事实。[3] 诚然，古典艺术传统未能证实亚马孙人单胸的形象，亚马孙人在古典时期也有着其他的词源联系，因为亚马孙人是食肉民族，所以可以联想到“不吃面包”“住在一起”，以及“紧身褡”等族群特质。[4] 现代词源学家也确实提出了一系列表示“无夫”“战士”或“系腰带”① 等“亚马孙人”的派生词。[5] 然而，必须认识到古代词源学与现代词源学的研究方式完全不同。[6] 现代词源学用历史语言学的研究结论来追溯词义的历时发展，而古代词源学则是立足语言本身来摸索世界的多面轮廓。除却少数例外，古典时期的作家大多数是男性，他们之所以反复提到亚马孙人故意残害或以某些方式最小化乳房的概念 [7]，其实是想提出一种意识形态层面的观点，意图暗示一个致力于极端军国主义的女人有悖母性特质，甚至不符合女性的身份。只拥有一个乳房的亚马孙人属于希腊神话中一个常见的人物类别，这类人物拥有异能的同时也有着无可避免的缺陷。根据希腊人的假设，如果女性在武力上与男性平起平坐，就意味着她们不是“正常的”女性。而按照希腊神话的逻辑，要想拥有非凡的力量，同时仍然保持人性，她们的力量就必然受到相应缺陷的限制。就像预言家特伊西亚斯超凡的洞察力被他双目失明的缺陷所平衡一样，亚马孙人超越一般女性的战斗力也被使她们女性特质不完整的东西平衡了。其实希腊神话的逻辑并不僵化，亚马孙女性的形象也不是一成不变的。但她们总是以右乳缺失的形象出现在人们的想象中，这就是“异能必然伴随着缺陷”这一神话逻辑的典型例证。

---

① 根据历史学家研究，亚马孙人的族群特质为“无夫”“战士”以及“系腰带”，所以现代词源学认为可以通过这些词义追溯到亚马孙人的相关特质。——译者注

学者们对亚马孙女性的研究兴趣不只在于亚马孙人的乳房，还在于她们的性行为。斯特拉波的研究报告指出，每年春天有两个月的时间，亚马孙妇女们深入附近的山区，并在那里完全自由地选择性伴侣，这些男性都是邻近部落的加尔加里人（Gargarian）。[8] 意乱情迷之后，出生的女婴由亚马孙人自己抚养，男婴则由加尔加里人照顾。从报告中可以明显看出，亚马孙人组织性很强，斯特拉波也指出，这一特点让他十分惊讶。亚马孙妇女们建立了城市，并进行了军事远征，这些活动依赖于高度的纪律性，彰显了一种集体目标感。她们对孩子的生育和养育安排也是系统化的，这延续和促进了亚马孙人所乐在其中的、不需要男性的生活方式。

狄奥多罗斯和斯特拉波对亚马孙人的记述隶属于古老的神话想象传统，可以追溯到数百年前。早在历史学家希罗多德（Herodotus，前5世纪）的记述中，亚马孙人就是一群思想独立的妇女，在与男性打交道时她们总能不落下风。希罗多德把她们描绘成居住在斯基泰草原上的萨尔马特人（Sarmatian）的祖先。[9] 他说，一些亚马孙人曾经被希腊人从特尔莫冬河附近掳走，她们被绑架上船，被迫离开家乡。虽然她们谋杀了掳掠者从而逃过一劫，但对航海一无所知的亚马孙人只能任由风浪摆布。她们向北漂流，驶过黑海，最终来到了斯基泰人的领地。事实证明，亚马孙人果然组织严明且攻击性强，她们从牧群中偷走了马，并很快与当地的男性产生了激烈的冲突。大多数关于亚马孙人的故事都同时涉及性和暴力，毕竟，亚马孙人构成了一个人种学意义上的群体，这意味着她们除了暴力冲突，还致力于不断繁衍。希罗多德描述了亚马孙人是如何向年轻的斯基泰人提议让两个族群联姻，从而集中资源，向东北方向扩张，越过塔奈斯河（Tanais），也就是今天的顿河（Don）。婚前谈判中，一直是亚马孙人在奔走协调，这非常符合亚马孙人的特质。正如希罗多德所说："男人无法学习女人的语言，但女人却成功地掌握了男人的语言。"[10] 婚姻并没有削弱亚马孙人的独立性，这一特点在据称是她们后裔的萨尔马特人身上传承了下去，萨尔马特女子精骑善猎，有时身穿男装奔赴沙场，并遵循着敌人未灭不可成家的禁令。

并不只有历史学家和地理学家提出了关于亚马孙人的人种学观点。罗得岛的阿波罗尼奥斯也在关于伊阿宋和金羊毛的史诗作品中提供了他对于亚马孙社会的描绘。在他的作品中，伊阿宋率领的阿耳戈英雄们在沿黑海海岸航行的过程中，经过了亚马孙人所在的特尔莫冬河口。阿波罗尼奥斯将亚马孙人的军国主义追溯到他们的终极祖先，战神阿瑞斯身上。[11] 亚马孙人大概是阿瑞斯和他的临时伴侣，仙女哈耳摩尼亚的后代，这一细节可能暗示了大家对于亚马孙社会的另一个共识，也就是秩序性或者说“和谐”（harmony）。[12]

除了文学资料，还有数百件艺术作品对该神话进行了补充阐释。这些图像常常展现亚马孙妇女参与战斗的场景，她们通常骑在马背上，手持长矛、斧头或弓。令人印象深刻的是，亚马孙人的战斗力与希腊对手旗鼓相当，而且在外表上明显有所差异，尤其是她们独特的服装，也就是软帽、束腰花纹外衣和有装饰的紧身裤。有时，她们的独特性通过完全或部分赤裸彰显出来。亚马孙人的胸部通常被突出表现，如我们已经发现的那样，她们并没有被创作成单乳。勇武与情色如鸡尾酒一般混合，共同构成亚马孙人的经典特质。

现在，我们将从对亚马孙群体的神话想象转到对个体的关注，探讨女战士们的个人神话故事。其中最著名的一个是彭忒西勒亚，有关她的文字记载可在早期史诗《厄提俄皮斯》（*Aithiopis*，可能创作于公元前 7 世纪）的少数现存片段中找到，除此之外还有一部长达一千行的史诗作品，作者是来自士麦那（Smyrna）的史诗诗人昆图斯（Quintus）。作为《荷马史诗后志》（*Posthomerica*，约前 4 世纪）中的第一部作品，昆图斯对《伊利亚特》中特洛伊战争的故事进行了续写。彭忒西勒亚是战神阿瑞斯和亚马孙女王奥特雷（Otrere）的女儿。据昆图斯所述，彭忒西勒亚向一只雄鹿投掷长矛，但没有投中，还意外地杀死了她的妹妹希波吕忒[13]。彭忒西勒亚不得不背井离乡，寻求仪式净化罪孽。她在特洛伊得到了普里阿摩的帮助，在希腊人围攻特洛伊时，她率领亚马孙同族们帮助了他，偿还了这个人情。

当她最后死于阿喀琉斯的长矛之下时，这位无与伦比的英雄爱上了她——或许是在她死前两人目光交汇之时，又或许是在他剥去她尸体上的盔甲，看到盔甲下的倾城之姿时。昆图斯说，阿喀琉斯可能没有杀死她，而是把她接回家乡并与她结婚。这是我们熟悉的亚马孙神话主题中矛盾共存特质的另一种变体，即把战场上的武力和性吸引力结合起来。毫不奇怪，双目相接时，武力与性吸引力这一对看似矛盾的组合，对视觉艺术家来说有着不可抗拒的艺术感召力。希腊陶瓶中最著名的作品之一，埃克塞基亚斯（Exekias）的阿提卡黑绘双耳瓶，现藏于大英博物馆，它精准地捕捉到了彭忒西勒亚与阿喀琉斯双目相接的关键时刻。塞萨洛尼基（Thessaloniki）公元 2 世纪的石棺上也呈现了这动人的一幕，画面的调性从暴力转向情爱，视点由盔甲变为裸体。阿喀琉斯温柔地搀着垂死的彭忒西勒亚。在此过程中，他不仅向观众展示了自己的英武身姿，也展示了她绝美的胴体。

亚马孙人战斗场景，埃雷特里亚（Eretria）画家作品
（赤陶细颈有柄长油瓶，约前 420）

绘有亚马孙人的石棺［来自塞浦路斯（Cyprus），前 4 世纪下半叶］

裸身的亚马孙人在战斗（科林斯的细颈有柄长油瓶，约前 575—前 550）

受伤的亚马孙人雕像（1—2 世纪）

阿喀琉斯和彭忒西勒亚
（阿提卡黑绘双耳瓶，埃克塞基亚斯绘，约前 530—前 525）

另一位亚马孙人，希波吕忒女王，罗马人通常称之为希波吕塔（Hippolyta），也与希腊最强大的英雄之一羁绊甚深，这位英雄就是赫拉克勒斯。他的第九次试炼是带领一支远征军进入亚马孙领土并获得希波吕忒的腰带。腰带有时被称为“紧身褡”，这并不是一件私密的贴身衣物，而是由阿瑞斯授予的象征至高权力的护身符。[14] 这场试炼与赫拉克勒斯的其他大多数试炼不同，他并没有只身前往，这表明亚马孙人的防守是何等的严密。根据其中一个版本，希波吕忒主动交出了腰带，避免了流血事件，也许是为了赎回她被赫拉克勒斯抓住的妹妹梅拉尼普（Melanippe）。但如果是这样，赫拉克勒斯通过试炼难免显得不费吹灰之力。[15] 更具戏剧性也显然更暴力的是阿波罗多罗斯的一段叙述。在这个版本中，赫拉女神作为赫拉克勒斯的死对头，把自己伪装成亚马孙人，让真正的亚马孙人相信赫拉克勒斯正在挟持他们的女王。在随后的战斗中，赫拉克勒斯杀死了希波吕忒并夺得了腰带。[16]

阿喀琉斯抱着彭忒西勒亚（塞萨洛尼基的石棺，约180）

许多功勋卓著的希腊英雄都将与亚马孙人的周旋转圜列入他们的赫赫功绩中，包括阿喀琉斯和赫拉克勒斯在内。不得不提的还有柏勒洛丰，早在《伊利亚特》中便已提到他对这些“与男人不相上下的女人”的屠杀。[17] 除此之外还有忒修斯，与他相关的亚马孙人是安提俄珀[18]。他们之间的关系说明了一个重要的事实：希腊神话叙事最多变的特征之一是神话人物千变万化的心理动机。散文家普鲁塔克（Plutarch，45—120）在关于忒修斯的神话传记中，记述了一系列关于忒修斯和安提俄珀的羁绊的不同说法。[19]

这是一部模糊了传说和真实界限的作品。其中记录的一种说法是，忒修斯陪同赫拉克勒斯征讨亚马孙人，并因为在战场上贡献非凡而赢得了安提俄珀作为战利品。也有说法是，忒修斯在孤身对抗亚马孙人的战争中俘获了安提俄珀。还有一种说法是，他并没有俘虏她，而是欺骗了她。起初亚马孙人对忒修斯以礼相待，派安提俄珀去赠送礼物，忒修斯邀请她上了自己的船，然后迅速扬长而去。但又有人讲述了另一个完全不同的故事，在这个版本里，安提俄珀爱上了忒修斯，并成为他的妻子。也有人认为故事里的人不是安提俄珀，而是希波吕忒，[20] 他们的儿子就是运气不佳的希波吕托斯。

事实上，安提俄珀嫁人这件事对亚马孙人来说十分另类，因为这意味着生活方式的改变。正常的模式是除了在交配季节，女战士们都与男人异地而居。有趣的是，一些女性虽不是亚马孙人，也在某种程度上与亚马孙人相似。这种独立于男人的想法可以被投射为其最极端的形式，那就是永守处女之身。典型的案例是卡米拉（Camilla），正如维吉尔的《埃涅阿斯纪》中所描述的那样，卡米拉是一位处女战士，她带领着全员女性的骑兵队与埃涅阿斯作战。[21] 从出生或居住地来看，她不是亚马孙人，因为她的部落是由自意大利中部的沃尔西人（Volsci）建立的。但她和她的女战友拉里娜（Larina）、图拉（Tulla）以及挥舞斧头的塔尔佩亚（Tarpeia）一样，都像极了亚马孙人[22]。与正统的亚马孙人一样，卡米拉是个了不起的女骑手，而且她和亚马孙人一样挥舞着弓箭、标枪和斧头这些致命性的武器。她的乳房也有典型的亚马孙人特征，她在骑马时露出其中一个乳房，她在征战时被埃涅阿斯的盟友阿伦斯（Arruns）用矛刺死，致命之伤也正是在这个乳房下面。处女之身的狩猎女神戴安娜和亚马孙人极其相似，希腊人称其为阿耳忒弥斯。戴安娜曾为卡米拉出了口恶气，她派了一个可靠的仙女去射杀阿伦斯。尽管卡米拉的生活方式杜绝了与男人的性关系，但男人并不觉得她索然无味，他们甚至对她心驰神往。维吉尔说，当她经过时，年轻的男人们从房子和田地里涌出赞叹她的魅力，他们惊叹于她光滑的肩膀，飘逸的头发，以及她的箭筒和长矛。[23]

女战士们击退外部威胁，或协同盟友击退外敌的形象，在许多关于亚马孙军事行动的神话中都有所呈现，比如在特洛伊被围攻的战争中。卡米拉也是如此，她曾帮助本地意大利人抵抗外来者。但亚马孙人的军国主义并不局限于保家卫国。正如狄奥多罗斯所说："亚马孙人的国家一建立，就因其勇武而显得如此与众不同。它不仅占领了邻近地区的大部分领土，甚至还征服了欧洲和亚洲的大部分地区。”[24]有一次远征在希腊神话中留下了不可磨灭的印记，那就是亚马孙人入侵希腊的传奇故事。

若要证明希腊神话可以为意识形态服务，很少有比亚马孙人入侵希腊事件更好的案例了。人们谈及的亚马孙人入侵希腊事件，更确切地说应该是对雅典的入侵事件。对此，雅典人进行了英勇的反击。从公元前5世纪初开始，这个神话想象中的事件就对怀有一腔爱国热血的雅典人的自我形象建构至关重要。众多的神话讲述者都赞美了这一彰显军事力量的事件，它作为一个光荣的旗开得胜的先例，让雅典人在随后发生的战争中所向披靡，比如公元前5世纪初雅典人将波斯远征军击退。[25]从诗人品达（Pindar）和戏剧家埃斯库罗斯的作品中我们已经了解到亚马孙人的入侵，但若要了解详细的情况，我们需要回看普鲁塔克的《忒修斯传》（*Life of Theseus*）[26]。普鲁塔克告诉我们，亚马孙人入侵的动机是为被忒修斯掳走的安提俄珀（或希波吕忒）报仇。关于亚马孙人进入希腊的路线，不同的资料来源给出了不同的说法，但最终结果都是她们到达了雅典，并占领了那里的两座地势不高的山头，即阿雷奥帕古斯山（Areopagus）和普尼克斯山（Pnyx），由此对雅典人屹然耸立的堡垒——雅典卫城形成了威胁。这场冲突旷日持久，十分激烈，而且双方战力持衡。有人说，经过三个月的战争，他们走向了谈判，并达成了止战协约。所有资料来源都认为，亚马孙人最终被驱逐出境。然而在许多描绘“亚马孙之战”的视觉作品中，希腊和亚马孙的战力无疑是不相上下的，很难说谁更占上风。不过某些亲雅典派的文章却不那么平和。演说家吕西亚斯（Lysias，约前445—前380）为了赞美在最近一次战争中牺牲的雅典人，在其所撰写的《葬礼演说》（*Funeral Oration*）中明确表态，认为亚马孙人皆是恶有恶报：

> 亚马孙人因其非凡的勇气而被当作男人，不因其性别而

> 被视为女人……她们统治着许多国家，实际上已经实现了对周围人民的奴役。然而，当她们听说了我国的赫赫威名，为了荣耀加身，在野心的攒动之下，她们召集了各国最骁勇善战之士，进军雅典城。但是，与英勇的雅典人相遇后，她们发现武力终究为性别所限，使她们以身涉险的是太过冒进，而非战力不支，她们不再战无不胜，反而节节败退，可见她们终究还是女人。她们全军覆没，为自己的愚蠢冒进而受到惩罚，从而使我们的城邦因英勇而不朽。而由于在战争中损失惨重，她们使自己的国家隐没于历史的洪流。就这样，那些女人因为贪图别人领土的妄念，失去了自己的疆土。[27]

像每个希腊神话一样，亚马孙人的神话可以被不断重塑和再挖掘。吕西亚斯强调她们一心只想攻城略地，站在这个立场也无可厚非[①]。亚马孙人对不公待遇进行合理的报复这一点，倒是吕西亚斯忽略的主题。但不管动机有何细微差别，亚马孙的入侵都在神话中有着标志性的地位。如果神话的可靠定义之一是“具有社会影响力的传统故事”，那么亚马孙入侵雅典就是一个极具社会影响力的神话。

后古典时期再创作：摆脱束缚的自由灵魂

说到后古典时期人们对亚马孙人故事的重新认识，我们的三条研究线索在不同时期都有突出的进展。对于一代又一代的古雅典人来说，神话中击退亚马孙人的入侵是他们祖先英勇的标志，也是他们自身荣耀的彰显。然而，当雅典城邦淡出历史并最终成为一个遥远的记忆，神话讲述者便不再能够通过回顾这一彰显雅典人的具体成就的事件来获取其中的意识形态价值。但亚马孙之战的大致主题，也就是亚马孙人和希腊人之间的战斗，仍然具有影响力，特别是在视觉艺术

① 吕西亚斯有着亲雅典派的立场。——译者注

中。我们的另外两条研究主线：以性别为重点的人种学视角和对强壮而迷人的女战士们的个体经历研究，对文本读者和艺术鉴赏者来说，有着经久不衰的吸引力。

很难想象有任何一种人类社会，其成员的生活不是充斥着对性和性别问题的关注的，亚马孙人的族群生存模式则提供了思考这些问题的一种方式。然而，关于如何评价这一模式已经有了各式各样的说法。如我们所了解到的，希腊和罗马的作家们关于亚马孙人的生育实践并没有统一的看法。一方面，据说亚马孙人在大部分时间里只与女性交互往来，从这个意义上说，她们可以被赞誉为贞洁的典范。另一方面，她们为了族群的延续不可避免地需要在某些时候与男人发生性关系。这些结合通常不受正常婚姻规范的约束，因而有时被认为是淫乱和道德败坏的。这种双重视角为我们理解亚马孙的性道德观念开辟了道路，即要么是贞洁的，要么是败坏的。

在古典时期晚期和中世纪的欧洲基督教思想体系中，这两种看法都不少见。[28] 对亚马孙人不贞行为的谴责至少可以追溯到北非基督教护教论者德尔图良，他用亚马孙人的神话来诋毁他顽固的对手：“异端”马吉安（Marcion）。马吉安来自黑海地区，这为德尔图良将其与亚马孙人神话联系到一起提供了地域关联，使他可以毫无顾忌地攻击对方：

> 这片被称为“黑海”或“好客”的海，它内陆海的性质使人怀疑它是否能被称为海，它也因黑海的名字备受嘲弄。它位于内陆之中的处境也难免让人怀疑海神蓬图斯（Pontus）并不好客，黑海与更文明的水域拉开了距离，仿佛对自己的野蛮感到羞愧。陌生的部落居住在这里，如果住在马车上确实可以被称为居住的话。这些人游荡在蛮荒之地，她们的生活粗野不堪，她们的性活动荒淫无度，而且大部分不加掩饰，毕竟只会欲盖弥彰。她们通过在马车的轭上

> 挂上箭筒以宣淫，这样就不会有人无意闯入。她们对自己的战争武器全无敬意，把战死的男性先辈的尸体和羊肉一起切开，在宴会上饕餮狂欢。如果有谁不能供她们大快朵颐，他的死就是一种耻辱。她们失去了女性特有的温柔和谦逊，暴露自己的乳房，用斧头做家务，宁愿刀口舔血也不愿意承担婚姻责任。[29]

德尔图良的描述中，亚马孙人赤身裸体，性欲旺盛，还有人吃人的习气，可见他对这群女性实在嗤之以鼻。德尔图良对亚马孙人的负面评价发挥着持续的影响，一直到中世纪。在赫伯特·凡·弗里茨拉（Herbort von Fritslar）篇幅极长的《特洛伊之歌》（*Song of Troy*，12 世纪—13 世纪）中，这位诗人把她们想象成一个被魔鬼驱使的、野蛮的、男人味十足的族群。[30]

然而在中世纪，积极的评价盖过了消极的评价。在 13 世纪奥地利诗人鲁道夫（Rudolph）的《亚历山大罗曼史》（*Alexander Romance*）中，人们看到的是亚马孙人的谦恭礼让，以及她们内在固有的骑士精神和英勇善战的品质。因此，亚马孙人成为基督教理想的处女战士的原型。[31] 对亚马孙人的尊重在克里斯蒂娜·德·皮桑的著作中最为明显，我们在讨论美狄亚神话时也曾讨论过这位作家。皮桑极富开创性的作品《妇女城》描写了三位女性以理性、正直、正义为名创造了一座神圣的城市的故事。这座城市的首领是圣母玛利亚，另一个强大的领军人物是雅典娜（或者说密涅瓦）。皮桑认为雅典娜是一位才华横溢且富有创造力的年轻女性，而她的同时代人愚蠢地宣称她只是一位华而不实的女神（见彩插图 8）。[32] 同样堪称楷模的是亚马孙人，她们也是勇气和智慧的典范，根据皮桑的说法，她们的王国持续了 800 多年。[33] 还有一个值得一提的细节，关于残缺的乳房这一神话母题，皮桑提出了相当不寻常的区分方式：据称贵族出身的亚马孙人烧灼左胸，以方便携带盾牌，而非贵族则为了方便射箭而失去右胸。

来自欧洲各地的早期现代旅行者不断地以性别问题主导的人种学视角，讲述着亚马孙人的故事。在 14 世纪广为流传的《曼德维尔游记》（*The Travels of Sir John Mandeville*）中，亚马孙人被视作高贵而智慧的战士，她们根据战斗能力选出女王。[34] 她们确实有男性恋人，但是异地而居，为了受孕，她们与恋人八九天会一次面。至于生下的孩子，曼德维尔在描述亚马孙人乳房主题时提及了他们：

> 如果她们中的任何一个人生了孩子，而且是个儿子，她们就把孩子养到他能自己说话、走路和吃饭，然后把他送到父亲那里，或者把他杀掉。如果她们生的是女孩，就割掉她的一个乳房，并将其灼烧。如果是地位高的女人，就割掉左边的，这样她就能更好地以盾牌护身。如果是地位低的，就割掉右边的，这样就不会妨碍她们射箭。

关于亚马孙人的位置，人们有不同的看法。曼德维尔把位置锁定在伊拉克南部附近。然而加斯帕尔·德·卡瓦哈尔（Gaspar de Carvajal，约 1500—1584）的编年史与之说法迥异，根据编年史记载，16 世纪中期的西班牙征服者弗朗西斯科·德·奥雷利亚纳（Francisco de Orellana）在南美洲遇到了一个类似亚马孙人的部落，这个发现远近闻名。他形容道：

> 这些妇女非常白，身材高大，头发很长，它们被编成辫子缠绕在头上。她们非常健壮，赤身裸体，唯独遮住私处，手持弓箭。每个女子的战斗力不逊于十个印第安男人。在这些人中，确实有一位妇女把箭射进了双桅帆船，还有一些箭刺得不深，所以我们的帆船看起来像只满身刺毛的豪猪。[35]

在卡瓦哈尔的叙述中，有许多相同的主题反复出现。他提到，妇女在有需求的时候，会在特定的时间与来自邻近地区的男性进行交配。她们会杀了生下的男孩，把尸体送给他们的父亲，而女孩子则由她们自己抚养，并被指导学习战争技艺。卡瓦哈尔还提到她们由一个女人统治等内容。恢宏磅礴的亚马孙河就是为了纪念她们而命名的。作家和探险家沃尔特·罗利爵士（Sir Walter Raleigh）也在南美洲圭亚那（Guyana）地区发现了亚马孙人的踪迹。根据他的叙述（1596年），她们每年四月与邻近的男性交配。他还提到每个女人都割掉自己的右胸的故事，但他并不相信。[36] 晚至 18 世纪，民族志学者仍将亚马孙人纳入他们的研究范畴。例如，在写到易洛魁人（Iroquois）和休伦人（Huron）的习俗时，耶稣会传教士约瑟夫 – 弗朗索瓦·拉菲托（Joseph-François Lafitau）于 1724 年提出，在易洛魁人和休伦人中，妇女权利相关的政治安排可能源于古亚马孙人，并且，他认为这些民族可能是亚马孙人的后代。[37]

《玛菲莎》（*Marfisa*，17 世纪中期）

说到像亚马孙人一样的女性，文艺复兴时期的一些女性也有着引人注目的功绩。尤其令人印象深刻的是卢多维科·阿里奥斯托（Ludovico Ariosto）的《奥兰多·弗利奥索》（*Orlando Furioso*，1532）中两位对比鲜明的女战士。这是一个耐人寻味的故事，探讨了骑士精神。女骑士布拉达曼特（Bradamante）爱上了撒拉逊（Saracen）战士鲁吉罗（Ruggiero），当时鲁吉罗按规定在战斗中打败了她，在诗的最后一节，她最终在他皈依基督教之后嫁给了他。另一位女战士是鲁吉罗的妹妹，也就是任性的、母狮子养大的玛菲莎（Marfisa）[38]，她在战斗中表现得更加凶猛："她热爱武器的碰撞，飞行的长矛和箭矢，对流血与牺牲喜闻乐见。"[39]她着装如骑士一般，常胜不败，誓不结婚，最终加入了查理曼的军队。尽管叙述者把她比作彭忒西勒亚[40]，但她从未沦陷于"与阿喀琉斯的对视"。尽管她有着彭忒西勒亚一样的金色卷发和精致美丽的脸庞，但她是一个自由的灵魂，不受任何男性或是女性的束缚。她的话语掷地有声："我不属于任何人，只属于我自己。"[41]

在这些继承了亚马孙女英雄精神的后裔中，有法兰西共和国的化身玛丽安（Marianne）。正如德拉克洛瓦的标志性作品《自由引导人民》（*Liberty Leading the People*）所描绘的，像许多亚马孙角色一样，玛丽安通过她的乳房表达了她身体的本质诉求，这种暴露也意味着摆脱束缚的自由。正如玛丽娜·华纳（Marina Warner）所强调的，尤其值得注意的是姿态的不对称性，这让人联想到古代亚马孙人经常穿的"滑落的无袖外衫"，"（这种姿态）既暗示了乳房作为哺育工具的功能（一次只露出一侧以便哺乳），又表现了热情奔放的少女如此专注于当下的行动，以至于无暇顾及自身。"[42]奥诺雷·杜米埃的《亚马孙人》（*The Amazons*）所描绘的两位主角的乳房，被呈现得更加保守，但仍然部分可见，这是一件介于严肃的阅兵式和诙谐的女学生健身操之间的作品。可见自古典时代起，基于希腊神话的再创作就为荒诞和崇高的美学创造了空间。

《自由引导人民》(欧仁·德拉克洛瓦，1830)

受伤的亚马孙人(以弗所的阿耳忒弥斯祭坛，前 4 世纪下半叶)

《亚马孙人》(奥诺雷·杜米埃，1842)

我们的最后一条神话研究线索涉及亚马孙人对希腊的入侵。正如我们在前文所说，这一事件中与雅典相关的部分在后古典时期之后的神话叙述中愈渐暗淡，这与雅典城邦的衰微成正比，因为这一神话事件曾为其意识形态目的服务。然而，如果把目光从雅典转移到其他地方重新构想这一事件，在“希腊人与野蛮的非希腊人”“文明与野蛮”“自我与他者”对立视角之下的亚马孙女战士形象依旧盛行。

在这一主题下，很少有作品能媲美鲁本斯的《亚马孙之战》（*The Battle of the Amazons*）[43]，那神气活现的木板油彩体现出巨大的魅力。画面的焦点是桥，地点大概是在亚马孙人在安纳托利亚（Anatolian）故乡的特尔莫冬河上。这是极尽残酷的一幕，触目惊心的无头尸体在桥的边缘血流不止，桥下尸横遍野。这一场景的残忍程度超过了任何呈现亚马孙人战斗场景的艺术作品。

《亚马孙之战》[彼得·保罗·鲁本斯（Peter Paul Rubens），约 1615）]

思想实验：性别力量与社会结构的神话反思

在对亚马孙人的现代解释中，J. J. 巴霍芬（J. J. Bachofen，1815—1887）可以说有着举足轻重的地位[44]，他同时是语言学家、人类学家和巴塞尔大学罗马法的教授。在巴霍芬看来，人类文化的演变可以被看作是一个从女性主导的母权制社会到父权制社会秩序的转变过程。母权阶段可细分为：（1）"阿佛洛狄忒"阶段，此时，生育是建立在男人强迫妇女滥交的基础上；（2）"德墨忒尔"阶段，该阶段的特点是有序性，有着基于婚姻的社会安排和母系继承方式。巴霍芬认为，在这两个阶段之间，有一个与亚马孙人的生活方式相对应的中间阶段，当时妇女曾短暂地主张独立。只有在三个母系主导的阶段都完成后，社会才发展到"父权"阶段，即男性占优势的社会形态。

巴霍芬认为，在父权制出现之前有一个母权阶段，这一概括性和推测性的想法已被证明具有巨大的影响力，而且不仅仅是在学术界。例如，一些研究地中海史前史的学者和一些女权主义思想家都采纳了这个观点。[45] 弗里德里希·恩格斯（Friedrich Engels）甚至把巴霍芬的理论成就与达尔文和马克思相提并论。然而，巴霍芬的核心论点的问题在于，它依赖于一种将神话高度简化的思考方式。他写道："所有与我讨论的主题有关的神话，都体现了对人类所经历的真实事件的记忆。它们代表的不是虚构的，而是真实的历史。亚马孙人的故事……是真实的，而不是诗意的。"[46] 但事实是，神话是想象力的产物，而不仅仅是历史或其他现实世界事件和情景的反映。尽管巴霍芬观点的某些方面大受吹捧，但事实仍然是，"并没有证实真正意义上的母权制存在于史前的爱琴海或近东地区的任何地方，据此而言……它在希腊宗教史上没有发挥任何作用。"[47] 因此，母权发展的中间阶段，"亚马孙式"阶段，也同样无法得到证实。

历史学家和民俗学家艾德丽安·梅尔（Adrienne Mayor）提出了另一个将亚马孙神话解释为社会现实反映的尝试。[48] 在梅尔看来，古典时期亚马孙人的故事，远不只是古希腊罗马想象中纯粹虚构的部分，而是现实世界中女性群体的真实反映，是从黑海北部地区到中亚大草原，精骑善射的游牧战士的真实写照。梅尔的观点吸引了许多支持者，但也有许多反对者[49]。从好的方面看，她行文热切，引用数据出奇地广泛；不过她有一个严重的弱点是倾向于将古典时期和现代，将神话叙述和历史证据胡乱地混杂在一起。但是，也许我们可以在梅尔令人信服和引起质疑的论述内容中有所取舍，可以认为，神话是社会现实的“折射”（refraction）而不是“反映”（reflection），[①] 这种认识也是巴霍芬论点的基础。这样，我们可以承认神话与现实存在着部分对应关系，亚马孙人的生活方式可能折射出了古典时期和现代女战士群体的某些生活方式。但同时，我们也可以探析神话的“折射”功能带来的夸大效果，也就是有选择地强调某些特征而忽略其他特征的属性。人们对现实世界的体验和记忆，经过调整、塑造和重新加工之后，成了思考和感受世界的工具，这正是神话的一个常见特质。

在整个20世纪，甚至持续到21世纪，亚马孙神话都在继续编织着它的魔咒，其中一个重点是亚马孙人作为马背上的女子的概念。亚马孙人和马术之间的联系有时只体现在语言上。例如，在西班牙语和现代希腊语中，“亚马孙”（amazona）的意思只是“女骑手”，英语中的“亚马孙”一词则有所不同，它通常指的是一个强壮和肌肉发达的女人。但有时，亚马孙作为骑手的意象进一步延伸。纳粹德国的宣传机器曾大加利用运动型女性的健美体态、精湛骑术以及盔甲和武器的象征意义。1936年至1939年间，在慕尼黑的一次马术活动达到高潮时，一些骑手打扮成赤裸的亚马孙人，在宁芬堡宫（Nymphenburg Palace）进行了骑马游行，这些骑手被塑造为所谓“雅利安优等种族”的未来母亲的形象。这种展示可能主要是为了满足男性的窥视幻想，

① “折射”强调了神话信息对现实体验的调整、塑造和重新加工，“反映”观点则认为现实与神话是简单的复述和对应的关系。——译者注

尤其是考虑到纳粹意识形态对任何形式的同性恋，无论女性还是男性，都采取了极端迫害政策。

在想象力的范围内，与上文提到的幻想模式大相径庭的是科幻小说《考虑她的方式》(*Consider her Ways*)。作者约翰·温德姆（John Wyndham）早在 1956 年就写了这部小说，但它在今天仍然引人入胜。[50] 温德姆阐述了一个反乌托邦式的，或者也可以说是乌托邦式的社会愿景。在这个社会中，所有的男性都不在了，他们因为一种意外失控的病毒而死亡。该病毒被证明对男性是致命的，对女性却无害。在这个新的、后病毒时代的世界里，社会被划分为不同的种姓，每个种姓都显示出与其社会功能相适应的身体特征。例如，统治阶级被称为“博士”，她们建立了蚁群式的社会模式。被称为“亚马孙”的女工皆身体强壮、肌肉发达，她们穿着独特的无袖背心、牛仔裤和工人靴。与此相反，生孩子的“母亲”则有着怪异的膨胀的身体，穿着粉红色的衣服。温德姆的设想引发了人们的反思，他对性别的设想和我们当下世界的性别状况完全不同。而在当代，我们真实的世界里，一种全新病毒的出现确实可能推翻一些迄今为止被认为是坚不可摧的假设，正因如此，温德姆的设想产生了更加强大的共鸣。

亚马孙之夜（纳粹宣传海报，1937）

可想而知，亚马孙神话有着广泛的女性追随者，她们用亚马孙神话来表达她们的个人愿望和集体诉求，有时还包含她们的性取向。在20世纪初，外号“亚马孙”的美国侨民作家娜塔莉·克利福德·巴尼（Natalie Clifford Barney）在巴黎建立了一个女同性恋圈子，成员包括当时的主要艺术家和知识分子。从那时起，亚马孙作为一个想象中的乌托邦居所的概念，在许多女同性恋向的作品中广泛传播，特别是在20世纪60年代到80年代间。[51] 鉴于乌托邦小说和科幻小说之间的共性，科幻小说也致力于呈现亚马孙式女性社会的可能性，这并不奇怪，比如乔安娜·拉斯（Joanna Russ）的小说《女身男人》（*The Female Man*，1975），小说主人公骄傲而耀眼，她能够让每一个神话中目空一切的亚马孙人都乐意与她姐妹相称，她说：“我母亲的名字是伊娃，我另一个母亲的名字是艾丽西亚，我是珍妮特·埃瓦森。我13岁时便独自在北纬48度以北的荒原大陆上追踪并杀死了一只狼，只用了一把步枪。”[52] 通过极富纪律性和侵略性的狩猎，象征女性同心同德的亚马孙人特质在此处得到了彰显。

独立、坚韧、迷人、手持武器的女性形象在当代流行文化中炙手可热，其中亚马孙女性的象征意义不断发挥着作用。在异教幻想电视剧《战士公主西娜》中，开篇时，西娜从道德上看充满了“黑暗面”，但与赫拉克勒斯相遇后，她走上了救赎之路。由于西娜与她的朋友，以及她与秘而不宣的情人加布里埃尔的关系，西娜被一些粉丝拥戴为女同性恋偶像。虽然她的胳膊和腿有一部分是裸露的，但是西娜也穿着盔甲，尤其是胸甲。从某种意义上说，这种富有压迫感的身体展示标志着一种女性赋能。正如玛丽娜·华纳所说，在以征服和战斗为核心的男性辩证思维中，亚马孙人以其男性化的女性外表，有效地为当今的女性提供了言论自由的空间。[53] 然而，这种意象也有其令人不适的一面，甚至有其危险性，因为它的形象接近于色情的领域。华纳又说：“色情意象既能武装女性，又能使她们沦为祸水，不依不饶的表情和残酷的姿态是常见的表现。”[54] 西娜有着标志性的地位，与她相当的是神奇女侠，这位超级英雄最初于1941年由DC漫画公司创作。在其起源的一个版本中，神奇女侠是宙斯和亚马孙女王希波吕忒的女儿，为正义而战。她的正式称呼是特米斯奇拉的戴安娜公主（Princess Diana of Thomyscira），同时，她也被称为戴安娜·普林斯[①]。与她的家族背景同样重要的是她的服装，也就是胸甲（之前被反复提及）和环绕在骨盆上的腰带，表面上它们是作为护腰和护盾，但实际上是为了强调她的女性生理特征。

显而易见，人们对神话中的亚马孙人的追捧和推崇经久不衰。同样应该明确的是，这种持久性完全不受“亚马孙人的神话是否反映了一个曾经存在的现实社会？”这一问题的影响。

西娜（1996）

《神奇女侠》海报（2017）

① 戴安娜·普林斯英文写作 Diana Prince，英文中的 Prince 有王子的意思，此处作者可能想幽默地表示，神奇女侠既是戴安娜公主，也是戴安娜王子。——译者注

亚马孙神话激发了无限的思考，包括女性乳房模棱两可的象征意义、武装侵略形象的女性在字面上和隐喻上的双刃性、关于一个免除了制度化的长期稳定的两性关系的社会的美好想象。神话首先是思想的实验，而亚马孙人的神话是其中最枝繁叶茂、经久不衰的实验之一。

第5章 自我发现之旅

俄狄浦斯的追问

放眼所有的神话，也许没有比俄狄浦斯更典型的人物了，他的故事鲜明地体现出希腊神话在现代世界持续焕发着生机与活力。弗洛伊德为俄狄浦斯神话的突出地位发挥了重要作用，但神话的内容远远超过了俄狄浦斯情结这一主题所能概括的范围。

出于不知真相，做下荒诞可怕的事情，
嫁给自己的儿子，
后者杀了父亲，娶了母亲，
但神明，不久之后，
即将此事公诸世间。
——《奥德赛》

第 5 章

自我发现之旅 俄狄浦斯的追问

放眼所有的神话，也许没有比俄狄浦斯更典型的人物了，他的故事鲜明地体现出古希腊神话在现代世界持续焕发着生机与活力。弗洛伊德为俄狄浦斯神话的突出地位发挥了重要作用，但神话的内容远远超过了俄狄浦斯情结这一主题所能概括的范围。在本章中，我们将对鲜为人知的部分给予最大的关注。诚然，作为一个神话人物，俄狄浦斯是复杂的，但这与心理学上的“情结”是完全不同的事情。这种复杂性到底由何而来呢？作为一个思想家，一个被神秘和困惑所困扰的人，执着地努力去解决这些问题是俄狄浦斯性格的一个主要方面。但他也致力于行动，有时甚至是咄咄逼人的。尽管他从未像阿喀琉斯、珀尔修斯或赫拉克勒斯那样热血好战或是四方征伐，但他的神话形象仍是一个容易被激怒并常常运用暴力使人致死的人。俄狄浦斯无意间的重大道德过失则完善了这一形象，并进一步加深了这一形象的复杂性：他总是在不知不觉中犯下了最可怕的罪行。简而言之，他的过失和苦难既是理性思维主导的结果，也是身心冲动的产物。

在引言中，我们概述了弥漫在希腊神话中的一些主题。其中有四个主题在俄狄浦斯的故事中占主导地位，那就是家庭、政治、抉择以及人类与诸神的羁绊。在家庭主题之下，神话探讨了俄狄浦斯与父母、妻子和孩子之间扭曲的关系。在政治主题之下，俄狄浦斯是城邦的统治者，他的个人过失和苦难对城邦公民的生活产生了根本性的影响。在抉择主题之下，神话讲述了人若要揭开自己身世的真相，必将遭受毁灭性的情感打击，并将付出惨重代价。在人神羁绊主题之下，故事发展的推动力之一是阿波罗神的神谕，另一个关键角色是阿波罗指派的预言家特伊西亚斯。

将这些主题联系在一起的是另外一个主题，也就是人类理解能力不可避免的局限性。该神话的核心是俄狄浦斯在完全不了解自己行为实质的情况下犯下的两项罪行：其一是他杀人的罪行，之后他发现死者正是自己的父亲；其二是他娶了一个女人，后来发现这个女人是自己的母亲。正是俄狄浦斯的认知受限，使这个神话不至于只是一连串不可能发生的巧合，而变成了一个极富代表性的故事，其中充满了对人类现实处境的隐喻。和俄狄浦斯一样，所有人都是在对自己的起源和羁绊不完全了解的情况下行事的。俄狄浦斯的处境确实夸张化了这种不完全了解的一般状况，然而，这就是神话的作用，它们夸大、尖锐化、升华了日常生活中的问题。对于俄狄浦斯的命运，每个人也许都会感慨："世事难料，在劫难逃。"这让俄狄浦斯神话十分适合悲剧体裁。在这一体裁中，神话特有的夸张、尖锐和高度以其最有力的形式呈现出来。最具震撼力地讲述了俄狄浦斯神话的正是一部悲剧，即索福克勒斯的《俄狄浦斯王》（*Oedipus Tyrannos*）。在这部作品中，普遍存在的失明意象[①]，无论在字面上还是隐喻层面上都传达了一种不可避免的局限感。无论人们表面上看起来多么胸有丘壑、位高权重，身体和精神终究重重受限。

不过，在谈到索福克勒斯之前，我们不能遗漏更早一些的作品。其实在《奥德赛》中已经勾勒出了俄狄浦斯神话的一些大致轮廓。在该书的第 11 卷中，奥德修斯讲述了他在访问冥界时遭遇的诡异事件。在他遇到的亡灵中，就有俄狄浦斯的母亲，在这里她被称为厄丕卡丝忒（Epikaste）：

① 失明在此处还有认知局限的含义。——译者注

出于不知真相，做下荒诞可怕的事情，
嫁给自己的儿子，
后者杀了父亲，娶了母亲，
但神明，不久之后，
即将此事公诸世间。
俄狄浦斯，尽管承受着巨大的悲痛，仍在美丽的底比斯城
为王，
统治卡德墨亚民众，按照神的包孕痛苦的安排，
而厄丕卡丝忒则去了把守冥界大门的强有力的哈迪斯的
家府，自缢而死，垂吊在高处的顶梁，就着
绳编的活结，怀着强烈的悲楚，给儿子留下
不尽的愁哀，复仇女神的责惩，母亲的咒言。[1]①

俄狄浦斯的母亲同时也是他的妻子名为厄丕卡丝忒，而非律俄卡斯忒（Iokaste）或伊俄卡斯忒（Jocasta），虽然她在后来的传统中通常被称为伊俄卡斯忒，这说明名字的可变性是希腊神话的一个常见特点。这种可变性尤其适用于女性，也许反映出她们在主线故事中是附属品的地位，这也是占主导地位的男性神话讲述者经常赋予她们的角色。奥德修斯断言俄狄浦斯在其家庭关系被揭露后仍继续在底比斯进行统治，而在其他的神话讲述中，俄狄浦斯身世大白后立即被放逐，这体现了故事走向的可变性。然而，还有一个更重要的可变性潜藏在“神明，不久之后，即将此事公诸世间”这一诗行的细节中。比起悲剧作品，神明对事件积极而明确的介入在史诗作品中似乎更加合情合理，因为在悲剧中，神的意图往往不会对凡人昭示，这一点在索福克勒斯的剧作中尤其明显。

视线离开荷马的简短叙述之前，我们需要关注故事的两个关键

① 荷马：《荷马史诗》，陈中梅译，上海译文出版社，2016。专有名词有改动。——译者注

节点，后期神话传统对这两个节点进行了不厌其详的叙述。第一个节点是俄狄浦斯自毁双目，当他的真实身世被揭露时，他对自己施加了这一可怕的惩罚。第二个节点是俄狄浦斯战胜怪异的斯芬克斯（Sphinx），这一次胜利为俄狄浦斯赢得了新寡王后的青睐，也成了他后期登上王座的铺路石。我们对这一情节的了解主要来自视觉资料。事实上，俄狄浦斯与斯芬克斯的交锋是整个故事中最常被描绘的场景。一些艺术家，尤其是阿喀琉斯画家[①]，对这个故事情有独钟。故事中，底比斯城的国王莱俄斯在访问伯罗奔尼撒时，曾是佩罗普斯（Pelops）国王的客人，当时莱俄斯心生邪念，掳走了佩罗普斯的小儿子。于是，赫拉女神派斯芬克斯来报复莱俄斯的罪行。

斯芬克斯是一个畸形的混血生物，有着女人的头，狮子的身体和鸟的翅膀。它的行为和它的形态一样怪异，它向每个路过的人问一个谜语，被选中的人若是回答不出来便会被吃掉。它提出的谜题如下：什么东西只有一种声音，先是用四条腿走路，然后用两条腿走路，最后用三条腿走路？[2] 答案是人，人类正是在儿童时爬行，在成人时直立，在年老时使用拐棍的生物。路过的旅行者如果答错了，就会供斯芬克斯饱餐一顿。只有足够聪明的人能够解开这个谜语，以才智战胜斯芬克斯，而被战胜的斯芬克斯会从高高的岩石上摔落致死。这个聪明人就是俄狄浦斯，他的精明使他和其他英雄典范格格不入。比如，人们不会用精明形容阿喀琉斯、阿伽门农、俄瑞斯忒斯、海伦、厄勒克特拉（Electra）、赫拉克勒斯、赫库巴或伊阿宋，而常用精明来描述奥德修斯和美狄亚。

通过与斯芬克斯的对峙，俄狄浦斯解决了一个与人类身份相关的常见谜团。但他能解决与自己真实身份相关的问题吗？索福克勒斯的《俄狄浦斯王》将为我们解答。

---

① 阿喀琉斯画家（the Achilles Painter）是一位活跃在前470—前425的画家。——译者注

第 5 章
自我发现之旅 俄狄浦斯的追问

俄狄浦斯和斯芬克斯

（阿提卡红色图腾双耳瓶，阿喀琉斯画家，前 450—前 440）

希腊悲剧的典范之作：不可避免的局限感

为了不误读索福克勒斯的戏剧，我们必须完全按照他设计的顺序来跟随情节的展开。这样一来，我们就可以避免人物超越他们实际的认知能力，过早地把握事件的全部脉络。换句话说，我们让他们保留了一种认知上的欠缺，直到每个角色到达了各自剧情的高潮时刻，情节才赋予他们完整的认知“拼图”。

戏剧伊始，底比斯城正在遭受一场瘟疫。俄狄浦斯是个心怀子民的统治者，正为人民的苦难感到深深震痛。我们不应该被剧名中从希腊语音译而来的 tyrannus 一词所误导，虽然其字面上是“暴君”的意思，但是这个词也可以表示君主制的统治，没有负面的含义。[①] 面对当前的危机，俄狄浦斯派妻弟克瑞翁去特尔斐的阿波罗处寻求神谕指引。克瑞翁回来后报告了神谕的内容：瘟疫源自一种给城邦带来瘴气的罪行，该罪行严重违背了宗教原则，此事关乎俄狄浦斯上任先王莱俄斯之死，找到并惩罚罪人，瘟疫就会解除。因此，从某种程度上说，该剧涉及谋杀之谜，这在希腊神话中十分反常，因为通常情况下，凶手的身份应是毋庸置疑的。事实上，在许多情况下，那些杀人者，比如美狄亚、克吕泰涅斯特拉、赫拉克勒斯、忒修斯、俄瑞斯忒斯、奥德修斯等人都没有试图隐藏他们的所作所为。相反，他们甚至对谋杀津津乐道，但俄狄浦斯则不同。俄狄浦斯之所以不试图隐瞒，是因为他意识不到有什么可隐瞒的。

关于莱俄斯的死，俄狄浦斯认为自己一无所知，所以他向克瑞翁询问此事。克瑞翁认为，这起杀人事件明显是强盗团伙行事，也就是说，是一个以上的强盗犯下的罪行。至少目前唯一幸存的目击者，莱俄斯的一个随从，是如此解释事情经过的。俄狄浦斯誓要找到这群杀

① 索福克勒斯剧作 *Oedipus Tyrannus* 中的 Tyrannus 一词虽有暴君的含义，但也可以在客观中立的层面上表示君主统治的意义，因此该剧名被译作《俄狄浦斯王》。——译者注

人犯。在俄狄浦斯的调查过程中，舞台上出现了底比斯族长老的合唱团，他们将每一句话都听得真真切切，所以通缉罪犯的全过程将在众人的审视下完成。俄狄浦斯注定要东寻西觅，遍查无果，因为他认定自己与此事无关。他认为自己“对这血案既不知情对这神谕也不明白”。[3]① 然而，尽管他看似是个局外人，却誓要为莱俄斯报仇，“像为我自己的父亲报仇一样”。[4] 这句话对已知故事全貌的读者而言极尽讽刺，也彰显了索福克勒斯的精妙构思。②

俄狄浦斯时刻准备着寻求外部建议，他询问了合唱团的意见，合唱团建议他去向阿波罗的盲人预言家特伊西亚斯咨询。但俄狄浦斯早在之前就已经召见了他，为什么他还没出现呢？当特伊西亚斯步履蹒跚，最终在一个男孩的引导陪同下进场时，他拖延的原因也浮出水面，那是由于他极不愿意透露他所知道的事情原委，因为他的认知拼图早已完成。只是在俄狄浦斯威迫恫吓之下，特伊西亚斯才终于吐露真言：

> 我说你就是你正在追查的凶手……
> 我说，你以想不到的可耻和自己最亲近的
> 亲人生活在一起，却不知道这是不幸。[5]

对认知尚不完整的俄狄浦斯来说，这些无疑是毫无意义的谩骂。特伊西亚斯对俄狄浦斯的身世暗示也同样耐人寻味，迷影重重。

> 特伊西亚斯｜不是你召唤，我压根儿不会来。
> 俄狄浦斯｜我不知道你会说出这种蠢话，不然，
> 我决不会派人请你到我家里来。

① 埃斯库罗斯、索福克勒斯：《古希腊悲剧喜剧集》，张竹明、王焕生译，译林出版社，2011。专有名词有改动。——译者注

② 索福克勒斯式的剧作构思让“像为我自己的父亲报仇一样”这句豪言壮语有了反讽的内涵，因为后期剧作揭示，莱俄斯正是俄狄浦斯的生父。——译者注

特伊西亚斯｜照你看来，我是一个天生的蠢人，
但在你的生身父母看来，我有智慧。
俄狄浦斯｜生身父母？等一等，世间谁是我的生身父亲？
特伊西亚斯｜今天生你，今天也亡你。
俄狄浦斯｜又是谜语！你只会说暗示、出谜语。
特伊西亚斯｜你不是最善于解暗示猜谜语吗？
俄狄浦斯｜那是我的好运，你却拿它骂我。[6]

俄狄浦斯作为一个精明的政治家，他做出了一个完全合理的推断，之所以特伊西亚斯口出庸言，必是因为有人觊觎王位，所以唆使他来恶意诽谤。如此看来，这个觊觎者显然是王位的候选人，也即伊俄卡斯忒的哥哥克瑞翁。之后，俄狄浦斯和克瑞翁之间发生了激烈的争吵，伊俄卡斯忒从中调和，但收效甚微。当伊俄卡斯忒得知这场争吵是由预言家的话引起时，她为了让俄狄浦斯放心，用一个亲身案例嘲笑了预言的不可靠。这样一来，她无意间把剧情推向了一个更关键也更加扑朔迷离的方向。她忙回道，曾经也有一个来自特尔斐的阿波罗神的神谕殿传到莱俄斯那里，神谕预言他注定会死在自己和伊俄卡斯忒的儿子手里。然而莱俄斯并没有死在儿子手里，因为莱俄斯是在三条路交会的地方被一伙强盗杀死的。所以伊俄卡斯忒安慰俄狄浦斯，让他不要听信预言，因为就这个案例而言，预言是没有价值的。

在希腊人的象征符号中，三条路交会的地方有不祥的寓意，例如，十字路口与对魔法与巫术之神赫卡忒的崇拜有关。[7]但对俄狄浦斯来说，这样的地方同样是不祥的，只不过和赫卡忒崇拜无关。伊俄卡斯忒的话使他陷入混乱，因为这使他想起了一件发生在他来到底比斯之前的旧事，那时，他曾在三条路交会的地方杀死了一个人以及他的随行仆人，那人极其符合人们对莱俄斯的描述。这是一个古代的“路怒症”案例，在一条狭窄的道路上，两方都认为让路有损颜面，由此导致了冲突。俄狄浦斯害怕地想，自己可能就是杀死莱俄斯的凶手，那个自己正极力追捕的凶手。尽管如此，他仍有一丝希望，因为

报案的人说凶手是群体作案，并非一人行凶。如果证人坚持自己的说辞，俄狄浦斯就可以释然，因为他是独自旅行的。因此必须找到这个唯一的目击者，他是调查的关键。

俄狄浦斯和伊俄卡斯忒之间的对话对戏剧的推进至关重要，这些对话揭示了更多的信息。在描述三条路交会处的那场对峙之前，俄狄浦斯解释了他最初为何会来到那里。事情的起因依然是从特尔斐传来的神谕，预言中，他将与母亲同床共枕并杀死父亲，俄狄浦斯知道后，惊慌地逃离了故土。他一直认为，自己在科林斯长大，父亲和母亲分别是波吕玻斯（Polybos）和墨洛珀（Merope），也就是科林斯之城的国王和王后。为了避免这违背禁忌的可怕预言，他必须背井离乡，离科林斯越远越好。只要俄狄浦斯对自己的身世背景深信不疑，他就会一直缺失认知拼图的一个重要部分。[8]

随着戏剧推进，这些认知碎片将很快被组装起来。第一个碎片是由科林斯的信使提供的，他宣读了俄狄浦斯的“父亲”波吕玻斯的死讯，而俄狄浦斯将继承他的王位。这个消息让俄狄浦斯悲痛不已，但也带来了解脱，因为驱使他离开科林斯的恐惧消解了，预言中，他将杀死父亲并与他的母亲苟且，波吕玻斯的自然死亡让预言至少在弑父层面上成了无稽之谈。然而，预言中涉及母亲的部分仍然让他惴惴不安，所以俄狄浦斯依然得远离科林斯。这时，信使为了安抚俄狄浦斯的焦虑，自作主张地介入其中：

科林斯的使者｜你知道吗，你完全没有必要害怕。
俄狄浦斯｜怎么会呢，既然我是他们生的孩子？
科林斯使者｜因为波吕玻斯和你没有任何血缘关系。[9]

科林斯信使是个牧羊人，他透露说，很久以前，刚出世的俄狄浦斯是由另一个牧羊人交给他的，那个牧羊人来自底比斯城，当时两人在喀泰戎山（Cithaeron）上共同放牧。俄狄浦斯是个弃婴，脚踝被刺穿并钉在一起。对俄狄浦斯来说，要想知道自己的最终身世，只有一条路可走，那就是找到那来自底比斯城的牧羊人。此时，合唱团介入了：

> 我认为他所说的不是别人，
> 正是你刚才要找的那个乡下人，
> 这事呢，伊俄卡斯忒最能告诉你。[10]

发现真相的俄狄浦斯［红色花萼图案双耳喷口杯，
卡波达索（Capodarso）画家绘，西西里岛，前 330—前 320］

这段简单的话补全了伊俄卡斯忒的认知拼图。她急忙离开现场，拼命地恳求俄狄浦斯停止调查。但他拒绝了，因为他的拼图仍然缺失最重要的一块。阻止调查为时已晚，正如合唱团所说，这个底比斯城的牧羊人正是已经被传唤的仆人，那个唯一幸存的莱俄斯谋杀案的目击者。俄狄浦斯的两个问题，即“谁杀了莱俄斯？”以及“我的身世究竟是怎样的？”即将水落石出。

当这位底比斯城牧民，同时也是案件目击者的人来到舞台上，他与他的科林斯牧民朋友相认了。之后的四句话足以让这个不幸的底比斯人完成他的认知拼图：

科林斯的使者｜喂，告诉我，你还记得吗，那些日子里，
你给过我一个婴儿，要我当自己的儿子
抚养？
底比斯城牧羊人｜怎么回事，干吗问这个？
科林斯信使｜朋友啊，这就是他，那时候是个婴儿。[11]

俄狄浦斯的问话变得更加迫切，但毫不奇怪，这位底比斯牧羊人心有戚戚，变得比特伊西亚斯更加缄口不言，不愿相告。直到受到酷刑和死亡的威胁时，他才透露，这个弃儿来自王室，据说正是莱俄斯的孩子。“不过只有里面的她，”可怜的牧羊人补充道，“你的夫人才能最清楚地告诉你是怎么回事。”[12]这也是终极拼图的最后一块。俄狄浦斯冲到舞台前，他的语言和剧中的人物关系一样扭曲，他的最后一段话声嘶力竭地总结了他得知自己命运后的悲痛欲绝：

哎呀，哎呀！一切都应验了。
天光啊，现在让我看你最后一眼！
我被发现，生于不该生的父母，
娶了不该娶的人，杀了不该杀的人。[13]

此时，合唱团唱出了更具普遍性的推论：

> 啊呀！凡人的子孙呀！
> 你们的生命，我看什么也算不上。
> 有谁，有谁的幸福，
> 不只是一个影子，
> 眼前一晃，
> 消失了？
> 啊，不幸的俄狄浦斯呀！
> 你的命运，你的命运告诫我，
> 不要称任何凡人为幸福的。[14]

戏剧结局充溢着悲叹与哀惘。此时，第二个信使出现了，他带来了王宫中的消息。伊俄卡斯忒羞愧难当，在她与丈夫和儿子共寝的卧室里上吊自杀了。俄狄浦斯知道后奔向了她的尸体，他从她的袍子上摘下两只她佩在身上的金别针，举手朝自己的眼球刺去。[15] 大受震惊的合唱团如此评说道："眼睛瞎了，活着比死还要苦呀。"然而，鉴于希腊人对死者灵魂进入冥界的信仰，俄狄浦斯自杀后将与莱俄斯及伊俄卡斯忒在冥界对峙，他对此无法忍受，便宁愿什么都看不见更好。[16] 该剧的最后一幕是由当下掌管城邦的克瑞翁主导的。俄狄浦斯请求被放逐到抚育了他的喀泰戎山上，对此，克瑞翁回答道，这是否可行取决于阿波罗的建议。让俄狄浦斯短暂地拥抱他的女儿，或者说他的妹妹们，是克瑞翁给俄狄浦斯最后的礼物，直到克瑞翁再次命令，俄狄浦斯才放开了她们，可见他已经把生杀大权全部交给了别人。合唱团从自己和观众的视角出发，得出了一个推论，他们认为俄狄浦斯的故事并不是一场讲述人生命运坎坷不定的道德教育，而是在诉说着一种更具普遍性和代表性的东西："在一个凡人尚未跨过生命最后的界限，摆脱痛苦之前，我们还是别忙着说他是幸福的。"[17]

不同版本：俄狄浦斯的人生谜团

亚里士多德在他的《诗学》(*Poetics*)一书中指出，最好的“发现”(anagnorisis)是伴随着“反转”(peripeteia)的[18]。亚里士多德补充说，索福克勒斯的《俄狄浦斯王》中的“反转”最为典型。这一评论值得深思，因为索福克勒斯非常重视俄狄浦斯从盲目无知到认知自我的转变，这种转变还包括了其身份地位的变化，从表面上的科林斯外来者到实际上土生土长的底比斯人。但是，就其作为希腊悲剧的典范地位而言，《俄狄浦斯王》远不是这个神话的唯一古典版本。这并不奇怪，因为剧情的错综复杂和结局的惊心动魄让俄狄浦斯神话非常适合舞台呈现。也有非戏剧性的改编，这些改编各不相同，符合神话一如既往的多变特质。一些神话讲述者说，神谕揭示莱俄斯的孩子注定要犯下可怕的罪行之后，小俄狄浦斯被装进一个小箱子，扔进了海里，当他漂到科林斯附近的西库翁(Sicyon)时，才被波吕玻斯和他的妻子，这里被称为佩里波亚(Periboea)，救了上来。[19]在神话讲述中，大海的作用往往与山相似，因为两者都被想象成陌生和荒蛮的地方，在这些地方，故事可能会发生惊人的反转。在另一个版本中，俄狄浦斯是被莱俄斯的仆人戳瞎了双眼，而不是他自己弄瞎的。[20]还有一个版本认为，真相大白之后，伊俄卡斯忒仍活着，在俄狄浦斯的两个儿子在单挑中自相残杀之后，她才自杀。[21]有的讲述者为了减轻乱伦带来的惊愕，甚至说俄狄浦斯的孩子根本不是伊俄卡斯忒所生的，而是由一个名为尤里根尼娅(Euryganeia)的女人所生的。[22]

罗马悲剧家塞涅卡创作了《俄狄浦斯》，该剧表面上与索福克勒斯的版本比较接近，但在细节和情绪上迥然不同。在塞涅卡压抑而阴郁的构想中，主人公从一开始就预感自己在劫难逃：

> 这种担心不可言说，我的父亲将被我亲手杀死。特尔斐神谕警告着我，并为我预言了一项更深重的罪行……太阳神的预言，让我每每目及父亲的卧室和那张即将被邪恶的激情

玷污的床榻，就感到威胁逼近……我害怕一切，也不相信我自己。[23]

与索福克勒斯版本的另一个不同之处在于塞涅卡召唤了莱俄斯令人毛骨悚然的阴魂，他满身血污，污秽不堪，胡言乱语，对俄狄浦斯弑父和乱伦的行为大肆宣扬。和在索福克勒斯作品中一样，俄狄浦斯也怀疑那些污言是克瑞翁在暗中作祟。对此，塞涅卡也安排了戏剧冲突，俄狄浦斯把这位妹夫扔进了岩石筑的地牢里，理由是统治者为维护王权理应对被统治者施威，即使被憎恨也无妨。[24] 这样的俄狄浦斯在罗马历史学家塔西佗（Tacitus）所描述的错综复杂的朱利安－克劳迪亚王朝（Julio-Claudian）是家常便饭。①

对于两个牧羊人之间的对话，塞涅卡遵循了索福克勒斯已有的版本。而因为塞涅卡当时为之创作的剧院是大木偶剧院（Grank Guignol）②，所以婴儿俄狄浦斯的腿不仅被铁棍刺穿，而且根据底比斯牧民的回忆，那伤口肿胀无比，出现了可怕的溃烂感染。[25] 和索福克勒斯一样，塞涅卡的俄狄浦斯也剥夺了自己的视力，但塞涅卡的伊俄卡斯忒却走向了不同的方向，她没有上吊自杀，而是用剑自戕，刺穿了子宫。这其中的象征意义是显而易见的：子宫作为她身体的一部分，曾迎接了作为她丈夫的儿子，并诞下了由乱伦的交合所生的孩子。由此我们能想到更多与朱利安－克劳迪亚王朝历史的关联。关于罗马皇帝尼禄的母亲阿格里皮娜被谋杀的历史事件，塔西佗的描述十分精彩。阿格里皮娜对即将刺杀她的士兵喊道："冲我的子宫来吧！"有关尼禄与其母亲乱伦关系的传言不断，联系子宫背后的象征意义，这里可能昭示着伊俄卡斯忒与和阿格里皮娜之间的隐喻关联，塔西佗是否呼应了塞涅卡的剧作，这一点尚无定论。[26] 如果阿格里皮娜之死

---

① 后文给出了更详细的解释，塞涅卡笔下的俄狄浦斯与伊俄卡斯忒可能和塔西佗历史记述中的罗马皇帝尼禄（Nero）及其母亲阿格里皮娜（Agrippina）有着隐喻关联。——译者注

② 大木偶剧院以恐怖剧闻名，所以惊悚程度更甚。——译者注

的历史记述确实脱胎自塞涅卡这部先作，那将是神话故事映照历史现实的一个典型例子。[①]

塞涅卡的悲剧可以看作是《俄狄浦斯王》的一种续集。想要探知另一种故事结局，我们需要再次着眼于索福克勒斯的剧作。他晚年写的悲剧《俄狄浦斯在科洛诺斯》(*Oedipus at Colonus*)将俄狄浦斯的故事继续推进，推向更加扑朔迷离的结局，并再次探讨这位英雄的人生谜团。俄狄浦斯作为一个失明的流亡者，处处碰壁，漂泊流离，只靠他的爱女安提戈涅提供接济。最后，他来到了雅典境内的科洛诺斯复仇女神丛林，这个城市由仁德而强硬的统治者忒修斯掌管。在得知自己身处何地之后，俄狄浦斯意识到了神明为他安排的命运，因为根据另一个阿波罗神谕预言，科洛诺斯将是他悲惨人生的终点。神谕还说，俄狄浦斯将为那些曾庇护他并为他提供安息之地的人带来好运。雅典城一直以一切走投无路之人的避难所自居，所以即使在得知俄狄浦斯身份背后的可怕真相之后，忒修斯还是迎接了这个古怪的流浪者。俄狄浦斯对那些曾经把他赶出去的底比斯人怀有强烈的怨念，其中包括克瑞翁和俄狄浦斯自己的儿子波吕涅刻斯及厄忒俄克勒斯，这些人如今只想享受他的死亡所能带来的好处。[②] 俄狄浦斯最后在与世长辞之时，并没有肃杀的气氛，而是十分平静。这样的结局敲响了一个神秘的音符，正如一位大惊失色的信使所报告的那样，俄狄浦斯离世之谜唯有一人能略知一二：

> 至于这客人是怎样死的，除了忒修斯，没有人知道。并不是神的带闪电的霹雳，也不是海上吹来的飓风把他的生命结束的：若不是众神派来的护送者把他接走的，便是死者的

① 此处凸显了俄狄浦斯神话对人类真实处境的揭示，因为神话故事在现实中确实发生了。——译者注

② 神谕认为，俄狄浦斯将为他的安息之地带来世世代代的福祉和庇佑，所以克瑞翁等人赶来雅典城想接回俄狄浦斯，只为了获得俄狄浦斯之死所能带来的福祉和庇佑。——译者注

> 世界，大地的基础，慈祥地裂开来使他无痛而终的：他这一去，没有什么可以悲伤的，他没有病痛，死得比别人神奇。如果有人认为我说的是蠢话，我并不强求那些说我愚蠢的人的信任。[27]①

有关俄狄浦斯去世的迷雾蔓延到了他的墓地，甚至连他的女儿们都不被允许探看。安提戈涅在科洛诺斯与她的妹妹伊斯墨涅（Ismene）会合，安提戈涅的第一个愿望“我们想亲眼看看我们父亲的坟墓”被拒绝之后，忒修斯答应了她的第二个愿望，她说：“请把我们送回那古老的底比斯，也许我们还能阻止那威胁着我们的哥哥们的屠杀[28]。”兄弟相残的细节暗示了另一部伟大的悲剧《安提戈涅》中的故事。②

在离开希腊罗马时期的俄狄甫斯神话之前，还有一些观点值得探讨。一个是关于俄狄浦斯的名字，根据最常见且合理的解释，它的意思是“肿胀的脚”，暗指他在婴儿时期因脚踝被刺穿钉在一起而导致的畸形。[29]正如荷兰杰出的神话和宗教学者扬·布雷默（Jan Bremmer）所指出的，这种残缺在古典神话中是次要的。[30]它只是加剧了被遗弃在外的婴儿的惨状，毕竟婴儿无论如何都不可能站立行走。因此，那些把俄狄浦斯的跛足置于核心位置进行解读的现代学者，其实是在关注一个古典时期的边缘内容。

另一个常见观点与“命运”有关。正如劳伦斯·奥利弗（Laurence

---

① 索福克勒斯：《索福克勒斯悲剧五种》，罗念生译，上海人民出版社，2016年。——译者注

② 悲剧《安提戈涅》讲述了俄狄浦斯死去之后，两兄弟厄忒俄克勒斯与波吕涅刻斯协定交替执政，然而到了厄忒俄克勒斯按照规定该让位之时，他破坏了规定，波吕涅刻斯携外邦盟友意图夺回王权，两兄弟在战场上同归于尽。克瑞翁认为厄忒俄克勒斯在战争中属于正义的一方，应该予以厚葬，而波吕涅刻斯携外邦盟友入侵底比斯是非正义的，便下令将波吕涅刻斯曝尸荒野。坚持将兄长波吕涅刻斯下葬的安提戈涅被处死，克瑞翁也因安提戈涅的死走向了妻离子散的悲惨结局。——译者注

Olivier）在概括《哈姆雷特》的情节时，认为这是“一个无法下定决心的人的悲剧”的故事，这个观点传播甚广，但也具有误导性。① 人们也经常认为《俄狄浦斯王》表现了不可抗拒的命运，既然命运避无可避，那么人类注定缺失自由意志。然而，值得强调的是，尽管特尔斐神谕的内容在俄狄浦斯的故事中很重要，该剧至少有两个关键情节是完全独立于预言的。一个是俄狄浦斯决定不惜一切代价追求真相的决心，另一个是当他得知真相后，自毁双目的决定。索福克勒斯并未将这两个决定表现为俄狄浦斯无法控制的行为，它们是一种个性主导下的有意识的个人选择。他的行动由自由意志主导，并非别无选择，只是心意已决，无可转圜。

后世影响：培根、弗洛伊德与伍迪·艾伦的承袭

自古以来，无数的作家和艺术家都不断地回顾俄狄浦斯神话中的各个主题。[31] 关于这个神话人物，有两种神话形象占主导地位，二者截然不同但又不可分割。一种形象中，俄狄浦斯的巧思善谋给他带来了胜利和成功；另一种形象中，他遭受了急转直下、支离破碎的人生境遇。这种境遇也许是因为过犹不及的求知欲，也许是因为“命运”的作弄，也可能是由这些因素共同作用引起的。排列是无穷无尽的，我们将从漫漫历史长河中挑选出几个引人注目的解读。

对俄狄浦斯神话最不寻常的一种解读来自哲学家、科学家和博学家弗朗西斯·培根。在《论古人的智慧》一书中的第 28 篇“斯芬克斯，或科学”（Sphinx，or Science）中，培根重点关注了俄狄浦斯的光辉成就。在培根看来，斯芬克斯的寓意即是科学，“无知的笨蛋对科学感到不可思议，顺理成章地把它称之为怪物”。[32] 培根认为，斯芬克斯正是科学本身，它向人们提出了各种困难的问题，而试图回

① 将《哈姆雷特》的悲剧内核归结为哈姆雷特无法下定决心太过表面了。——译者注

答这些问题会带来各种完全不同的后果：未能解决这些问题的人将被怪物的利齿“撕裂”或者走向精神崩溃，而成功解谜的人则荣耀披身，像俄狄浦斯一样青云直上。[①] 根据培根的说法，斯芬克斯提出了两种谜语，一种关于事物的本质，一种关于人的本质，它向俄狄浦斯提出的谜语属于后者。正确的解答为他带来了权力，培根认为“凡能够彻底洞悉人性的人几乎可以随便改变自己的命运，他们天生要统治帝国”。对于任何想从事科学研究的人来说，“撕裂”的前景是相当令人不安的，但培根更进一步，从俄狄浦斯神话中提取出一个更抚慰人心的寓意：“还有一点不容忽视，征服斯芬克斯的是个跛子；在通常情况下，人们会操之过急，想马上解决斯芬克斯的问题。”换句话说，科学若要取得进展，注定需要仔细和艰苦的研究，因此便不至于走向“撕裂”。

培根极富深意的寓言式解读与珀西·比希·雪莱（Percy Bysshe Shelley）的粗俗模仿剧《暴虐的俄狄浦斯王》（*Oedipus Tyrannus*; *or, Swellfoot the Tyrant*，1820）形成了非常鲜明的对比。与索福克勒斯相比，雪莱的模仿剧更像是对放荡不羁的乔治四世及其功能失调的政权的讽刺，故事背景是一场针对与乔治四世分居的妻子卡罗琳的通奸罪的审判。[33] 该剧与索福克勒斯的版本大相径庭，只有开篇与之遥相呼应，底比斯的跛足暴君主导了这个场景：在饥荒庙中，一群饥饿哀鸣的家猪被这位专制统治者肆意虐害，统治者则神情空虚而慈爱地端详着自己肥胖的身体：

> 王者的大肚子啊，
> 像船帆一样在微风的吹拂下膨胀，
> 这些最神圣的皮肤褶皱里堆积着一层层的脂肪，
> 这些粗野愚钝的面庞，像埃及的金字塔……
> 支撑着我那无忧无虑的大脑的锥点。
> 不过是一个毫无意义的标志！[34]

① 此处指迎娶新寡的底比斯王后伊俄卡斯忒，成为底比斯国王。——译者注

第 5 章
自我发现之旅　俄狄浦斯的追问

俄狄浦斯挖出了他的眼睛，伊俄卡斯忒自杀，厄忒俄克勒斯和波吕涅刻斯自相残杀

［薄伽丘《名媛》（*De claris Mulievibus*）中的微型画，

塔尔博特（Talbot）大师，约 1440］

当被暴君疏离已久的王后艾欧娜·陶里纳（Iona Taurina）把宫中王妃和朝臣们变成各种肮脏丑陋的动物时，跛足的暴君无疑得到了报应。在古典神话的历史流变中，这可能是第一次也是最后一次，伊俄卡斯忒和巫术之神喀耳刻被合二为一。这场闹剧的结局是，身着猎装的艾欧娜带领着被压迫已久的家猪，并以弥诺陶洛斯为坚实的坐骑，疯狂地追赶着那些变形为动物的朝臣们，剧中弥诺陶洛斯又名约翰·布尔（John Bull）。

对俄狄浦斯故事的改编简直数以百计，通常没有培根的版本那么特立独行，也不像雪莱的版本那样群魔乱舞，其他改编大多深受索福克勒斯家喻户晓的《俄狄浦斯王》的影响，也有少数受《俄狄浦斯在科洛诺斯》或者塞涅卡的《俄狄浦斯》启发，抑或受到两者的共同影响。众多举足轻重的作家相继对俄狄浦斯神话进行了反思。在法国，皮埃尔·科尔内耶（Pierre Corneille）、伏尔泰和安德烈·纪德（André Gide）分别于 1659 年、1718 年和 1931 年为剧场写了一部名为《俄狄浦斯》（*Oedipe*）的剧。让·谷克多（Jean Cocteau）的戏剧《地狱里的机器》（*La Machine infernale*，1934 年预演）和阿兰·罗布－格里耶（Alain Robbe-Grillet）的小说《橡皮》（*Les Commes*，1953）是对俄狄浦斯神话故事富有对比性的思考和探索。在英国文学中，从约翰·德莱顿（John Dryden）的《俄狄浦斯：一部悲剧》（*Oedipus: A Tragedy*，1679）、艾略特（T. S. Eliot）的《老政治家》（*The Elder Statesman*，1959）到奥拉·罗蒂米（Ola Rotimi）的《众神无责》（*The Gods Are Not To Blame*，1968），都是作家们对俄狄浦斯神话进行的相关戏剧探索。剧作家胡戈·冯·霍夫曼斯塔尔（Hugo von Hofmannsthal）的作品《俄狄浦斯与斯芬克斯》（*Oedipus and the Sphinx*，1906）甚至将故事置于约鲁巴（Yoruba）语境中进行改编。德国作家弗里德里希·迪伦马特（Friedrich Dürrenmatt）兼具喜剧色彩和深刻性的《皮提亚之死》（*The Dying of the Pythia*，1976）、阿拉伯作家陶菲克·哈奇姆（Tawfiq al-Hakim）的《俄狄浦斯王》（*King Oedipus*，1949）

等改编都赋予了这个故事更多权威。1585 年，索福克勒斯的《俄狄浦斯王》以音乐剧的形式演出，由安德烈·加布里埃利（Andrea Gabrieli）为合唱作曲，在维琴察（Vicenza）为帕拉迪奥（Palladio）设计的惊人的奥林匹克剧院揭幕。自那时起，以歌剧、清唱剧、芭蕾舞剧和其他音乐形式对该神话进行的改编层出不穷。不过，很少有改编能与伊戈尔·斯特拉文斯基（Igor Stravinsky）的宏大的清唱剧《俄狄浦斯王》（*Oedipus Rex*，1927）相提并论。在该剧中，清冽动人的歌词以拉丁语娓娓道来，中间穿插着一个用当地观众的方言讲述的故事。剧中揭示俄狄浦斯身世的时刻无比令人震惊：

牧羊人和使者｜那个被他的母亲遗弃的婴儿，
我们在山中发现他，
他是莱俄斯和伊俄卡斯忒的儿子！
他是杀死莱俄斯，他亲生父亲的凶手！
莱俄斯和伊俄卡斯忒的儿子啊！
竟成了他的母亲伊俄卡斯忒的丈夫！
你本该闭口不言。
这个秘密本该永沉大海，深埋心底。
他就是那个被伊俄卡斯忒遗弃在山上的
孩子。

俄狄浦斯｜我的降生邪恶至极，我的婚姻邪恶至极，我的罪行邪恶至极。
现在一切都昭然于世。[35]

与众多的戏剧和音乐剧相比，俄狄浦斯神话的视觉呈现要少得多。在现代和古典艺术中，其视觉呈现主要的焦点聚集在他与斯芬克斯的对峙上。让-奥古斯特-多米尼克·安格尔（Jean-Auguste-Dominique Ingres）和古斯塔夫·莫罗（Gustave Moreau）的标志性画作都描绘了这一场景，画面中，俄狄浦斯试图抗衡甚至穿透斯芬克斯的防线。这两幅画也都探索了新的情感领域，表现了强烈的情欲。

安格尔描绘了近乎赤裸的俄狄浦斯，他的额头正对着斯芬克斯的乳房。莫罗的画面则更为奇特，他描绘了英俊的青年和女性混血儿间大胆的目光交流，突出呈现了斯芬克斯对俄狄浦斯的肢体依附，画面显然指向一种情欲的勾连。但这种对峙也可以用不同的方式来表现。法国漫画家奥诺雷·杜米埃对这一主题进行了独特的讽刺，而出生在希腊的意大利艺术家乔治·德·基里科（Giorgio de Chirico）则对这一场景进行了适当的神秘化，他笔下的俄狄浦斯如罗丹（Rodin）的《思想者》（*Thinker*）一般摆出了沉思的姿势（1968）。比起以斯芬克斯为主题的图像，那些借鉴了剧作的图像要罕见得多，比如以《俄狄浦斯王》或《俄狄浦斯在科洛诺斯》的舞台场景入画的。雷诺阿的画作根据法国改编版的索福克勒斯悲剧的舞台表演而创作，描绘了自毁双目的俄狄浦斯从宫殿中走出来的情景。然而，就绘画技巧而言，这幅画并不是这位艺术家最令人难忘的作品之一。神话中俄狄浦斯自毁双目的这一刻亟须舞台的呈现，所以这幅画，即使是雷诺阿所画，某种程度上还是缺乏一种必要的冲击力。

到目前为止，西格蒙德·弗洛伊德的观点依然是我们最棘手且庞杂的探讨对象，他于1899年在《梦的解析》（*Traumdeutung*）中首次提出了一个震惊世界的理论，根据这个理论，俄狄浦斯与他父母的关系构成了理解人类心理的关键。“心理”是一个源自希腊的单词，意思是“灵魂”。艾伦·约翰逊（Allen Johnson）和道格拉斯·普利－威廉姆斯（Douglass Price-Williams）研究了俄狄浦斯心理现象在现实中的普遍性，做出了如下归纳：

> 弗洛伊德认为俄狄浦斯情结是精神分析理论的核心……基于对自己梦境的分析，以及对索福克勒斯的《俄狄浦斯王》和莎士比亚的《哈姆雷特》的研究，弗洛伊德得出结论：每个男孩都会经历一个阶段，他希望杀死自己的父亲，从而和母亲结婚。

《俄狄浦斯与斯芬克斯》（*Oedipus and the Sphinx*，
让－奥古斯特－多米尼克·安格尔，1808）

《俄狄浦斯与斯芬克斯》(古斯塔夫·莫罗，1864)

《俄狄浦斯与斯芬克斯》（*Oedipus with the Sphinx*，奥诺雷·杜米埃，1842）

《俄狄浦斯王》［*Oedipus Rex*，皮埃尔-奥古斯特·雷诺阿（Pierre-Auguste Renoir），1895］

> 弗洛伊德认为，在学习控制和否决这些不可接受的愿望的过程中，成长中的男孩习得了道德和纪律，这使他能够走向成熟并在被社会认可的事业与情感中寻找满足感。然而，儿时的愿望并没有被扼杀，而是被压抑了，它们继续存在于无意识中。恋母情结的故事是俄狄浦斯情结残余的证据。尽管它可能已被深埋于心，但仍继续影响着人类的活动，贯穿人们的一生。[36]

弗洛伊德咨询室的墙上挂着安格尔的《俄狄浦斯与斯芬克斯》画作的复制品，这不是没有原因的。在精神分析运动中，弗洛伊德本人被赋予终极谜语解决者的角色，国际精神分析出版社的图标就是俄狄浦斯与斯芬克斯的对峙。[37] 但更根本的问题不是弗洛伊德本人是否可以被看作是俄狄浦斯的另一化身，而是，是否每个人的内在都存在俄狄浦斯的特质。该理论确实声称其具有普遍性，它认为每个男孩都有杀父娶母的无意识愿望："我们会对俄狄浦斯的命运给予呼应声，是因为我们在他身上找到了自己命运的影子，他的命运代表着每个人的命运。"[38]① 这个理论还可以从人类学和心理学的层面进行解析，在原始社会从自然发展到文明的一个关键时刻，一群兄弟杀死了他们的父亲并带走了他的女人，他们为这样做感到内疚，从此禁止乱伦和弑亲成了共识。由此可见，人类学的研究结果和弗洛伊德的想法一致，虽然弗洛伊德完全是基于推测。② 在进化的意义上，人类家庭的出现是进化适应的结果，但也伴随着代价：人们对父亲的敌对冲动和来自母亲的吸引力并没有消失，而是被压制了。这些被压制的想法有时会在神话中，或是在梦中得到表达。

只是认为弗洛伊德的理论具有争议性，那未免太过轻描淡写。在精神分析领域内外，几乎俄狄浦斯情结的每一个方面都引发了巨大的

---

① 引自西格蒙德·弗洛伊德：《性学三论与爱情心理学》，李伟霞译，2013，武汉出版社。——译者注

② 弗洛伊德完全基于推测的理论在人类学研究结果中得到了事实支撑。——译者注

分歧，尤其在它宣称的先天性和普遍性方面。后弗洛伊德时代的主要思想家们对这种心理的看法也有分歧。有的观点经过雅克·拉康（Jacques Lacan）的确认和无数次的完善后获得广泛的赞同，有的则受到吉尔斯·德勒兹（Gilles Deleuze）和费利克斯·瓜塔里（Félix Guattari）的激烈反对，他们合著的书《反俄狄浦斯》（*L'Anti-Oedipe*），仅书名便说明了一切。米歇尔·福柯（Michel Foucault）也持反对态度，他认为俄狄浦斯情结是一种压迫性的医疗控制工具。[39]女性主义者指责弗洛伊德的男权主义，因为弗洛伊德认为解谜是一种男性特有的活动，并以男性的身体、男性的驱动力和男性的冲动作为常规参考标准。[40]一位以女性主义为导向的批评家得出了一个尖锐的结论："很难不把俄狄浦斯情结看作是一个重大的、破坏性的谬误。"[41]许多强调家庭中非传统性别角色的积极贡献的人，比如由同性父母双方抚养孩子的家庭，对俄狄浦斯情结的概念是否能运用于现实持怀疑态度。由于本书的作者不是精神分析学家、心理学家或神经学家，要他对这种基本且仍有争议的问题进行裁决是荒谬的。更明智的做法是强调弗洛伊德理论的积极意义，比如它激发了更多关于俄狄浦斯神话的思考，以及更广泛且更丰富的以神话为基础的艺术想象。毕竟，根据弗洛伊德理论进行构思的艺术作品都有其可圈可点之处，无论该理论在学术研究层面被如何评价。

在艺术想象范畴，这类作品有一个典型例子，那就是马克斯·恩斯特（Max Ernst）的超现实风格布面油画《俄狄浦斯王》（1922），作者绘就了整个欧洲艺术史上最令人不安的景象之一。[42]画面中，拇指和食指被金属钉刺穿，不见血迹却隐含痛楚，这种恐怖的景象与笼罩着画面的一种超自然的、冷静的安宁感形成了鲜明对比。除此之外，还有一个具有穿透感的图像，是一个半开的、被箭射穿的核桃。为什么是核桃呢？批评家认为因为核桃与大脑在整体形状上有相似性，也可以理解为在表现箭作为传统的阴茎象征物穿透了阴部（裂缝），因为二者暗含生理相似性，尽管画面呈现的穿透可能是偏离的或无效的。同样，这幅画也有可能是暗指哈姆雷特的台词，他说："如果不是因为我的噩梦作祟，上帝啊，我宁愿被束缚在一个坚果壳里，成为无限空间的国王。"毕竟众所周知，哈姆雷特本人正是俄狄浦斯情结的常见分析样本。[43] 束缚的意象充斥着这幅画，一只手抓着坚果，一只雌鸟被围困，一只雄鸟被拴住。但画面也暗示了逃跑的可能性，因为背景中有一个迷你气球。整个画面是一个恰如其分的谜语，没有任何确定的解读。恩斯特在油画中创造了一个"设计师的梦"，其理想的观众是弗洛伊德式的解释者兼俄狄浦斯式的解谜者。

尽管在绘画领域有像马克斯·恩斯特所绘的这样优秀的作品，俄狄浦斯神话强烈的情节敏感特质还是让它在剧院和电影中更加大放异彩，而不是在视觉艺术中。偶尔，故事的基调是喜剧性的，如伍迪·艾伦（Woody Allen）的短片《俄狄浦斯的烦恼》①。故事中有一位艾伦本人饰演的名叫谢尔顿的纽约律师，他经常因压迫感十足的母亲而尴尬无比。在一场魔术表演中，母亲被叫到舞台上之后消失了。正当她带给儿子的心理折磨有所舒缓，母亲的巨大形象竟出现在城市的上空。由此可见，她继续让儿子感到尴尬，因为整个城市都是她的观众。对于这件怪事，谢尔顿咨询了一位名叫特雷瓦的灵媒，他爱上了特雷瓦，危机也得到了缓解。当特雷瓦见到他的母亲时，母亲同意了儿子的选择，并回到了地面上。即使影片与索福克勒斯戏剧唯一的联系只是影片的标题，但一提到俄狄浦斯，就难免引发精神分析层面的思考，这恰恰证实了弗洛伊德对俄狄浦斯神话的当代接受有着全面而深刻的影响。

艾伦的喜剧处理，还有雪莱和杜米埃的荒诞呈现只是少数，俄狄浦斯神话的普遍基调依然是凝重的严肃性。丽塔·达夫（Rita Dove）气势磅礴的诗剧《农庄苍茫夜》（*The Darker Face of the Earth*，1994）将神话故事移植到美国南北战争前。在美国南部，阿麦利亚是一个种

① 该短片的英文名 Oedipus Wrecks 与索福克勒斯的剧作 Oedipus Rex 同音不同义，意在表达一种幽默调侃的效果。——译者注

植园主家的白人主妇，她找了黑人奴隶赫克托尔作情人，并在一定时候生下一个孩子，她和丈夫把孩子放进一个针线筐里，然后秘密地送去当奴隶。丈夫把一对马刺放进筐里，相当于索福克勒斯版本中的金属针，希望孩子因此殒命。成年后，这个名为奥古斯塔斯·纽卡斯特（Augustus Newcastle）的孩子被阿麦利亚买下。阿麦利亚对奥古斯塔斯的身世和真实身份一无所知，并在之后与之暗通款曲。在一次反对奴隶主的起义中，奥古斯塔斯作为起义的支持者，在一次暴力冲突中杀死了赫克托尔，他成为英雄。当奥古斯塔斯因马刺留下的旧伤而与阿麦利亚相认时，阿麦利亚坦白自己是他的母亲，而赫克托尔是他的父亲。

当阿麦利亚因羞愧而刺伤自己时，奥古斯塔斯正淹没在奴隶伙伴们高呼自由的赞誉声中。人们对他的个人悲剧一无所知。奴隶制制度框架在剧作中占有完全的支配性，这也是达夫强有力的创新构思，但许多情节细节以及整体氛围无疑仍致敬了古希腊原作。特别值得注意的是一个名为斯库拉的巫毒先知的出现，他不祥的、恍惚的预言和特伊西亚斯的预言一样，有着情节架构和预示的功能。

电影《大都会传奇》中《俄狄浦斯的烦恼》剧照（伍迪·艾伦，1989 年）

史蒂文·贝科夫（Steven Berkoff）直言不讳的戏剧《希腊》（*Greek*，1980）虽然在情境上与索福克勒斯的悲剧完全不同，但在构思上与其有十分明显的共同点。该剧以伦敦东区的工人阶级为背景。在一次要选出拥有最丰富的脏话集锦的文学作品评比中，《希腊》冠绝群英，难逢对手。贝科夫向来直言不讳，不喜低调。剧中，脏话连篇的反派角色名为艾迪，据说有一天，他的父母带他去参加一个狂欢节，在那里，有一个吉普赛算命人预言说："这个儿子的父亲会死得很惨，还有比死亡更可怕的事情，那就是他将和他妈妈同床共枕"。[44]剧作呼应了俄狄浦斯神话，只不过让艾迪远走他乡的灾难不是瘟疫，而是贫困。之后的一天，艾迪与一家餐馆的经理争吵，并通过口头侮辱将他辱骂致死，还与经理的妻子结了婚。这段爱情使艾迪过上了风生水起的日子。对他来说，瘟疫一般的贫困即将结束，但为了确保后顾无忧，他必须解开斯芬克斯的谜语。这一幕中，令人震惊的是，一位希腊神话中的人物堂而皇之地出场。艾迪成功解答了谜语，解谜的过程与萦绕全剧的性爱意象相得益彰。

斯芬克斯｜那么，请回答，什么东西早上用四条腿走路，下午用两条腿，晚上用三条腿？

艾迪｜人啊！在他生命的早晨，他是四仰八叉地躺着；下午当他朝气蓬勃，自然是两条腿；晚上当他为女人勃起时，就有了第三条腿。

斯芬克斯｜你这个混蛋，用诡计找出了谜底。[45]

最终，艾迪的身世真相大白。他的亲生父母曾带他在泰晤士河上乘船旅行，一枚德国流弹炸毁了船只，经历命中注定一般的巧合，这名幼儿幸存下来，被一对夫妇，也就是艾迪未来的养父母捡到。当艾迪得知这一切时，对真相的揭示还不至于导致他自我伤害，正如贝科夫在为该剧所作的序言中所说的：

在创作现代版本的俄狄浦斯时，找到一些当代化的改编

> 思路并不难，但当我写到“自毁双目”时，我的思维停滞了，因为在我的版本中，考虑到艾迪不信宿命的倾向，让他产生这种自我伤害的行为是不合理的，除非我一味地模仿原作。

事实上，在贝科夫的这一剧作中，艾迪对与母亲之间的禁忌之爱的态度颇具争议。

俄狄浦斯神话中的理性和解决问题的层面是我们反复强调的。与算术的联系是俄狄浦斯解决问题过程中的一个重要特点，这个特点将我们的讨论引入尾声。值得注意的是，俄狄浦斯破解了斯芬克斯的谜语，意识到正是人类可以用四条腿，或者两条腿，或者三条腿走路。在戏剧的高潮部分，索福克勒斯的合唱团揭示道：凡人世代相继，却依然渺如微尘。[46] 俄狄浦斯的身份之谜开始于数量信息的不对等，目击者说是多个强盗行凶，事实却是一人所为。在观众接受俄狄浦斯神话的过程中，我们发现神话与数字的联系萌生出有趣的新变化，这是一个很好的切入点。20 世纪美国讽刺作家汤姆·莱勒（Tom Lehrer）创作的一首关于俄狄浦斯的令人难忘的歌曲就是这样结束的：

> 所以，现在要对母亲好一点，然后聊一聊，给她买些糖果或鲜花或一顶全新的帽子。
>
> 但也许你最好就此罢休。
>
> 否则你会发现自己有一个相当复杂的情结，甚至会落得像俄狄浦斯一样的下场。
>
> 我宁愿和一只鸭嘴兽结婚，也不愿落得像老俄狄浦斯那样的下场。

除了歌曲创作，莱勒还表现出精湛的数学能力，他在美国一些最负盛名的大学里讲授数学课程，这可能并不完全是巧合。①

① 汤姆·莱勒，音乐家，词曲家，同时也是数学家，多次在歌曲创作中用到数学术语和概念。——译者注

第6章

价值观的抉择

帕里斯的裁决

“帕里斯的裁决”这一情节描述了特洛伊王子帕里斯的困境，他必须作出裁决，判断赫拉、雅典娜和阿佛洛狄忒三位女神谁最美丽。在罗马神话中，这三位女神分别被称为朱诺、密涅瓦和维纳斯。这个转瞬即逝的神话事件引发了经久不衰的热议，不仅影响了希腊和罗马神话的听众和读者，还激发了所有人对人生的思考。

朱诺王权在握，帕拉斯头脑敏锐。
维纳斯面若桃花，光彩动人。
直到伊丽莎白来了，朱诺不知所措，
仓皇而逃。
帕拉斯默然不语，维纳斯自视不如。

——《伊丽莎白一世和三位女神》

第 6 章
价值观的抉择　帕里斯的裁决

在阿加莎·克里斯蒂（Agatha Christie）的小说《人性记录》（*Lord Edgware Dies*）中，埃奇韦尔男爵是个可憎的人，他与妻子简·威尔金森（Jane Wilkinson）貌合神离。在丈夫被刺死的时间段，简似乎有无懈可击的不在场证明，因为宴会上所有的客人都证实她参加了一场晚宴，而晚宴恰好与谋杀发生的时间相吻合。但是，一个偶然的事件使她的不在场证明受到怀疑。晚宴上的一位客人，唐纳德·罗斯（Donald Ross），碰巧在之后的一段时间里与简一起吃午饭，当谈话提及特洛伊的王子帕里斯时，简误以为对方在谈论巴黎，也就是法国的首都，时尚和繁华的中心。[①] 而在晚宴上，她滔滔不绝地对荷马和希腊神话旁征博引。罗斯对这种前后不一致感到困惑，于是试图把他的怀疑告诉侦探赫尔克里·波洛（Hercule Poirot），但他在有所行动之前就被谋杀了。尽管如此，波洛敏锐的逻辑很快指引他发现了真相，参加那场晚宴的女人不是简，而是卡洛塔·亚当斯（Carlotta Adams），一个被简雇来冒充她的印象派演员。不幸的是，因为卡洛塔参与了简的不在场证明，简为除后患杀死了她。聪明而有教养的卡洛塔为自己招来了杀身之祸，她显然比简更了解希腊神话。

小说首次出版于 1933 年，在这个特殊时期背景下，“帕里斯的裁决”被误解为“巴黎的裁决”有一定合理性。[②] 这种缺乏智识而产

① “巴黎”与“帕里斯”在英文中都写作“Paris”，同音不同义。——译者注

② 1933 年，法国正值法西斯主义骚动时期，这为可能发生巴黎的裁决提供了联想的空间。——译者注

生理解偏差的情况在今天也并不少见。“裁决”一词仍然是一个强有力的标志，即使它在古典语境中的一些含义已经被遗忘。“帕里斯的裁决”这一情节描述了特洛伊王子帕里斯的困境，他必须作出裁决，判断赫拉、雅典娜和阿佛洛狄忒三位女神谁最美丽。在罗马神话中，这三位女神分别被称为朱诺、密涅瓦和维纳斯。这个转瞬即逝的神话事件引发了经久不衰的热议，影响了希腊和罗马神话的听众和读者，还激发了所有人对人生的思考。

佩利翁山上的变故：生活中的复杂性

故事始于凡人英雄珀琉斯与他的新娘——长生不老的海洋女神忒提斯的婚礼。此前，宙斯一直在追求忒提斯，但在得知一个预言后，他觉得成全这两人会更好。预言内容是我们在前文提到过的：忒提斯会生下更强大的儿子，推翻父亲的统治。为了避免被自己的孩子篡权夺位，宙斯思虑再三之后将忒提斯另嫁他人。珀琉斯很有英雄气概，作为阿耳戈英雄之一，他参加了卡吕冬野猪（Calydonian Boar）狩猎。但鉴于他与女神之间的地位差距，他与忒提斯的结合永远不会是一部浪漫的田园诗。更不用说她曾试图通过将自己变成各种可怕的形状（火或者水甚至蛇和狮子）来躲避珀琉斯的触碰。最终，他们之间的鸿沟注定了他们的分离。忒提斯渴望让他们的孩子阿喀琉斯获得不死之身，并试图在火中烧掉他的凡人特质，也就是必死性。但惊恐不解的珀琉斯撞见了这一幕，横加干预，阻止了阿喀琉斯走向不朽。之后忒提斯抛弃了她的丈夫，在海底与她的海洋女神姐妹们团聚，留她的宝贝儿子独自长大成人并在特洛伊城光荣而悲惨地死去。当然，面对希腊神话，人们永远不应该低估故事在传播中变样的程度。在欧里庇得斯的戏剧《安德洛玛克》（*Andromache*）的结尾，忒提斯成功使珀琉斯不朽，并预言夫妇二人将在忒提斯父亲的海底宫殿中永远幸福地生活在一起。但我们将密切关注的是这场婚姻的开始，而不是它的后续。

“帕里斯的裁决”这个故事的背景跨越了两座山，其一是佩利翁山（Mount Pelion），它位于希腊的中心地带；其二是伊达山（Mount Ida），它位于特洛伊附近。山脉是凡间和神界交汇的关键地点，发生在佩利翁山和伊达山上的事件正是这种交汇的体现。珀琉斯与忒提斯的婚礼是在忒萨利（Thessaly）的佩利翁山举行的，该地区也是珀琉斯成为国王的地方。那时，佩利翁山上充溢着欢声笑语，伴随着缪斯女神的歌声，好像一切圆满，不可能再生变故。但事与愿违，因为这场婚礼上，不是所有人都被邀请了。罗马神话学家希吉努斯（Hyginus，公元前 2 世纪）是这样描述的：

> 据说朱庇特邀请了所有的神参加珀琉斯和忒提斯的婚礼，除了厄里斯（Eris），也就是罗马神话中的纷争女神。后来她来了，但没有被允许参加宴会，于是，她从门缝扔进来一个苹果，说苹果属于最美的人。朱诺、维纳斯和密涅瓦都认为苹果属于自己。她们之间爆发了一场剧烈的争论。[1]

厄里斯，“纷争”或“不和”之神，她并非主神之一，但却是一个迷人又令人心生惶恐的神。诗人赫西奥德在他的《田功农时》诗篇中，赋予了她双重人格。一方面，她体现了富有建设性的竞争精神，这种精神激励着邻里和共事者，让耕作者、工匠、乞丐、吟游诗人们试图超越他们的同伴。另一方面，她是严厉而残酷的，因为她主张“邪恶的战争和冲突”。[2]很多时候，正是这个破坏性的厄里斯在神话传统中占主导地位。在赫西奥德的另一诗篇中，她是劳累、遗忘、饥饿、痛苦、战斗、纷争、流血、屠杀、争吵、谎言、伪装、争论、混乱和灾难之母。在《伊利亚特》中，她大步流星地穿过互相厮杀的人群，所过之处皆是混乱和悲哀。[3]在思考希腊诸神时，如果一定要将他们与美德建立联系，就太局限了。我们更应关注他们的强大和魅力，而不是以美德为标准对他们加以评判。他们代表着生活中的复杂性，包括所有赤裸、真实且有时令人不快的一切。厄里斯所呈现的不和谐可能有着并不美好的面孔，却是无比真实的人类体验的一部分，它时时提醒着人们，不尊重她就会有危险。在佩利翁山上，正是对厄里斯的不敬促使她扔出了那个挑衅引战的苹果。

为什么是苹果？一些资料表明，这不是人们司空见惯的苹果，而是用金子做的，来自传说中赫斯珀里德斯仙女的果园，由仙女们还有一条可怕的百头蛇看守。[4] 只有赫拉克勒斯这样的英雄才能够成功偷取苹果，而偷取苹果也正是这位无敌英雄的第十一次试炼。据称，这些金苹果是被盖亚作为礼物，在宙斯和赫拉的婚礼上赠出的，所以它们承载着婚嫁的象征意义。[5] 更普遍地说，在希腊的许多地方，普通的苹果都会出现在婚礼仪式上。有时，据说这些苹果确实被扔了出去，这一动作可能伴随着激起性欲的咒语。[6] 厄里斯在珀琉斯和忒提斯的婚礼上所做的事，是为了颠覆苹果本来具有的和谐的象征意义，使之变为不和谐。但不管她扔出的苹果原本有着怎样的来源和象征意义，不可否认的是，手持苹果如今成了"献给最美的人"的代名词，因为根据一些古老的说法，那颗苹果上刻有希腊语铭文 tēi kallistēi，即"献给最美的女神"。至少根据一些古老的说法来看确实如此，在成千上万的神话网站上都可以找到这种说法。但是在古代，人们对苹果的象征意义并没有一致的看法。在卢西恩的对话集中，有这样一句铭文"此物献给最美的人"。[7] 人们一致认为，苹果注定要献给女神选美比赛中的获胜者，这是任何有自尊心的女神都无法拒绝的诱惑。毕竟，在希腊和罗马文化中，有一个普遍的假设，即美是神性的一个重要组成部分，对男性和女性来说都是如此，虽然赫菲斯托斯这位丑陋的神明是例外，但他同样相信这一规则并深爱着美丽的阿佛洛狄忒。因此，对众多神明来说，美貌若是低人一等，是一种极大的侮辱。[8]

到目前为止，我们将厄里斯作为"帕里斯的裁决"事件的主要推动者。最终，这场"裁决"引发了灾难性的冲突：特洛伊战争，它是整个古典神话中空前绝后的一场军事对抗。不知为何，许多神话讲述者都认为这样一场文明层面的冲突应该是由一些更重大的原因引起的，而不该只是因为选美落选者一时的失落。记得希吉努斯说过，是宙斯把厄里斯从客人名单中漏掉了。这只是宙斯的一个记忆失误，还是其背后有更多的原因呢？在古典神话中，很少有事件源自纯粹的偶然，所以讲述神话的人很快就会把宙斯的疏忽归结为有意为之。他们说，这不过是宙斯启动特洛伊战争计划的一部分。这种解释的起源至少可以追溯到古希腊时期的史诗《赛普利亚》（*Cypria*），该史诗问世于公元前 7 世纪，所以到今天我们只能得窥一些碎片。人们分析了宙斯计谋的各种缘由，有人说他想让他的女儿海伦因为引发横跨欧亚的战争而闻名世界。还有人认为，他有更深远的考量，那就是使神和凡人生下的英雄后代们能够在战乱冲突中扬名立万，尤其是像阿喀琉斯这样的英雄。另一种说法是，众神想减轻大地女神盖亚面临的负担，针对人口过剩的问题，一场大规模的战争无疑是激烈但有效的解决方案。[9] 所有对这一事件的解读达成了一个共识，那就是奥林匹斯众神，尤其是宙斯，无疑是幕后的推手，而厄里斯只是战争的催化剂。

伊达山上的抉择：美、权力和道德

佩利翁山上婚宴的插曲引发了一个非同寻常的场面：尽管神明通常毫不费力地超越人类，但在这个场合，她们不得不寻求一个凡人的帮助。众神需要一个外部仲裁者回答“三位神灵中哪位最美”的问题，这个人需要远离众神之间的名誉争吵，否则无法给出公正答案。由宙斯本人来裁决更是不可想象的，这将使他卷入两个落选者无休止的诉苦和谩骂中。因此该神话场景此时向东北方向转移，来到伊达山顶。希吉努斯继续描述道：

> 朱庇特命令墨丘利带着三位女神到伊达山去找帕里斯·亚历山大（Paris Alexander），由他进行裁决。朱诺答应他，如果他作出的裁决让她收获美名，那么他将权倾天下，尽享荣华，无人能敌。密涅瓦许诺，如果他判决她胜出，那他将拥有铜浇铁铸之躯，全知全能之才。然而，维纳斯承诺，如果她胜

> 出，他就可以娶到海伦，也就是廷达瑞俄斯的女儿，世界上最美丽的女人。与前面的礼物相比，帕里斯更喜欢最后的礼物，便作出裁决，认为维纳斯是最美丽的。正因如此，朱诺和密涅瓦对特洛伊人充满敌意。帕里斯在维纳斯的怂恿下，把海伦从斯巴达王墨涅拉俄斯那里带到了特洛伊，并娶了她。[10]

故事的结局引发了许多问题，有的简单直接，有的错综复杂：墨丘利或者说赫尔墨斯在该神话事件中扮演的角色是什么？谁是“帕里斯·亚历山大”？是什么使他成为合适的裁决者？女神们模样究竟如何？她们是如何试图影响帕里斯的裁决的？以及最后一个问题，裁决的后果是什么？

赫尔墨斯 / 墨丘利

赫尔墨斯是调解对立面的神。他连接上与下，例如引导亡灵进入冥界。他还连接内部和外部，因为他是锁之神。他还连接买方和卖方，由于他执掌贸易和货品买卖。他还是旅行者、传令官和信使，一个名副其实的调解员。简而言之，他是卓越的边界跨越者。[11] 赫尔墨斯也调和不朽者和凡人之间的对立，而这是终极的边界。在我们考虑的具体案例中，他重演了一些经典角色。作为旅行者的神，他陪同三位女神从佩利翁前往伊达。作为调和上下、凡人与不朽者的神，他协助女神们从神的世界过渡到凡人的世界，因为她们字面意义上“屈尊”去征求一个凡人的意见。

帕里斯·亚历山大

帕里斯的身世背景耐人寻味，甚至有点不祥，有一丝俄狄浦斯的意味。他有着特洛伊皇室的血统，是特洛伊国王普里阿摩斯和女王赫卡柏的儿子。但就在他出生前，他的母亲梦见自己生下了一个火红的火炬，给城邦带来灾祸。国王对这一预兆大惊失色，于是咨询了一位解梦师，在他的建议下，国王决定把婴儿抛弃，把它交给一个奴隶，并吩咐他把婴儿扔在附近的伊达山上。然而，与许多其他传说大同小异的是：婴儿奇迹般地活了下来，俄狄浦斯、洛摩罗斯（Romulus）、瑞摩斯（Remus）、摩西（Moses）等都有着相似的经历。帕里斯被一只母熊哺育，最终被一个牧羊人发现并抚养长大。神话学家阿波罗尼奥斯对帕里斯的早年生活做了这样的总结："帕里斯长成了一个比大多数人更漂亮且更强壮的年轻人，他的中间名是亚历山大，意思是'人类的卫士'，因为他击退了强盗，保护了羊群。"[12]

合适的裁决者

帕里斯的牧民生活使他接触到了自然界的各种力量，包括当地的仙女。他曾与其中的一个仙女俄诺涅（Oenone）结婚。因此，在裁决之时，帕里斯并不是一个毫无性经验的人，他已经初尝人事，与神明发生了关系并育有一个孩子。他的另一个特点让他成为当之无愧的比美仲裁者，那就是他自身惊为天人的美貌。

雅典娜，赫尔墨斯，阿佛洛狄忒，俄诺涅，帕里斯和厄洛斯
（一个残缺的罗马石棺，2 世纪）

正如讽刺作家卢西恩在他的对话集《女神的审判》(*Judgment of the Goddesses*)中借宙斯之口所说的那样："你自己相貌出众，而且对情色问题很有研究。"[13] 特洛伊王室不乏俊美无匹并以此而闻名的男性，比如年轻的伽倪墨得斯，他曾让宙斯神魂颠倒，而另一位特洛伊王子提托诺斯则是黎明女神厄俄斯的心头挚爱。

除了他的美貌，帕里斯还有一个与欲望美学有关的特征：他的服装。不计其数的图片和文字彰显了他衣着华丽的特点。这一点在卡尔斯鲁厄（Karlsruhe）的一个精美陶瓶上体现得最为明显，由于他华丽的刺绣衣饰，他比在场的所有神灵都更加光彩夺目。帕里斯不是一个普通的牧羊人。他精致的服饰标志着他的"他者"身份：明明是一个特洛伊皇室，身上却多了一丝"东方"而非希腊本土的气息。

帕里斯与赫尔墨斯（阿提卡双耳瓶细节图，约前440）

阿普莱厄斯（Apuleius）的《变形记》（*Metamorphoses*，公元前 2 世纪）中有一出以裁决为主题的哑剧，同样强调了这种装饰性："表演者衣着华丽，身披异国情调的衣服，头上戴着金冠，饰演弗里吉亚牧羊人帕里斯。"[14] 自从帕里斯在神话中登场，他就一直与华丽的外表联系在一起，这也是海伦对他无法抗拒的原因之一。有资料显示，帕里斯最典型的华丽服饰是刺绣长裤和金项链。[15]

女神们的外表

裁决显然是从视觉出发，一切都取决于女神们的样子，但她们的外观在视觉作品中千变万化。在纽约展出的一个双耳瓶上（见下左图），几乎没有特征可以区分这三位神灵，她们都穿着整齐而朴素的衣服，帕里斯退居右侧，估计是被这几位不速之客吓到了。在另一个年代相似的巴塞尔（Basel）双耳细颈罐上，除了雅典娜持着头盔，也没有什么可以区分她们的特征。[16]

《帕里斯的裁决》
（陶颈双耳瓶，摇摆画家，
约前 540—前 530）

《帕里斯的裁决》
（赤陶圆柱盒，彭忒西勒亚画家，
约前 465—前 460）

在艺术传统中的其他地方，这种区分则格外明显。在一个绘有精美图案的圆柱形盒子上，我们可以轻松认出阿佛洛狄忒，因为长着翅膀的爱神仰望着她，这表明了她的身份。[①] 在庞贝城朱庇特宫的一幅画中，这种辨识更容易了，因为阿佛洛狄忒几乎浑身赤裸。西班牙画家哈恩（Jaén）的一幅马赛克作品也是如此，在这幅画中，帕里斯因身穿精美绝伦的衣饰而引人注目，不过，他并没有失去牧羊人的身份，画中的羊群和牧羊犬就是证明。

《帕里斯的裁决》（庞贝城朱庇特宫的壁画，1 世纪）

① 阿佛洛狄忒，爱与美之神，与战神阿瑞斯生下了小爱神厄洛斯。——译者注

《帕里斯的裁决》

［罗马马赛克细节，哈恩，西班牙卡斯特罗（Cástulo）附近，1—2 世纪］

和视觉艺术一样，这个神话场景也给文本作者提供了大量的想象空间，其重点通常落在阿佛洛狄忒身上。有时她的长袍被描述得极为精致，就像《赛普利亚》中这个动人片段所呈现的一样：

> 她穿上了美惠三女神（Graces）和季节女神为她制作的衣服，衣服上染上了春日花朵的颜色，十字花、风信子、花团锦簇的紫罗兰和鲜妍明媚的玫瑰花，甜美令人垂涎，还有天国的花蕾、芬芳的水仙。阿佛洛狄忒四季皆是香衣潋滟，美丽动人。[17]

但有时作家的描述更加放肆。为了观察得足够透彻，卢西恩笔下的帕里斯要求女神们脱光衣服。[18] 在阿普莱厄斯描述的戏剧表演中，扮演阿佛洛狄忒的演员几乎没有给观众留下什么想象的空间：

> 她赤身裸体，除了一件薄薄的丝质衣服遮住她迷人的下体，没有任何别的衣服，以此来炫耀她的无瑕之美。一阵微风若想要一探究竟，便会在某一时刻别有用心地拂去薄纱。当薄纱被吹走，她的胴体便显露无遗；或是在某一刻，风肆意地呼啸而过，薄纱紧紧地贴于她的躯体，生动地勾勒出她曼妙的双腿。[19]

有窥视癖的读者半遮半掩地品味着这场奢侈的情欲表演，而此时，故事的内在叙述对象已经从小说的中心人物变为沉迷性爱的肉体。

女神们的贿赂

毋庸赘言，帕里斯的裁决是极其困难的，因为每一位女神都有自己独特的无与伦比的美。他实际上不是在女神之间做出选择，而是在女神们所提供的贿赂之间做出选择，每一项贿赂源于女神各自的专长。她们在各自的领域独占鳌头，赫拉与婚姻和家庭有关，而且作为宙斯的配偶，她还涉及权力和权威的施行。雅典娜除了是手工艺全才，还是不可战胜的女战神，掌管着武力的组织运用。阿佛洛狄忒的职责范围比较有限，只限于情欲，但在这个领域内她有着至高无上的地位，不论是婚姻之内还是之外，亦不论是异性还是同性之间。关于女神们给出的贿赂，不同来源的描述各不相同，但也有鲜明的共同点，那就是赫拉向帕里斯许诺王权和统治权，雅典娜许诺战争的胜利，阿佛洛狄忒许诺让他与世界上最美丽的女人海伦结婚。[20] 不同来源都指向相同的结果，那就是阿佛洛狄忒得到了金苹果，而帕里斯得到了海伦。

故事的后续

赫尔墨斯的后续最为直接，在裁决之后，他继续扮演他作为对立面之间调解人的惯常角色。三位女神的后续则值得多加注意。虽然她们的权力范围没有变化，但裁决确实影响了她们的态度和行为。两个落选者对帕里斯的怨恨牵连了他的故土特洛伊。在希腊围攻特洛伊的十年中，赫拉和雅典娜都站在希腊人一边，而阿佛洛狄忒自然偏向于另一个阵营，在大方向上帮助特洛伊人，尤其是帕里斯。这一切在荷马的《伊利亚特》中都有精彩的描述。后来，维吉尔在《埃涅阿斯纪》中曾讲到，特洛伊被攻陷时，阿佛洛狄忒为了使儿子埃涅阿斯能够逃脱，曾殷切相助。

与出席审判会的四位神灵后来的经历相比，帕里斯的经历无疑是复杂且麻烦的。毕竟，他只是一个凡人。在希腊人看来，凡人的生活往往缺乏行为上的可预测性和对过往事件的免疫力。而可知未来，不念过往，方能通达神性。当帕里斯还是个牧民的时候，特洛伊举行了葬礼，以纪念普里阿摩死去已久的儿子，人们都以为这个孩子死了，但是其实不然，这个孩子正是帕里斯。帕里斯的牛群中有一头公牛被选为比赛的奖品，所以帕里斯决定亲自参加比赛，把它赢回来。按照故事的发展逻辑，他取得了胜利，与普里阿摩父子相认，并荣归王室大家庭。[21] 乍一看，他从城市到山区牧场再回到城市的过程是一种在人类学和民间传说中常见的初始模式，在这种模式中，特定社会背景的青少年离开家，在外闯荡度过一个中间阶段，然后作为完全成熟的成年男子回归故里。[22] 但帕里斯有所不同，即使在他还是一个牧民的时候，已经出现了一些特征，将他与审美和华丽的复杂世界联系在一起，这种联系一直存在。后来，他回到城市，恢复了其王室身份。他并不是阿喀琉斯、埃阿斯或赫克托尔那样的军事领袖，也无法想象这些英雄中的任何一个会被选来裁决关于女性美貌的争端。帕里斯似乎总是处于边缘地位，从未完全融入战争之中。

在帕里斯生涯的下一个阶段，他前往了斯巴达，就其后果而言，这是一个灾难性的阶段。包括卡珊卓拉在内的特洛伊预言家都曾预言，此次斯巴达之行会带来可怕的后果，但帕里斯无视他们的建议，前往墨涅拉俄斯和其妻子海伦的家。帕里斯破坏了神圣的待客之道，不仅和海伦共赴巫山，还把她带到了特洛伊。尽管有人说海伦别无选择，毕竟谁能抗拒阿佛洛狄忒施加的爱欲呢？但海伦的私奔显然为她在整个古典神话传统中奠定了坏印象。尽管《伊利亚特》对她的描述是非常细致入微的，而且在很大程度上令人同情。

荷马史诗中关于帕里斯的描述加强了他与美和性的联系，即使是在特洛伊的大屠杀中，这种联系依然是主线。在与墨涅拉俄斯的决斗中，帕里斯设法逃过一劫，这要归功于阿佛洛狄忒，她把帕里斯藏在迷雾中，并把他带到了散发着甜美气息的卧室。之后，阿佛洛狄忒把自己伪装成一个老仆人，给了海伦一个充满诱惑的信息：

> 跟我来，赶快！亚历山大让我请你回还，正在卧房等你，在雕着圈环的床上，衣衫光亮，潇洒俊美。你不会觉得他归自决斗的战场；不，你会以为他正打算荡开舞步，或刚刚跳完一轮下来，息身床头。[23]①

海伦到达卧室时，她开始嘲笑帕里斯作为战士的决斗技能，并认为就勇气而言，他在墨涅拉俄斯面前相形见绌。但谈话戛然而止，与其争吵，两人宁愿在欢爱中享受彼此。《伊利亚特》中不乏描述帕里斯战斗的段落，但他过往经历如此复杂，让他的战斗显得与众不同。

还有两段情节为帕里斯的故事画上了句号。第一段增强了他的声誉：作为一个战士，据说正是他用箭杀死了阿喀琉斯，尽管此事能成

① 荷马：《荷马史诗》，陈中梅译，上海译文出版社，2016。专有名词有改动。——译者注

需要阿波罗将箭指向阿喀琉斯的脚跟，那是他唯一的弱点。[24]第二段情节把我们带回了帕里斯情感生活的中心，即他与女性的关系。帕里斯与俄诺涅的婚姻以悲剧告终，在他抛弃俄诺涅去追求海伦之后，这位仙女的嫉妒之心从未沉眠。如果帕里斯受伤，她有能力治愈他，但当他因希腊英雄菲罗克忒忒斯（Philoctetes）射出的箭受到重伤时，俄诺涅拒绝为他治疗。最后她妥协了，但为时已晚。虽然仙女有时被说成是长生不老的，但她们也可能只是容颜不老，并非不死之身。俄诺涅也是如此，她投身于帕里斯葬礼上的火堆，死在了他的身侧。[25]

后世文化演变：人应该为什么而奋斗

当帕里斯的裁决融入了后世的文化传统，一些神话中原本的含义被淡化或忽略了，而另一些含义则在新的文化环境中焕发出新的能量。在一系列传承演变中，有两个方面值得关注：第一，人生目标的选择，人类应该为什么而奋斗？第二，在选美比赛中，由一位男性来凝视和评价半裸或全裸的女性，这种唤起性欲或者是带有冒犯感的情景有哪些深意呢？

还有一个与后来的文化传统有关的重要人物，那就是作家法比尤斯·普兰西德斯·福根提乌斯（Fabius Planciades Fulgentius，公元前 5 世纪末），他可能来自北非。他以“神话”为题精心汇编了一套寓言故事。对于如何区分三位女神的问题，他将之前的传统带入一个新的方向，也因为这套寓言故事，即使在希腊罗马的多神信仰体系中，帕里斯裁决依然传达着掷地有声的道德寓意。

对福根提乌斯来说，密涅瓦（或者说雅典娜）代表了沉思、冥想、以追求知识的美德奉献为主导的生活。朱诺（或者说赫拉）象征的积极生活乍一看很有价值，但对福根提乌斯来说，它意味着对荣华富贵不择手段的追求和贪得无厌。至于维纳斯（或者说阿佛洛狄忒），她是追求欲望满足的化身，被福根提乌斯牢牢地置于人生追求的最底层，虽然这与帕里斯的裁决相悖。

福根提乌斯呼应早期传统的一个方面是，他也对女神们的衣服进行了归纳。他的归纳方法也具有典型的寓言色彩。密涅瓦穿的斗篷有三层，因为所有的智慧都是多面的，或者说深藏不露的。朱诺蒙着头，因为所有的财富都是不外露的。当然，维纳斯是赤身裸体的，“要么是因为她的信徒被爱欲吞没时皆是赤身裸体，要么是因为人们对欲望的罪孽从来不加遮掩，也可能是爱神只适合赤身裸体的形象”。[26]

与福根提乌斯的道德教化相比，帕里斯裁决叙事背景的转变也同样影响很大。许多作家和艺术家都基于帕里斯在梦中看到女神的想象进行创作，这类构思至少可以追溯到达瑞斯·佛里癸俄斯（Dares Phrygius，约 5 世纪）的《特洛伊的沦陷》（*History of the Fall of Troy*）[27]。这一母题广受欢迎，经久不衰。在约翰·高尔（John Gower）的诗作《一个情人的忏悔》（*Confessio Amantis*，约 1390）中，帕里斯回忆起他曾经在打猎时迷路的事：

而在草地上
我躺在井边
昏昏欲睡，幻觉浮现
墨丘利向我走来；
随他而来的女神
有密涅瓦、维纳斯和朱诺。
他的头顶上有一个徽章，
上面有用金子书写的文字。
他们让我依样书写
把徽章放在我身上，
让我把它送给最美丽的女神。[28]

克里斯蒂娜·德·皮桑一部作品的插图手稿中也描绘了类似的场景，画中的猎人大概是在停下来取水解渴后打了个盹儿。在这一幕中，一切都很有仪式感和宫廷气息，但肯定不是每个男性对三位女神的幻想都充斥着这样的氛围。

老卢卡斯·克拉纳赫（Lucas Cranach the Elder）就给帕里斯的幻想添加了更刺激的东西。作为维滕贝格萨克森（Saxony in Wittenberg）王子们的宫廷画师，克拉纳赫不断回到裁决的主题，并在 1528 年的一幅作品中进行了特别的暗示（见彩插图 9）。在这幅作品中，墨丘利带着慈祥大叔的气质，抱着一个水晶球，想必是金苹果的另一化身。而帕里斯空虚地抬头仰望，显然已经褪下了牧民的身份，成为骑士，他身上的盔甲十分厚重，想必会让他像被烘烤的面包一样温暖。相比之下，他视线里的三个姿态随意的女性几乎一丝不挂，但这似乎并没有扰乱她们的心绪。她们的身份很难确定，不过中间那位姿态婀娜的女性以诱人的姿态注视着身前的观者，同时向后方展示着她赤裸的背，即便这个姿势似乎很可能让她的脖子出现不舒服的痉挛。

帕里斯的裁决可以说是提供了一个千载难逢的机会。通过它，我们可以去探索绘画和装饰艺术中观众 / 窥视者与鲜加雕饰的女性形象之间的关系。[29] 鲁本斯和克拉纳赫一样，追求极致的性感，尽管有些人认为他太过张扬。红衣主教费迪南德（the Cardinal-Infante Ferdinand）在 1639 年给他的兄弟西班牙的菲利普四世写了一封信，信中指出，有一位画家对神话中女神的艺术处理“太露骨了”。[30]

除此之外，其他画作中也有一些更新颖的视角，比如法国画家安托万·瓦托（Antoine Watteau）在一幅画作中呈现了一个腼腆的帕里斯，画中，裁决者的身份所赋予他的任何权力感都被他近乎赤裸的尴尬感冲淡了。

《帕里斯的裁决》[克里斯蒂娜·德·皮桑的《奥赛亚书信集》（*L'Épître Othéa*）插图，出自《淑女之城》插图师（Master of the Cité des Dames）约 1410—1414]

第 6 章
价值观的抉择　帕里斯的裁决

《帕里斯的裁决》(安托万·瓦托，约 1718—1721)

英国都铎王朝时期的佛兰德（Flemish）艺术家汉斯·埃沃斯（Hans Eworth）采取的呈现形式甚至更有创意。他的油画《伊丽莎白一世和三位女神》（*Elizabeth I and the Three Goddesses*，1569）将这个古老的神话重塑为对英国女王冷静权威的赞美。埃沃斯画中的"帕里斯"不是别人，正是伊丽莎白一世，她把选美之球握在自己的手中，风姿卓然，让愤怒的朱诺、痛苦的密涅瓦、沉静乏味的维纳斯都成了陪衬。我们知道这幅作品属于伊丽莎白，它铭刻着一首当代拉丁文的挽歌，可以翻译为：

朱诺王权在握，密涅瓦头脑敏锐。
维纳斯面若桃花，光彩动人。
直到伊丽莎白来了，朱诺不知所措，仓皇而逃。
密涅瓦默然不语，维纳斯自视不如。

《伊丽莎白一世和三位女神》（汉斯·埃沃斯，1569）

可见，在古典时期及以后，神话不仅适用于探讨道德话题，还适用于政治话题。

但是，必须承认，探讨帕里斯的裁决的时候，政治话题通常被排在末尾，最经常被探讨的是与道德相关的话题，其中，又以性道德为主。然而并不是每个人都对这个故事持有相同的道德评价。文艺复兴时期的人文主义者马尔西利奥·费奇诺（Marsilio Ficino，1433—1499）采取了一种典型的反思式评价方法。在写给佛罗伦萨政治家洛伦佐·德·美第奇（Lorenzo de' Medici）的信中，费奇诺提出了三种生活类型的对比，并详述了它们各自的特征。这三种生活类型的特征分别为朱诺象征的进取，密涅瓦象征的沉思，还有维纳斯象征的贪欲。[31] 让费奇诺的观点脱颖而出的是，他认为维纳斯不仅代表肉体的快乐，也代表音乐和诗歌带来的愉悦。关于人生抉择的辩论也因此被带入了一个新的方向。诚然，帕里斯做了错误的选择，他选择了维纳斯而不是朱诺或密涅瓦，这必然会造成问题。但如果他选择其他两位女神中的任何一位，比如象征沉思的密涅瓦，也依然难说是正确的选择。赫拉克勒斯曾经不得不在轻松愉快的生活和光荣而艰难的生活之间做出选择。这时，在象征意义上，他走到由美德和罪恶交会的十字路口，不得不有所取舍。最终，他过上了艰苦斗争的生活。与之不同的是，苏格拉底把他所有的鸡蛋都放在知识的篮子里，并因此拒绝了积极快乐的生活。在费奇诺看来，唯一的解决办法是兼顾三位女神的专长领域，也就是追求一种结合了权力、智慧和审美享乐的人生。

耐人寻味的三选一抉择

帕里斯的裁决有一个耐人寻味的特点，那就是频繁出现数字三，人们对此讨论较少，但其含义十分有趣。神话故事中出现过三个戈耳工人（Gorgon）、三个摩伊赖人（Moirae，即说命运女神）、美惠三女神（Graces），还有格赖埃三姐妹[①]。当然还包括罗马的伟大神明们，朱庇特神殿的三女神朱庇特、朱诺和密涅瓦。三的形式是希腊和罗马神话乃至宗教中都反复出现的特征。但是，数字三的概念远远超出了古典文化的范畴。几千年来，在世界各地的宗教信仰中，三的象征意义反复出现：基督教的圣父、圣子、圣灵三位一体，基督教的三种美德，信仰、希望和慈爱；印度教（Hindu Trimūrti）的梵天、毗湿奴、湿婆三神一体（Brahma，Vishnu，Shiva）；琐罗亚斯德教（Zoroastrianism）的善念、善言和善行的三重道路（Good Thoughts, Good Words and Good Deeds）；北欧神话（Norse mythology）中的三个诺伦（three Norns）；巫术中的三条规则等，这些只是无数例子中的一小部分而已。在民间故事中，我们也发现了同样的模式，比如《三只小猪》《金发姑娘和三只熊》《三个愿望》《三只山羊》《灰姑娘》……在哲学中也是如此，从毕达哥拉斯派（Pythagoreans）到黑格尔，他们都发现了数字 3 丰富的意义。

涉及数字 3 的模式普遍存在，其中有一个模式与抉择密切相关，那就是三选一。帕里斯的裁决显然属于这一模式。另外，在莎士比亚的戏剧中也有两个值得注意的例子。虽然这两个故事情节都与“裁决”不完全一致，但通过比较，我们可以分析它们之间的共同点和不同点，这也为帕里斯的裁决的神话提供了另一个解释的角度。

在《威尼斯商人》（*The Merchant of Venice*）中，戏剧女主角鲍西娅（Portia）魅力非凡，追求者甚众，但她无法决定谁是良配，因为根据她父亲的遗嘱，她必须嫁给在金、银、铅三个匣子中做出正确选择的人。每个匣子上都有一个铭文。金匣子上刻着“谁选择了我，

① 格赖埃三姐妹（Graiae）是希腊神话中戈耳工蛇发女美杜莎的三个怪诞姐妹：厄倪俄（尚武之神）、佩佛瑞多（尖刻易怒之神），以及得诺（恐怖之神）。她们的外表貌似天鹅（神话故事里的天鹅是死亡之鸟），生来就共同享用一只眼睛和一颗牙齿，她们的希腊名字的含义是“灰色的人”，因为她们头顶的头发是灰色的。——译者注

将要得到众人所希求的东西”。银匣子上是“谁选择了我，将要得到他所应得的东西”。铅匣子上是“谁选择了我，必须准备把他所有的一切作为牺牲”。[32]① 这三个匣子并不是剧中与三选一相关的唯一例子。后来，几个潜在的追求者相继退出了，因为谜题实在奇特。最后，求婚者就只剩下三个了。第一个是摩洛哥王子，他选择了金匣子，结果错了。金匣子里的卷轴写道：“发闪光的不全是黄金。”换句话说就是“不要被外表所误导”。第二个求婚者是阿拉贡王子，他选择了银匣子，又错了，因为任何傲慢地认为自己只配得到最好的东西的人都是傻瓜，而银匣子里恰恰放着一幅傻瓜的画像。三个求婚者中的最后一个是巴萨尼奥（Bassanio），一个真心爱鲍西娅并被她全心全意爱着的威尼斯绅士。巴萨尼奥意识到金银财宝的外在诱惑可能只是虚有其表，他选择了用卑微的铅制成的匣子，然后看到了“你的质朴却比巧妙的言辞更能打动我的心。”[33] 他打开匣子，欣喜地发现里面有鲍西娅的画像。就像民间故事中经常出现的那样，第三个选择，或者说最后一个选择，看似不起眼，却才是正确的选择。作为唯一知道如何区分实质和外表的求婚者，巴萨尼奥得到了应有的回报。

第二个莎士比亚式的三选一构成了一部更伟大的戏剧的剧情基石。在《李尔王》（*King Lear*）的开篇，年老的国王宣布他打算将王权转移给三个女儿。他依次向每个女儿提出同样的问题，并根据她们的回答进行评估，从而分配遗产。他提出的问题是：“告诉我，你们中间哪一个最爱我？”[34]② 第一个和第二个回答的女儿分别是戈那瑞（Goneril）和里甘（Regan），她们用虚伪、浮华的言辞胜出，从父亲那里获得了同等丰厚的奖励。然而，对三人中最年轻的科迪莉亚（Cordelia）来说，这种虚伪的赞美实在令人厌恶。她说话很谨慎，只是承诺“按照我的名分，一分不多，一分不少”，就像一个女儿对父亲所应有的爱，那么多。[35] 李尔错误地评判了孩子们的脾性和品德，

① 莎士比亚：《威尼斯商人》，朱生豪译，人民文学出版社，2016。——译者注
② 莎士比亚：《李尔王》，朱生豪译，译林出版社，2018。——译者注

他把科迪莉亚赶了出去，让她一无所有，就这样播下了即将到来的令人心碎的悲剧的种子。

那么，这些戏剧情节与帕里斯的裁决之间有什么异同呢？在《李尔王》中，裁决者并不是帕里斯那样的中立的局外人。相反，他是一个独特的受益人："哪一个最爱我？" 这个荒谬的自我中心思想足以说明他在裁决中强烈的参与度。然而，从另一个方面而言，李尔确实扮演了帕里斯的角色，因为是他对三个"竞争者"的品质进行了评估，即使他的初衷不是选出优胜者，而是做出一个分配，让三个人都能根据所给出答案的价值而受益。与帕里斯的故事更有趣的相似之处在于，李尔是根据竞争者的口才和说服力做出决定的。说服力实际上无异于言语贿赂，而在科迪莉亚这里，她拒绝贿赂。在《威尼斯商人》中，情况则更为不同，主持抉择的鲍西娅扮演的不是帕里斯的角色，而是海伦的角色，她自己就是最终的奖品。虽然在《威尼斯商人》后段，在安东尼奥（Antonio）和夏洛克（Shylock）的法庭纠纷上，鲍西娅确实狡猾地扮演裁决者的角色，但在选择匣子的情节中，她并没有裁决的权力。与《李尔王》和帕里斯的模式不同，《威尼斯商人》中没有从一而终的裁决者，只有三个求婚者组成的序列，没有人是中立的局外人，每个人的幸福都与自己的抉择息息相关。也许，与《李尔王》和《威尼斯商人》相比，帕里斯的裁决这一神话事件最大的区别在于，神话中所见即所得，华丽的外在呈现和内在的道德价值之间没有任何割裂感，帕里斯只需从女神们提供的不同贿赂中选择他真正想要的即可。

也许这三个故事最重要的共同点是它们都提出了一个基本议题，即如何对爱的重要性进行排序。在帕里斯的裁决中，性的激情是一种有争议的爱，以阿佛洛狄忒为代表并体现在海伦身上，帕里斯显然将这种爱视为至高无上的存在。在《威尼斯商人》中，爱不仅仅涉及性的激情，尽管在鲍西娅和巴萨尼奥之间，激情肯定不可或缺。毕竟，与两位竞争者不同，爱是巴萨尼奥抉择的唯一指引。鲍西娅在抉择前向他保证“您要是真的爱我，您会把我找出来的”。[36] 在《李尔王》中，国王对女儿们进行提问，问话中所说的这种爱是父母与子女之间以及丈夫与妻子之间的情感纽带。听到科迪莉亚说她未来的丈夫将分走她一半的爱，以自我为中心的李尔难免恼怒。

在上述三个故事中，与爱密切相关的话题都围绕婚姻展开，故事里的婚姻也多是暗流涌动、危机四伏的。在帕里斯的裁决中，最初的不和谐场景正是发生在婚礼上的。帕里斯的抉择已经预示了他和海伦的结合，而这场结合不得不粉碎另一场婚姻，即海伦和墨涅拉俄斯之间的婚姻，由此酿成了更严重的纷争。在《威尼斯商人》中，鲍西娅将与谁结婚的问题是全剧的核心。在《李尔王》中，虽然戈那瑞和里甘已经结婚，但李尔的财产分割实际上是在为她们充实嫁妆。可敬可爱的科迪莉亚因为真诚直言而饱受鄙夷，她的嫁妆无比惨淡，但法国国王看重她可贵的内在品质，迎娶她作为自己的新娘。然而国王的爱意无法阻止最终的悲剧，在李尔和科迪莉亚无比高尚但又极其短暂的和解之后，死亡也随之而来。

三个故事有着一个共同的模式，那就是对人类夙愿的探索。人们究竟想要怎样的人生？什么才是最有价值的？每个故事都创造了一种不同的思想实验，我们通过思索这些故事来寻求答案。

艺术再创作：现代价值观的多样性

近年来，对帕里斯裁决的当代再创作往往是艺术家而不是作家的领域。戈尔·维达尔（Gore Vidal）1952 年的小说《帕里斯的裁决》是个例外，它讲述了一个男人被三个气质截然不同的女人诱惑的故事，视角十分新颖，但对于小说的出彩之处，人们意见不一。现代艺术表现的特殊之处往往体现在它们的调性上。越接近当下的时代背景，就越常见艺术家们以模仿或讽刺的态度来回应神话。可见人们越来越难以肤浅地将凝视和评价的权力交给男人，而让女性自愿被动地接受男性的赞赏。在出生于芝加哥的艺术家玛丽·艾伦·克罗托（Mary Ellen Croteau）的作品中可以看到一个值得注意的带有女性主义色彩的转折。画中，即使只是暗示而不是明确描绘，那唯一看起来不合时宜的生殖器官并不属于女性神明，而是属于一丝不挂羞于见人的帕里斯。那三个正在打量他的女人，她们有着无动于衷的目光和不苟言笑的姿态，完全凌驾于帕里斯之上。她们来自不同的民族，聪慧过人，而且衣着整齐而优雅。

还有一种解读可以弱化帕里斯的自命不凡，那就是把他看作一个潜在的嫖客，试图对比妓女们的魅力并做出选择。乔治·格罗兹（George Grosz）和毕加索都曾基于该主题进行再创作。[37] 在费德里科·希门尼斯·费尔南德斯（Federico Jiménez Fernández）的一幅画中，帕里斯被设想成一只公鸡，这种鞭辟入里的呈现形式有着深刻的象征意义。但在幽默方面拔得魁首的无疑是美国艺术家埃莉诺·安廷（Eleanor Antin）的作品（见彩插图 10）。画中，好战的密涅瓦拿着一把步枪，穿着围裙的家庭主妇朱诺带着她的吸尘器来到森林里打扫乱七八糟的树叶，维纳斯穿着迷人贵重的晚礼服，身旁是可爱的小丘比特（Cupid）。墨丘利和帕里斯看起来就像一对放荡的沙滩男孩。唯一一个看起来置身事外的是海伦，她坐在最左边的位置上陷入沉思。她心事重重也不足为奇，因为她的命运掌握在其他放浪形骸的六个人手中。

本章以阿加莎·克里斯蒂的一部小说为出发点，小说中，“帕里斯的裁决”被误解为“巴黎的裁决”，这给侦探赫尔克里·波洛提供了一条重要线索。还有另一个神话，或者说十二个故事为一个系列的神话，也被克里斯蒂化用到了小说中，用以展示这位伟大的比利时侦探的聪明才智。在名为《大侦探十二奇案》（*The Labours of Hercules*，1947）的短篇小说集中，就像赫拉克勒斯以武力通过十二次试炼一样，波洛也紧随这位强大的神话先辈的脚步，智破了十几项奇案。[38] 我们接下来要讨论的就是与赫拉克勒斯相关的这一系列神话。

第 6 章

价值观的抉择 帕里斯的裁决

《帕里斯的裁决》（玛丽·艾伦·克罗托，1997）

《帕里斯的裁决》（费德里科·希门尼斯·费尔南德斯，约 1882）

第 7 章

英雄主义的现代诠释

赫拉克勒斯的试炼

在古典时期，代表赫拉克勒斯的文字和图像随处可见。除了在无数的神话故事中扮演重要角色，他还经常作为典范出现在关于“美好生活”的哲学讨论中。与此同时，他的故事在政界被反复引用，从古希腊到罗马帝国，通过他的故事，个人和团体都提出了权威和合法性层面的诉求。此外，整个希腊－罗马体系下有大量的考古和文学证据表明，人们对赫拉克勒斯的英雄成神之路有着狂热的崇拜。

通过给非理性的激情加上镣铐，他可以支配暴躁的公牛，他用铜铃将希望鸟儿散布于人间，它们乘风飞翔，滋养着芸芸众生。他用劝诫之火烧掉的巨蛇的头颅就是快乐本身，一被砍掉就又开始蔓延滋长，生生不息。

——《荷马史诗相关问题》

赫拉克勒斯，如果更确切地音译，在希腊语中他是海格力斯（Herakles），对罗马人来说他是赫丘利（Hercules）。他是一位卓越的英雄，奥德修斯、伊阿宋、珀耳修斯、埃涅阿斯，甚至阿喀琉斯在他身边都黯然失色。[1] 诚然，他有时会得到帮助，来自他的侄子和帮手伊俄拉俄斯（Iolaus），还有他可靠的战友忒修斯和雅典娜女神。然而，他更加依靠个人实力，尤其是他的超级英雄体格，但他在神话中的形象可能比“超级英雄”的印象要复杂得多，因为他的弱点和他的优点一样显著。他惯常采取的强硬策略往往把事情带向一种令人不安的方向，甚至引向一种是非莫辩的深刻矛盾之中，他的肌肉力量所赋予他的优势有时会变成劣势。

这种矛盾性体现在他生命历程的不同阶段，他曾发疯并屠杀了他的妻子和他们的孩子；也曾顺从地为软弱的懦夫欧律斯透斯（Eurystheus）服务，成为翁法勒（Omphale）女王的奴隶，并在另一个女人，也是他的第二任妻子德伊阿妮拉（Deianira）的手中痛苦地死去，虽说这种“死亡”是获得永生的必经之路。此后，他成了奥林匹亚众神之一。对于任何文化中的任何英雄，譬如罗宾汉（Robin Hood）、辛巴德（Sindbad）、兰斯洛特（Lancelot）、神奇女侠、闪电侠、勇士公主西娜等，人们可以轻描淡写地说“他 / 她的存在耀眼夺目”，但对于赫拉克勒斯，人们可以郑重地说“他超越了生命本身的极限”，因为他超越了生与死之间的终极边界。

可以肯定的是，像讽刺作家卢西恩一样持怀疑态度的古代神话作家会做出辛辣的指控，认为即使赫拉克勒斯成为神，也处于边缘位置，是众神中的“非法居民”。[2] 但赫拉克勒斯的支持者提供的证据更为有力，因为赫拉克勒斯不仅在单挑中战胜了年龄女神革剌斯（Geras）和死神塔那托斯（Thanatos），还在奥林匹亚人与巨人的宇宙大战中与众神并肩作战。因此，用赫西奥德史诗《神谱》中的话说：“他幸福了，因为他已经做完了伟大的工作，生活在永生神灵之中，无忧无虑，长生不老。”[3①]

在古典时期，代表赫拉克勒斯的文字和图像随处可见。除了在无数的神话故事中扮演重要角色，他还经常作为典范出现在关于“美好生活”的哲学讨论中。与此同时，他的故事在政界被反复引用，从古希腊到罗马帝国，通过他的故事，个人和团体都提出了权威和合法性层面的诉求。[4] 此外，整个希腊－罗马体系下有大量的考古和文学证据表明，人们对赫拉克勒斯的英雄成神之路有着狂热的崇拜。对这一庞大的材料，即使进行最粗略的勾勒，也会超出本章可容纳的范围。我们将把篇幅限制在他的一组功绩，即“十二试炼”中，由此，我们至少可以铆足干劲，充分地探讨一些值得深入思考的部分。

古典时期的试炼：软弱与狂暴的矛盾

神话中被翻译为“试炼”的 Labour 这个词，通常指“劳动”，首字母大写的“L”给这组活动赋予了更高的形象性和独立的特质。Labour 也是希腊名词 athlon（运动）在英语中的传统译法，但更准确的翻译应该是“竞争”或“竞赛”。希腊语中的“运动”是现代英语中 triathlon（三项全能运动）、pentathlon（五项全能运动）、

① 赫西奥德：《工作与时日·神谱》，张竹明、蒋平译，商务印书馆，1991。——译者注

heptathlon（女子七项全能）和 decathlon（十项全能运动）等词的词根，这一语言学事实证实了在古典时期就存在体育赛事，譬如古典时期奥林匹克运动会中的五项全能运动。而根据诗人品达的说法，古典时期奥运会的创始人不是别人，正是赫拉克勒斯，十二试炼从某种角度可以理解为几项极限运动。[5]但对赫拉克勒斯而言，这些试炼并不是运动会那么简单，他的许多对手都是野兽或怪物。然而，不管是神话中的试炼还是现实世界中的奥运会，都需要一组共通的技能组合才能成功，那就是巨大的力量、强大的耐力和适时发挥的聪明才智。

赫拉克勒斯的试炼有主线故事也有支线故事，还有试炼附带的英雄事迹，三者往往有所区分。[6]但古典时期的作家们在论述时往往不作这样的区分。还有一个众说纷纭的问题是究竟有多少次试炼。到目前为止，最常见的答案是十二次，这是奥林匹亚的宙斯神庙（约前 460）上雕刻的试炼次数，希腊诗人西奥克里特（Theocritus）以及罗得岛的阿波罗尼奥斯都给出了同样的数字。[7]但十二次不是唯一的答案，一些神话讲述者提到了十次，还有更夸张的说法，认为有一千次或一万次。[8]还有其他的可能性，其中最重要的是关于试炼的动机和各项试炼确切发生的时间，这些与英雄生命历程的整体轨迹密切相关。

在《伊利亚特》中，赫拉克勒斯诞生自宙斯和凡人女子阿尔克墨涅（Alcmene）的结合。[9]这也为十二试炼埋下了导火索。可想而知，赫拉对宙斯最新的不忠行为感到愤怒，便决定用一个诡计来报复。当阿尔克墨涅即将分娩时，宙斯吹嘘说，这个即将见到曙光的孩子“在以我的血统繁衍的种族里”将统治一方人民。[10]赫拉诱使宙斯把这句吹嘘之言变成了一个不可反悔的誓言，之后，她说服了妊娠女神厄勒梯（Eileithyia）推迟阿尔克墨涅的分娩，同时使另一位准妈妈尼喀珀（Nicippe）的产期提前到来。尼喀珀在曙光来临时生下了欧律斯透斯，宙斯的曾孙，因此也是继承了宙斯“纯正血统”的人之一。受制于他的誓言，宙斯被迫眼睁睁地看着阿尔克墨涅最终生下的儿子被命名为“赫拉克勒斯”，意思是“赫拉的荣耀”。这个孩子不得不根据誓言服从欧律斯透斯的命令，可谓是无比讽刺。尽管欧律斯透斯的性格软弱无力，但他成为阿戈利斯（Argolid）的国王，也确实像誓言中那样“统治一方人民”，统领着迈锡尼和蒂林斯（Tiryns）两大城邦。

一些神话讲述者对试炼进行了具体分析，他们认为，试炼的圆满完成是英雄成神的必要前提，由此表彰他杀戮怪物等光辉事迹给人类带来的好处。[11] 一种略显阴暗的观点认为，试炼是一种宗教性的赎罪行为，因为赫拉克勒斯谋杀了妻子墨伽拉（Megara）和他们的孩子。[12] 欧里庇得斯的悲剧《疯狂的赫拉克勒斯》（*The Madness of Heracles*）是一部宏大但有时被低估的剧作，剧作沿袭赎罪导向的观点进行了创作。该剧一开场便出现了赫拉克勒斯的妻小，以及他的父亲安菲特律翁（Amphitryon），他们蜷缩着坐在底比斯的宙斯祭坛前祈求庇佑。在这生死存亡之际，他们忧心忡忡，因为他们被城邦的暴君吕科斯（Lykos）吓坏了，吕科斯后来也成了可怕的狼人（Wolf Man）的代名词。赫拉克勒斯缺席了这一关键时刻，因为他正在进行一场试炼，动机也很特殊，是为了尽孝。这一动机具有鲜明的个人特质。为什么是尽孝呢？因为他的父亲安菲特律翁意外地造成了他的叔叔埃勒克特律翁（Electryon）的死亡，所以他被迫逃离故乡阿尔戈斯（Argos），只有在赫拉克勒斯成功地完成试炼之后，欧律斯透斯才会允许他从流放地回来。随着剧情的展开，赫拉克勒斯在完成最后的试炼后凯旋，并解救了他的家人。但随后，他经历了一场灾难性的命运逆转，赫拉克勒斯被疯狂女神吕萨（Lyssa）逼得陷入疯癫，背后的主谋是妒火不息的赫拉。赫拉克勒斯在幻视中误以为眼前的孩子不是自己的，而是欧律斯透斯的，于是他杀死了他们以及孩子的母亲，直到雅典娜向他投掷了一块石头，才阻止他杀死自己的父亲。

欧里庇得斯没有把试炼作为赫拉克勒斯生涯的顶峰，而是将之作为其悲惨人生的序曲，这传递了一种戏剧性的信息：世人期待的是

"所做的贡献应得到光荣的回报"，而实际情况却是"即使人类取得了巅峰的成就，世事依旧难遂人愿"。不过，还是有一丝希望的，当悲剧接近尾声，赫拉克勒斯的战友忒修斯劝说他放弃自杀的念头，转而承担自己的命运，继续向未来前进。面对诸神随时可能降下的灾难，这个令人感动的场景展示了友谊的力量。

派赫拉克勒斯去完成这一系列看似不可能完成的任务的人正是软弱的欧律斯透斯，这是每一个神话讲述者的共识。类似的以弱御强的模式也出现在其他一些神话中，在这些神话中，英雄被派去执行一项任务，而派遣者热切地希望英雄战死他乡。经典的例子比如柏勒洛丰受伊俄巴忒斯国王（King Iobates）委托杀死可怕的奇美拉，还有伊阿宋受埃厄忒斯之命用喷火的牛耕地。这与珀耳修斯和美杜莎、忒修斯和弥诺陶洛斯的故事也有相似之处，尽管在这些案例中，英雄们的功绩是自主选择的，而非外力强加的。与上述案例相比，强大的赫拉克勒斯听从软弱的欧律斯透斯的命令，这样的故事更加说明了赫拉克勒斯神话的一个关键特质，那就是对悖论的集中体现。

赫拉克勒斯的十二项试炼

即使我们的资料中列出的试炼数量一般都是十几个，但就试炼的顺序而言，各方的资料并没有达成一致。下文讨论的顺序是依据神话学家阿波罗多罗斯记录的顺序来的，而其他神话讲述者，比如狄奥多罗斯・西库鲁斯所记述的顺序就略有不同。

涅墨亚雄狮

神话传统认为杀死涅墨亚雄狮是第一场试炼，英雄与雄狮的对峙就发生在他的家乡附近一个名为涅墨亚（Nemea）的小地方，位于阿戈利斯。涅墨亚雄狮有着传统狮子所拥有的强大的力量和贪婪的下颚，除此之外，这只野兽还有一个特点，那就是刀枪不入。由于箭矢无法伤它分毫，赫拉克勒斯不得不与它肉搏（见彩插图 11）。[13] 当他把狮子皮带回迈锡尼作为试炼成功的证明时，欧律斯透斯吓得躲进了一个大口陶瓷坛中。在他余下的生命中，这一场试炼成功的战利品成为赫拉克勒斯永久的象征。正如无数艺术作品所呈现的那样，赫拉克勒斯身穿刀枪不入的狮子皮（结合了衣服和盔甲的属性），脖子上还佩戴着狮子的利爪。狮子皮和标志性的棍子一起构成了我们识别赫拉克勒斯这位英雄的身份标志。

勒拿湖九头蛇海卓拉

一定程度上我们认为，一旦事物涉及跨越或超越“自然”边界，那就可能成为怪物，涅墨亚雄狮唯一可以被描述为怪物的特征就是它的刀枪不入。然而，第二场试炼的目标，被称为海卓拉（Hydra）的多头水蛇，毫无疑问是真正可怕的怪物，将恐怖和怪异体现到了极致。和涅墨亚雄狮一样，它生于勒拿（Lerna）的沼泽地，就在阿尔戈斯的南部。但这只野兽并没有留在沼泽地里，根据阿波罗多罗斯的说法，它闯入干地，对周围的牲畜造成了严重的破坏。阿波罗多罗斯的生动叙述如下所示：

> 海卓拉身形巨大，有九个头颅，其中八个是普通头颅，而中间的那个是不死的。赫拉克勒斯坐上由伊俄拉俄斯驾驶的战车，前往勒拿。他停住了车马，然后在阿米蒙（Amymone）泉边的一座山上发现了九头蛇，这里正是九头蛇的巢穴。赫拉克勒斯向她射出火焰箭，迫使她出来。当她被逼离巢穴时，他伺机钳制住她，但她紧紧地缠住了赫拉克勒斯的一条腿。他用棍子打碎了她的头，但收效甚微，因为一个头被打碎了，两个脑袋又接着长出来。一只巨大的螃蟹前来协助九头蛇，它捏住了赫拉克勒斯的双脚。因形势危急，在杀了螃蟹后，他立马叫来伊俄拉俄斯帮忙。伊俄拉俄

斯在附近的森林里放了一把火，用燃烧的木头片灼烧九头蛇的头颅，防止它们再生。以这种方式解决了再生的头颅后，赫拉克勒斯成功砍掉了那个不死的头颅，把它埋了起来，并在上方压了一块重石。至于九头蛇的尸体，他将其切开，用她的胆汁浸泡箭矢。[14]

只有一个头颅不死是个耐人寻味的细节，这是阿波罗多罗斯独创的，显然是希腊神话千变万化的又一个例证。对于头颅的数量，说法也各有不同。狄奥多罗斯认为总共有 100 个，视觉艺术家为了在有限的空间内呈现，不可避免地选择了一个较少的数量（见彩插图 12）。[15]至于赫拉克勒斯如何向欧律斯透斯证明他已经完成了这项试炼，我们不得而知，比如他是否把可怖的尸体从勒拿一路拖回到迈锡尼呢？一个贯穿该神话传统的细节是，赫拉克勒斯收集了九头蛇的毒胆，并把他的箭浸入其中。因此，就像涅墨亚雄狮一样，九头蛇为英雄提供了一份可以在战斗中使用的强大的战利品。狮子皮成为他的防御性盔甲，九头蛇的胆汁给了他一个致命的攻击型武器。

刻律涅牝鹿

从表面上看，与前两项任务相比，捕捉一只牝鹿简直是小儿科。诚然，这次狩猎让赫拉克勒斯走了一段稍长的路，因为这只动物的栖息地在阿尔戈斯西北部约 80 千米的地方。但从某种意义上说，这只鹿并不凶残，其最糟糕的情况是欧里庇得斯提到的：它对农民具有威胁性。[16]即使不是怪物，这只鹿也肯定是特别的存在，它与普通的母鹿不同，长有角，不仅如此，它的角还是金色的。而且，它对阿耳忒弥斯来说是神圣的存在。为了捕获它，赫拉克勒斯需要十足的耐力。根据各方神话记述，他必须追捕它长达一年，甚至可能要向北走到多瑙河边。[17]阿波罗多罗斯说，他的行程不能超过阿卡迪亚（Arcadia），但这样一来，他遇到了一个很大的阻碍，这种阻碍来自阿耳忒弥斯。[18]即使是像赫拉克勒斯这样孔武有力的英雄，在自然界的荒野中，尤其是在阿耳忒弥斯势力范围的中心地带，他依然需要极力避免惹怒女神。后来，他设法解决了这个问题，此处体现出英雄鲜少被提及的策略性，那就是熟练的谈判。他争辩说，捕获神圣的牝鹿并不是他的过错，相反，责任在于将他推向试炼之人。阿耳忒弥斯显然被说服了，她让他继续前行。他扛起鹿，把它带回去给欧律斯透斯，作为他第三次试炼成功的证明。

厄律曼托斯山的野猪

厄律曼托斯山（Erymavithos）位于伯罗奔尼撒半岛北部，在刻律涅牝鹿栖息地的西南边上。与赫拉克勒斯一些明显可怕的对手相比，生活在那里的只是生物学意义上传统的野猪，所以尽管凶猛，它依然属于自然物种。神话中猎杀野猪的场合通常用于展示贵族的英勇。其中有两个最著名的例子，一个是卡吕冬的野猪狩猎，特洛伊战争前许多伟大的英雄都参与过。另一场狩猎在《奥德赛》第 19 卷中有所记述，它发生在帕纳索斯山（Parnassos）附近，野猪在被奥德修斯用长矛刺死之前咬住了他的腿。上述两种狩猎都是集体行动。个人凭一己之力捕获野猪，是一项极其艰难的任务，但这是欧律斯透斯给赫拉克勒斯下达的命令。

神话学家们很少关注捕捉野猪的过程本身，尽管阿波罗多罗斯曾明确指出，赫拉克勒斯把野猪赶到雪地上，让它行动迟缓，以便用套索将它拴住。[19] 大多数叙述者认为更有趣的是后续的故事。比在野猪栖息地杀死它更棘手的是如何将它活捉并带回迈锡尼，这象征着一种对野性的驯化。赫拉克勒斯做到了这一点，然后将野猪举过欧律斯透斯的头顶，完成了这一壮举，而欧律斯透斯又一次躲进了一个储物罐。希腊的瓶画家们总是乐此不疲地呈现这一滑稽场景。

第 7 章

英雄主义的现代诠释　赫拉克勒斯的试炼

赫拉克勒斯将厄律曼托斯山的野猪带到欧律斯透斯那里

（阿提卡双耳瓶，前 540—前 530）

清扫奥吉亚斯的牛棚

第五次试炼要求赫拉克勒斯留在伯罗奔尼撒半岛。这一次，他必须前往埃利斯（Elis），那是奥吉亚斯（Augeas）国王统治的领土，他的行动既不涉及猎杀野兽，也不涉及个人战斗，而是要解决一个卫生问题。欧律斯透斯命令他在一天之内清理出牛棚里的大量粪便，那里饲养着大量的牛。对此，赫拉克勒斯没有使用蛮力，而是依靠智慧。他将附近的一条河流（也有其他资料称是两条）的水改道，借它冲走了粪便。早在公元前460年左右，这段经历已经被绘于奥林匹亚的宙斯神庙的壁画上。因为大圣殿本身就在埃利斯，这证实了神话的地方性特征。这场试炼只为视觉艺术家提供了很小的创作空间，然而它却为作家提供了更多灵感。狄奥多罗斯简单地解释了这项活动：

> 那么，我们肯定会对赫拉克勒斯的创造力感到惊叹。因为他完成了这项特殊任务，而没有招致任何耻辱，也没有让他的成神之路和不朽功业被无妄地玷污。[20]

但是，其他的神话讲述者对这个故事有更多的解读，他们提到，赫拉克勒斯巧妙地利用了奥吉亚斯和欧律斯透斯的不同要求以获得更多益处。例如，在阿波罗多罗斯的版本中，当赫拉克勒斯第一次来找奥吉亚斯时，这位英雄并没有提到自己受命于欧律斯透斯。相反，他只是承诺清理牛棚，并将获得十分之一的牛作为报酬。[21] 奥吉亚斯同意了，心想这个任务根本不可能完成。当赫拉克勒斯履行了他的承诺后，奥吉亚斯却反悔了。他声称自己已经发现赫拉克勒斯是奉命完成这项任务，因此拒绝支付任何报酬。并且，事情还进一步复杂化了，根据阿波罗多罗斯的说法，欧律斯透斯因为赫拉克勒斯已经得到了报酬，而判定这场试炼不合格，尽管事实上他并没有得到报酬。在赫拉克勒斯的神话生涯中，未完成的交易这一主题屡见不鲜，特别是当他从海怪手中救出赫西俄涅（Hesione）公主时，她的父亲并未信守承诺，给出报酬。在这个故事里，特洛伊国王拉俄墨冬（Laomedon）

本来答应给他一些神马作为报酬，这些神马原本是由宙斯赠与的，是宙斯作为绑架了伽倪墨得斯的补偿。赫拉克勒斯因对方毁诺而愤恨，带着军队回到特洛伊并杀死了拉俄墨冬。但奥吉亚斯的毁诺并没有招致这种报复，赫拉克勒斯为了后续的试炼疲于奔命，他别无选择，只能坚持到痛苦结束。

斯廷法罗斯的怪鸟

如果说有哪个试炼最能从本质上说明希腊神话的多元性，那一定是下面这个故事。这场试炼涉及沼泽里的鸟类，它们栖居于阿卡迪亚的斯廷法罗斯（Stymphalos）山腰。对于鸟类所造成的祸患程度，人们众说纷纭。一种说法是，它们数量多得令人难以置信，劫掠了周围的庄稼；另一种说法是，它们以羽毛为箭，四射伤人；还有一种更惊人的说法认为它们是食人鸟。[22] 关于赫拉克勒斯对付它们的方式，讲述者也都各执一词。其中最富想象力的版本是，他站在山顶上，用铜铃或铜响板发出巨大的声响把它们吓跑，这一武器是赫菲斯托斯所制，由雅典娜提供。更传统的说法是，他用箭把它们击落，或者用弹射器把它们射下来。

神赐铜铃的细节值得反思。对每个英雄来说，生活都是在走钢丝：神明们提出的要求有时候相互冲突，英雄们只能殚精竭虑尝试解决。今天，事情可能因赫拉的愤怒或阿耳忒弥斯的怨恨废止不前；明天，也可能在雅典娜或赫菲斯托斯的帮助之下柳暗花明。从表面上看，神话讲述者和听众耳熟能详的故事是，在普通人的世界里，如果人们没能为某位神灵举行祭祀仪式，他们以及所在的社区肯定会坏事连连。然而，神话世界与日常世界的一个重要区别是，神话将日常生活中的关注点具体化、戏剧化、突出化、尖锐化，并且使紧张关系更加极端，灾难更加严重，同时，也让成就更加辉煌，总之，一切都更加令人难忘。和以赫拉克勒斯为主角的神话相比，没有任何其他神话中有更极端的紧张关系、更严重的灾难，以及更辉煌的成就。

赫拉克勒斯和斯廷法罗斯的鸟［罗马马赛克画细节，瓦伦西亚（Valencia）附近的利里亚（Llíria），3世纪上半叶］

克里特公牛

通常排在第七位的这场试炼第一次将赫拉克勒斯带出伯罗奔尼撒半岛。欧律斯透斯命令赫拉克勒斯前往克里特岛捕获一头野牛，并将其带回迈锡尼。克里特岛和公牛之间有着纷繁复杂的神话联系，这些联系最早可以追溯到现实世界中的米诺斯宫殿，这些宫殿因其展示的精彩纷呈的牛群艺术形象而闻名。赫拉克勒斯的战斗多次出现在艺术作品中，特别是阿提卡的瓶画中，在这些画中，他在摔跤和套索方面的高超技艺得到了有力的证明。相关的文学记载则不那么引人注目，而且有些矛盾之处。各方资料一致认为这次试炼关乎一头特殊的公牛，但究竟是哪一头特殊的公牛呢？有人说，正是这头牛载着欧罗巴漂洋过海来到克里特岛，使宙斯能够享用美色。[①] 然而，根据大多数神话讲述者的说法，那头公牛不仅仅是宙斯派来的，实际上，它就是宙斯本人，只是暂时处于化形的状态。因此，赫拉克勒斯或其他任何人都无法捕获这头牛。还有一个不同的故事认为，赫拉克勒斯抓住的公牛正是米诺斯国王神话中的那头雄伟的白色公牛。这头公牛有着复杂的背景故事，在一次王朝争端中，米诺斯曾经向波塞冬祈祷，希望他能从海里送来一头公牛，以证明他至高无上的权力。波塞冬应允了，但米诺斯拒绝献祭公牛来回报神赐。波塞冬因此降下了残酷且不寻常的惩罚，他让米诺斯的妻子帕西菲迷恋上了这头公牛，使她与公牛交配并生下了弥诺陶洛斯。如果这就是赫拉克勒斯抓住的那头公牛，那么它与克里特岛的破坏性联系并未结束。当赫拉克勒斯把它带到阿戈利斯给欧律斯透斯看时，他释放了这头公牛。公牛自由自在地游荡到阿提卡，改头换面之后成了“马拉松公牛”（the Marathonian bull），它的角刺死了米诺斯的儿子安德罗戈斯（Androgeos），最后，这头公牛被忒修斯杀死。矛盾的是，赫拉克勒斯千辛万苦捕获公牛似乎并不讨好，唯一的影响不过是将它从克里特岛转移到雅典境内，从

① 欧罗巴（Europa），希腊神话中的腓尼基公主，宙斯觊觎她的美色，为了接近她，宙斯变作一头看起来非常高大俊美、优雅温驯的公牛，公牛载着欧罗巴前往另一个大陆，后来这个大陆取名为欧罗巴，也就是现今的欧洲。——译者注

而为这两个主要神话地点之间的众多联系再添一笔。

狄俄墨得斯的牝马

克里特岛事件之后，赫拉克勒斯被派往北边的色雷斯（Thrace）。可见，欧律斯透斯的指令把他派到了地理位置上越来越艰险的地方。这次试炼所涉及的是行为上而不是生理构造上的怪物——一群会把人撕碎蚕食的母马。[23] 这些马匹属于色雷斯国王狄俄墨得斯（Diomedes），他是战神阿瑞斯的儿子。在其他神话中，比如关于强奸犯忒雷俄斯（Tereus）和杀人犯利库古斯（Lycurgus）的神话中，色雷斯都被描述为一个野蛮残酷的地方。[24] 根据狄奥多罗斯的说法，赫拉克勒斯通过给母马们喂食来满足它们的食欲。当它们吃饱后变得温顺时，他把它们赶到南方的迈锡尼。[25] 然后发生了什么呢？欧律斯透斯是否将这些母马献给了他的背后靠山赫拉，或者将它们放走？对此，神话学家们意见不一。[26] 在色雷斯发生的故事还有另一个版本，这个版本的特殊之处在于它将赫拉克勒斯的神话融入了当地的政治文化中，阿波罗多罗斯保留了这样一种故事版本，在该版本中，赫拉克勒斯得到了一个年轻人的帮助，他是赫尔墨斯的儿子也是赫拉克勒斯的情人，名为阿伯德罗斯（Abderos）。有一次，赫拉克勒斯把母马托付给阿伯德罗斯照看，结果它们撕碎了阿伯德罗斯。后来，在他的坟墓旁边，赫拉克勒斯建立了一个城市，名为阿布德拉（Abdera）。由此，阿布德拉城与这位传奇英雄的功绩建立了紧密的关联，在希腊，类似这样的地方屡见不鲜。[27]

亚马孙女王的腰带

若要获取下一个战利品，赫拉克勒斯需要去往东北方向，即黑海南岸。他的目标是一位亚马孙女王战时佩戴的腰带。由于资料的不同，女王有时被称为安德洛墨达（Andromeda），有时被称为希波吕忒或梅拉尼普。[28] 这段故事被描绘成或和平的，或暴力的，相比之下，暴力的形态更受偏爱，尤其在视觉艺术家中，这一段故事十分受欢迎。在作家中，狄奥多罗斯详细描述了赫拉克勒斯率领追随者军队出征的情况，在一场激烈的血战之后，许多亚马孙人惨死。[29] 赫拉克勒斯并没有杀死当时的亚马孙女王梅拉尼普，而是将其从监禁中释放了出来，条件是她必须支付赎金，也就是她战时佩戴的腰带。也有少数作品将这场交接描绘成一场友好往来。

赫拉克勒斯总是遇到异常的对手，这是贯穿大多数试炼的一条共同线索。击败一支普通的男性军队对赫拉克勒斯来说算不上什么成就，当然也不能被纳入十二试炼之中。以亚马孙人作为对手则大有不同，亚马孙人是异常的，异常是一个反复出现的特征，无论是生理层面还是行为层面。

赫拉克勒斯和希波吕忒的腰带（坎帕尼亚钟形水壶，前 325—前 310）

亚马孙人之所以值得被纳入赫拉克勒斯试炼的对手中，原因不仅在于她们的战斗力，也在于她们体现出的这种异常。她们全员女性的生活方式当然是一种行为上的异常，单边被灼烧的乳房也构成了一种生理上的异常。

革律翁（Geryon）的牛群

乍听之下，第十项试炼与欧律斯透斯强加的其他一些试炼相比，似乎很平常，赫拉克勒斯只需要应对一些并不怪异的牛群，把它们赶到迈锡尼。但事实上，这并不是公事公办那么简单，因为有两个因素非常棘手，那就是牛群的主人和牛群的位置。

牛群属于革律翁，他的父亲克律萨俄耳（Chrysaor）是波塞冬和美杜莎的后代，美杜莎被珀耳修斯斩首后，从她的脖子上生出了克律萨俄耳。[30] 革律翁的祖先们都极其怪异，尤其是他的祖母美杜莎，这种怪异性主要表现在生理层面，许多资料都将革律翁描绘成一个三身一体的怪胎。他究竟是三头身还是三条躯干？他的腰部以下是两条腿还是六条腿？对此，人们意见不一。革律翁的多头形象与他的双头猎犬俄特洛斯（Orthros）十分匹配。俄特洛斯的身体结构怪异，这不足为奇，因为它是怪物提丰（Typhon）和怪兽之母厄客德娜（Echidna）的孩子，与海怪海卓拉和冥府守门狗刻耳柏洛斯（Cerberus）血脉相连。[31] 棘手的不只是革律翁的怪异性，还有他所在的位置。传闻他住在世界的西端，一个名为厄律忒亚（Erytheia）的岛屿，又名“红土地”（the red land），是太阳落下的地方。为了找到革律翁，赫拉克勒斯动身前往西班牙的最西南端，并在途中进行了无数次支线任务，之后，他乘坐巨大的金碗渡过了奥克诺斯河（Oceanos），金碗原属于赫里俄斯，日神乘坐其中，每晚从日落的地方向东航行，以便在每个黎明再次升起。日神把金碗借给赫拉克勒斯并不完全出于利他主义，而是因为赫拉克勒斯把弓对准了日神，日神慷慨地将交通工具借与他，以表彰他的胆量。

许多古代的图像都呈现了赫拉克勒斯与革律翁的战斗。接下来，我们将依据文字资料来了解他精心策划的将牛群带回迈锡尼的旅程。在其中一个版本中，他必须把牛群装进赫里俄斯的金碗里，穿过奥克诺斯河，一直航行到西班牙的塔特索斯（Tartessos），然后驱使牛群走过欧洲大陆上的大部分地区，再把它们交给在迈锡尼的欧律斯透斯。欧律斯透斯要牛群有何用呢？希腊的祭祀惯例几乎总是涉及献祭驯养的动物，献祭野生动物则不常见。赫拉克勒斯带回来的动物确实都已经被驯养，可想而知，欧律斯透斯的目的自然是把这些牛群献给赫拉，以感谢她长期以来的支持。[32]

赫拉克勒斯和革律翁
（阿提卡双耳瓶，E 组画家，约前 550—前 540）

赫斯珀里德斯的苹果

第十一场试炼是关于赫拉克勒斯采集的奇妙果实，对此，古老的叙述在许多方面都达成了一致。[33] 他们认为，这些苹果是金色的，生长在由赫斯珀里德斯仙女们照看的树上，她们住在一个与世隔绝的地方，通常被认为是遥远的西方。虽然没有任何古希腊罗马的资料提及金苹果会带来不朽或永恒的青春（这与北欧神话中表面上类似的主题形成对比），但金苹果十分特别，甚至被盖亚作为结婚礼物，赠送给宙斯和赫拉。金苹果的守护者是一条可怕的百头蛇，名为拉冬（Ladon），据说，它是提丰和厄客德娜的后代。但对这个故事中的一个核心特征，人们众说纷纭。根据一些神话讲述者的说法，杀死拉冬并摘取苹果的功劳只属于赫拉克勒斯。[34] 但另一些说法则将赫拉克勒斯与阿特拉斯的一场有趣的相遇和这场试炼联系在一起。阿特拉斯是一位泰坦巨人，因反抗宙斯而受到惩罚，他必须永生永世地把整个世界扛在肩上。在这个故事版本中，赫拉克勒斯刚刚射杀了啃咬普罗米修斯的老鹰，从而解放了他，因此他从普罗米修斯那里得到了一些精明的建议。阿波罗多罗斯接下来讲述：

> 普罗米修斯告诉赫拉克勒斯不必自己去找苹果，而应该从阿特拉斯手中接过撑举天空的任务，让他去找苹果。赫拉克勒斯听从了这一建议，接管了撑举天空的任务。阿特拉斯从赫斯珀里德斯那里摘了三个苹果后，又来找赫拉克勒斯。阿特拉斯不想撑举天空，便说他会把苹果拿给欧律斯透斯，好让赫拉克勒斯代替他撑举天空。赫拉克勒斯表面上答应了，但巧施妙技，成功地把天空放回到阿特拉斯肩上。这场成功得益于普罗米修斯的建议。赫拉克勒斯让阿特拉斯帮自己举一会儿天空，因为他想在头上放一个垫子，以减轻压迫的重量。阿特拉斯听到后，把苹果放在地上，接过来撑起了天空，于是赫拉克勒斯拿起苹果就走了。[35]

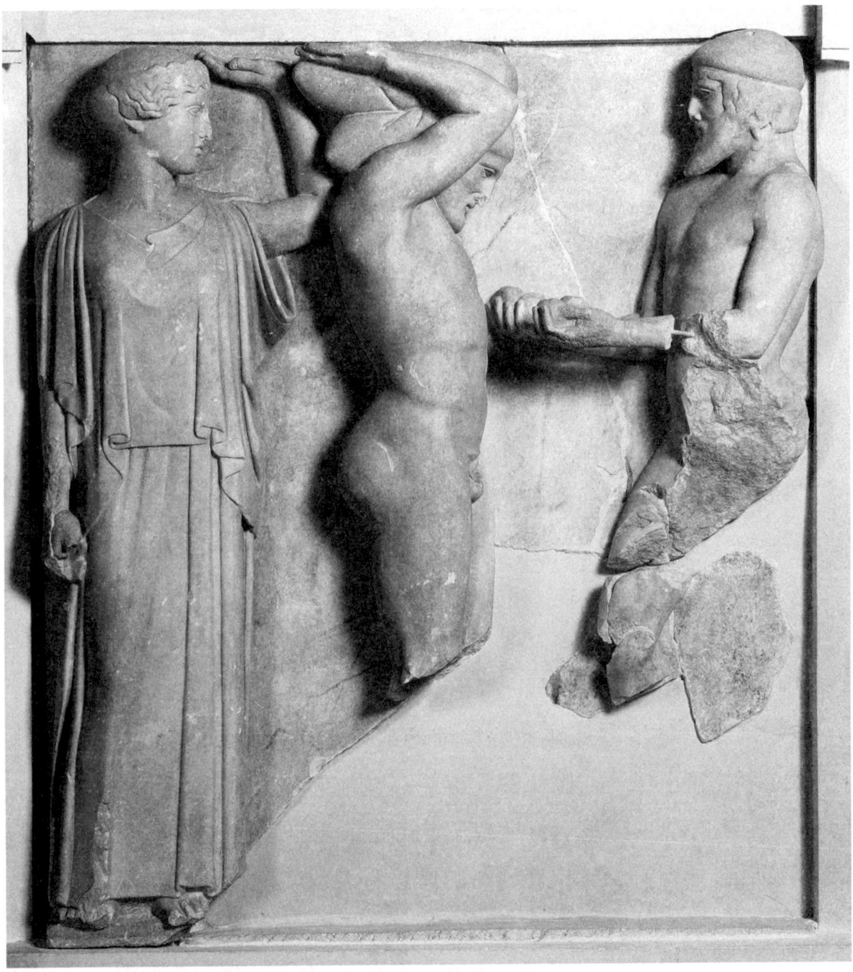

阿特拉斯向赫拉克勒斯展示赫斯珀里德斯的苹果，
赫拉克勒斯在雅典娜的帮助下，用肩膀上的垫子支撑着整个世界
（奥林匹亚宙斯神庙的柱间壁，约前 470—前 457）

在这个故事里，赫拉克勒斯表现出超越蛮力的品质，虽然这个诡计是普罗米修斯的主意，但赫拉克勒斯的成功实施也体现了他足够有智慧。至于苹果的去向，所有神话讲述者都认为赫拉克勒斯把它们带给了欧律斯透斯，苹果后来被交给了雅典娜，而雅典娜又把它们还给了赫斯珀里德斯仙女们。和以往的情况一样，赫拉克勒斯的试炼最终没有惊起任何波澜。

对于这场试炼，还有另一种相对沉重的看法。在阿波罗尼奥斯所写的关于阿耳戈号航行的史诗篇章中，作者提供了一个罕见的、来自试炼中的受害者的叙事角度。一位赫斯珀里德斯仙女悲伤地向阿耳戈人控诉了赫拉克勒斯令人发指的行为：

> 他给我们留下了深重的悲痛。昨天来了一个人，他暴力龌龊，外表肮脏不堪。他的眼睛在他凶恶的眉毛下闪闪发光，相当无情！他是谁？他穿着一张巨狮的皮，毛毛躁躁，粗犷无比。他拿着一根粗大的橄榄枝和一张弓，射杀了这里的生物。[36]

阿耳戈英雄们得知他们以前的战友赫拉克勒斯最近就在这一带，不禁喜出望外，因为赫拉克勒斯在他们的征途开始后不久就退出了。当时他选择留下，是为了寻找他年轻的情人许拉斯（Hylas），但最后遍寻无果。赫拉克勒斯的试炼牵涉众多，被夺走宝贵果实的赫斯珀里德斯仙女们并不高兴。不过，一些受到赫拉克勒斯试炼影响的人也算得上罪有应得，没有人会为狄俄墨得斯流下眼泪。① 但是，拉冬只是在做他护卫的本职工作，现在却成了一具腐烂的尸体，仙女们也失去了她们宝贵的金苹果。可见英雄主义也有其黑暗的一面，赫拉克勒斯的成神之路并非都走在光明坦途之上，痛苦和悲伤也在所难免。

---

① 色雷斯国王狄俄墨得斯在赫拉克勒斯的第八项试炼中失去了马群。——译者注

刻耳柏洛斯

只有如奥德修斯、忒修斯、埃涅阿斯和赫拉克勒斯一般伟大的英雄，方能设法深入那些“旅行者们有去无回的未至之地”，并活着回来。要做到这一点，他们必须越过地狱犬。地狱犬看守着活人世界和死人世界之间的边界，它有两个、三个、五十个甚至一百个狗头，有一条蛇尾巴，还有更多的蛇从它的背上生长出来。地狱犬看起来像九头蛇和革律翁的猎犬的结合，再加上一点奇美拉的特质。据说一旦他的呕吐物或唾液滴到地上，地面上便会冒出一种有毒的植物。[37] 赫西奥德说地狱犬吃生肉，声如洪钟，铜头铁臂，全无心肝。[38] 同时他并不只有暴力，还有狡猾的诡计：

> 他摇头摆尾，讨好人们进去，却阻止他们返回，他密切警戒，谁要想走出大门，就会被他抓住吞食。[39]

赫拉克勒斯的第十二项也是最后一项任务是深入哈迪斯的冥界，抓获地狱犬并交给欧律斯透斯。冥界的空间位置并不确切，在《奥德赛》中，奥德修斯是乘船前往的，而埃涅阿斯则曾向下探索。维吉尔的说法令人难忘，他说“下到埃弗鲁斯很容易”①，他还说“这只是一道门罢了”。[40] 赫拉克勒斯的路线也需要下行探索。根据大多数说法，他需要穿过泰纳隆（Tainaron）的一个山洞，山洞位于希腊大陆的最南端，在伯罗奔尼撒半岛中部的尽头。那里也许算不上革律翁或赫斯珀里德斯神话版图中的世界尽头，但也是一个重要的边界以及入口。奥维德在书中提到了一个不同的冥界入口，那就是位于斯基泰的一个山洞。[41] 在《奥德赛》中，赫拉克勒斯曾告诉奥德修斯，他是如何在赫尔墨斯和雅典娜的帮助下抓住地狱犬的。雅典娜一贯是他的帮手，而赫尔墨斯则一直是生与死、上与下之间的调解人。[42] 阿波罗多罗斯

① 原文为“facilis descensus Averno”，埃弗鲁斯（Avernus）也就是冥界之门。——译者注

对此提供了更多的细节。他描述道，赫拉克勒斯掐住猎犬的脖子，直到它屈服，完成了终极的驯化。[43] 故事还有许多有趣的续集被呈现于视觉图像中。画面中欧律斯透斯像往常一样躲在他的储物罐里，看到来自地狱的野兽时，便挥舞着手臂，吓得魂飞魄散。

尽管赫拉克勒斯的试炼千奇百怪，但它们并不曾改变宇宙的基本参数或人类在其中的地位。他的最后一项试炼也不例外，当赫拉克勒斯把地狱犬送回他地狱深处的窝巢，试炼便完成了。除了各司其职，各归其位，任何其他的结果都会威胁到上与下、生与死之间正常界限的完整性，带来不可想象的威胁。

欧律斯透斯、赫拉克勒斯和地狱犬（凯莱提水罐，鹰派画家，前 6 世纪）

赫拉克勒斯引发的哲学辩论

艺术家按照神话的叙述顺序用视觉呈现来捕捉试炼中的一些重要瞬间，然而，这并不是解读赫拉克勒斯试炼的唯一方式。还有另一种解读方式，通常被称为“合理化”（rationalization）。按照这种方式，人们会提出这样的问题：“这些神话背后有哪些普世的真理？”公元前 4 世纪的一位名为帕莱法托斯（Palaephatus）的作家是这种解读策略的典型实践者，他的名字也许是个假名，因为这个名字的意思是“讲老故事的人”。[44] 他的解读方法有一种贯穿始终的理性，本质上是还原主义的。在他看来，神话中的赫斯珀里德斯仙女们是两个普通的女子，她们的父亲拥有美丽的羊群，因此有着比喻意义上的“金色”羊毛。偷窃美丽的羊被误读为偷窃金苹果，因为在希腊语中苹果和羊是一词多义，都写作“mēla”。[45] 巨蛇海卓拉的传说与此类似，可作如下解读：海卓拉是勒努斯国王（King Lernus）统领境内的一个堡垒的名字，欧律斯透斯派赫拉克勒斯去洗劫堡垒，每当守卫堡垒的弓箭手中有一位倒下时，便有另外两位上前补位，最终，伊俄拉俄斯通过放火帮助赫拉克勒斯夺取了该堡垒……[46] 这种观点显示出很好的独创性，并且在今天仍然非常流行。再比如，半人马神话形象只是一种混乱记忆，实际是骑在马上的人。而独眼巨人（Cyclops）的传说想必是因为有人发现了矮脚象的头骨，这种头骨中央有一个巨大的中央空洞，就如同独眼一般，诸如此表。[47] 但这种方法有一个致命的缺点，那就是把神话看作对普通世界的简单反映，将想象力带来的奇异与大胆等特质从中剥离了，而这些特质正是神话之所以成为神话的原因。

比帕莱法托斯的合理化解读更有说服力的是各种哲学辩论，在这些辩论中，赫拉克勒斯时而被援引为积极的榜样，时而被当作一个应该被唾弃的典型。[48] 对于犬儒主义者来说，赫拉克勒斯是坚忍品质的典范，在试炼过程中，他没有被享乐的诱惑所迷惑，也没有被艰苦的工作所吓倒。对斯多葛派来说，也是如此，他们的代表人物爱比克泰德（Epictetus）尤其钦佩赫拉克勒斯对抗混沌无序、为世界带来文明的无私奉献精神。[49] 这种解读方法在希腊哲学家赫拉克利特（Heraclitus）的作品中得到了体现，他在《荷马史诗相关问题》（*Homeric Problems*）一书中，以一种与传统大相径庭的观点剖析了赫拉克勒斯的真正品质：

> 我们决不能轻易断言，他仅凭借强健的体魄就能在试炼中获得那些耀眼的成就。相反，他是凭借了卓绝的智识，沐浴了来自天国的智慧。他为隐藏在黑暗中的哲学带来了光明……他所战胜的野猪令人闻风丧胆，而狮子有着不分青红皂白随意伤人的癫狂。通过给非理性的激情加上镣铐，他可以支配暴躁的公牛。在他射杀刻律涅牝鹿的同时，他也把懦弱逐出了世界。还有一项试炼中，他清除了大量的粪便……换句话说，清除粪便也是清除破坏人性的污秽之物。他用铜铃将希望之鸟散布于人间，它们乘风飞翔，滋养着芸芸众生。他用劝诫之火烧掉的巨蛇的头颅就是享乐本身，一被砍掉就又开始蔓延滋长，生生不息。[50]

然而犬儒主义和斯多葛主义并未囊括关于这个话题的全部哲学思考。正如伟大的古罗马诗人、哲学家卢克莱修（Lucretius）所推崇的那样，伊壁鸠鲁派无心关注这些现实中的怪物杀戮，“涅墨亚狮子张开的大嘴，野蛮的阿卡狄亚或者说厄律曼托斯山上的野猪，它们如今能对我们造成什么伤害呢？”对卢克莱修来说，真正可以在诸神中占有一席之地的人，不是一个摆脱了区区几只野兽的硬汉，而是一个真正被灵感普照的人。这个人不是别人，正是伊壁鸠鲁，通过“语言而非武器”，他在头脑中打败并驱逐了那些道德层面的敌人，也就是骄傲、卑鄙和自我放纵。[51] 伊壁鸠鲁派认为，在最高理念的指引下，他们把人类从恐惧中解放出来，这样的贡献有着无可比拟的价值，胜过了一切凭借铜头铁臂和棍棒刀枪所取得的成果。

关于赫拉克勒斯的道德和政治视角

像所有希腊－罗马神话一样，赫拉克勒斯的十二试炼也被卷入了一个错综复杂的叙事网络中，其中涉及诸神之间以及人神之间的关系，交织着阴谋、诡计、爱情和仇恨。这个叙事网络由神话讲述者和他们的听众提供和支撑，被整合到一个复杂的宗教信仰和仪式实践的体系中。不仅如此，该体系还进一步得到了神话的支持、评论，以及质疑。很久以后，即便这些信仰和实践已经不再是人们与世界打交道的主要方式，神话仍然表现出非凡的生命力，这种生命力通常以神话改编的形式表现出来。

为了更详细地探讨这个问题，我们将先着眼于古典时期晚期到文艺复兴时期这个时间段。在这个阶段有两个层面的讨论非常突出。首先是道德层面，赫拉克勒斯的事迹应该被从正面还是负面的角度来看待，抑或是两者的结合？其次是政治层面，赫拉克勒斯的旅行使他穿越了大片的土地，横跨整个地中海地区，有时甚至远远超出了这个范围。他存在的痕迹，不论是真实记忆还是人为杜撰的，都对当地许多人的精神生活发挥了不小的影响，这尤其适用于讨论与领导权相关的政治问题。

伦理学

关于赫拉克勒斯的道德评价，我们在欧洲基督教相关的文献和图像中发现了大量的资料。基督教会的早期先辈们对他的功绩意见不一。德尔图良嘲讽并质疑了赫拉克勒斯获得神圣荣誉的正当性：

> 如果是为了他无畏地杀死野兽的英勇行为，那有什么值得纪念的呢？被判处参加斗兽的罪犯，难道不是即使被安排在卑劣的竞技场上，也能一次就杀死许多这样的动物，而且有着更狂热的孤勇吗？[52]

拉克坦修斯也采取了类似的说法，但他的语气没有那么轻蔑：

> 他战胜了狮子和野猪，用箭射死了鸟，清洗了一个皇家牛棚，征服了一个处女并夺取了她的腰带，杀死了野蛮的马和它们的主人，有什么了不起的呢？这些都是一个勇武之人可以做到的，他仍然只是肉体凡胎。他所战胜的那些东西都是脆弱的凡世之物。能够征服心灵、克制愤怒的，才是真正的勇士，然而这些事情他从未做过，也无法做到。[53]

但另一种越来越流行的看法是，不仅强调赫拉克勒斯的美德，甚至将这位最伟大的异教英雄与救世主基督相提并论，尤其关注他对抗和战胜死亡的能力。这一点在查士丁（Justin Martyr）所著的《第一护教篇》（*First Apology*，约 155）也有所提及。[54]

赫拉克勒斯在早期基督教的想象中占有一席之地，我们可以在一组壁画中看到相关的视觉呈现。壁画位于罗马拉丁大道上一个 4 世纪的地下墓穴的 N 室中，虽然壁画的画面以《旧约》和《新约》中的场景为主，但赫拉克勒斯在其中被赋予了光辉的形象，他姿态鲜明，很有英雄气概。这让人联想到他对抗那些可怕对手的能力，比如海卓拉，守护金苹果的蛇，还有地狱犬。

此外，深处墓穴之中的图像也让人联想到赫拉克勒斯战胜死亡本身的能力，因为墓穴与死亡的物理和精神联系最为紧密。在一幅画中，赫拉克勒斯将死去的阿尔刻斯提斯（Alcestis）带回她的丈夫阿德墨托斯（Admetus）身边，为此，他战胜了死亡之神塔那托斯，为了证实他有能力跨越生死界限，画面中，他紧紧地锁住了三头犬的后颈。[55]

阿尔刻斯提斯、赫拉克勒斯、地狱之神和阿德墨托斯
（拉丁大道地下墓穴壁画，罗马，4 世纪）

后古典时代中，对于赫拉克勒斯在试炼期间所面临的对手，各种记述层出不穷，但都无法与但丁在《地狱篇》（*Inferno*）中的想象媲美。[56] 但丁笔下的刻耳柏洛斯是地狱第三层的面目可憎的狱卒，它折磨着贪食者们的灵魂，让他们永陷泥潭，永生永世浸泡在大雨中："它眼睛赤红，黑胡须上沾满油脂，大肚子，手上有爪；它抓住那些亡魂，把他们剥皮，一片一片地撕裂。"[57①] 在地狱的更深处，把维吉尔和但丁从第七层迫降到第八层的革律翁也同样令人发指，但和刻耳柏洛斯有所不同。[58] 与革律翁"欺诈不洁"的人物形象相称，他的形态也是多重的，但他的多重性远远超出了古典神话所描述的三头六臂的形象。他面部线条光滑舒朗，仿佛是一个正直坦荡的人，但他有多毛的爪子和爬行动物一般艳丽蜿蜒的身体，还有像蝎子一样的毒刺。赫拉克勒斯对手的形象显然与他本人的形象格格不入。对但丁来说，

① 但丁：《神曲·地狱篇》，田德望译，人民文学出版，2018。——译者注

赫拉克勒斯并不等同于基督，但他强调，作为伟大行动的光荣执行者，他是惩恶扬善的代表人物。[59]

对赫拉克勒斯的评价中，有一种极端积极的评价认为，他代表着上帝在凡世的化身。这种评价可以在 14 世纪早期被道德化处理的《变形记》中找到。[60] 事实上，在整个中世纪和文艺复兴时期，赫拉克勒斯被广泛认为是“积极人生（active life）”的代表人物，是以美德战胜罪恶的象征，尤其是“力量至上的美德”（Virtue of Strength）。[61] 在乔叟（Chaucer）的《坎特伯雷故事集》（*The Canterbury Tales*）中，有一则《僧侣的故事》（*The Monk's Tale*）。古往今来，对赫拉克勒斯的赞美颂词绵绵不绝，故事中的叙述者为他再添亮色：

赫拉克勒斯，战无不胜的勇士！
我们歌唱其业绩和崇高声誉；
作为勇武之花，他扬名于当时……
他寻访的足迹遍及各个王国。
他的勇猛任何人都抵挡不住。①

即便如此，当命运之神抛掷了破坏性的骰子，赫拉克勒斯还是深受其害，他的人生急转直下，是因为德伊阿妮拉和她送来的致命长袍，而赠送者却被蒙在鼓里：②

聪明人对自己的心应当明白。
要是你看到命运女神在微笑，
注意啦，那是在安排某人失败，
而她采用的手段叫人猜不到。[62]

① 乔叟：《坎特伯雷故事》，黄杲炘译，上海译文出版社，2013。——译者注
② 德伊阿妮拉误以为袍子可以让丈夫专情于自己，却不知道上面涂了致命的毒药。——译者注

《革律翁将但丁和维吉尔送到地狱第八层——罪恶之囊》
（威廉·布莱克，但丁《神曲》中的插图，1824—1827）

对于赫拉克勒斯的故事，人们通常强调的是其积极的一面。佛罗伦萨大法官科卢乔·萨卢塔蒂（Coluccio Salutati）在他的寓言文论《赫拉克勒斯的试炼》（*De laboribus Herculis*，1406）中，对英雄的功绩进行了密集的寓言式解读，他认为这是“完美英雄”（vir perfectus）的光辉事迹。[63] 类似的情况可以追溯到 16 世纪中期，彼埃尔·德·龙沙（Pierre de Ronsard）的《赫拉克勒斯颂歌》（*L'hymne de l'Hercule chrestien*）也提到了基督和赫拉克勒斯之间的相似之处。[64] 与此不同的是，在斯宾塞（Spenser）的《仙后》（*Faerie Queene*，1590—1596）中，赫拉克勒斯作为英雄骑士的典范，被反复引用，并被亚瑟（Arthur）和骑士们推崇效仿。在第五册中，有一个重要例子，其中有亚瑟与暴虐的索尔丹（Souldan）的对抗，索尔丹的原型是西班牙的菲利普二世。这场对抗与赫拉克勒斯的事迹十分相似，神话中，赫拉克勒斯战胜了嗜血的色雷斯国王狄俄墨得斯。在这首诗的后篇，出现了另一个被亚瑟击败的专制者——三身怪物革律尼奥（Geryoneo），他是怪物革律翁的儿子。[65] 革律尼奥同样是菲利普二世在《仙后》中的化身，因为菲利普正如三身怪物一般，统治着西班牙、葡萄牙和低地国家三个王国。

政治

斯宾塞的这些诗行将我们讨论的重点从伦理转向政治。在文艺复兴时期，政治是赫拉克勒斯神话最能得到凸显的一个领域。[66] 当我们思考神话在政治领域的发展，如果将十二项试炼孤立起来思考，认为它们构成了一种单独的意识形态，那必然是一个错误。将古典时期的版本和后来的版本相比较，试炼的实际内容并没有完全对应。中世纪和文艺复兴时期的许多作家和艺术家以波埃修斯（Boethius，约477—524）的《哲学的安慰》（*Consolation of Philosophy*，523）的内容为准进行创作，该书省略了刻律涅牝鹿、奥吉亚斯牛棚、克里特公牛、亚马孙女王的腰带和与革律翁相关的五项试炼，代之以赫拉克勒斯与河神阿刻罗俄斯（Achelous）、半人马、巨人安泰俄斯（Antaeus）和卡科斯（Cacus）的战斗，以及他与阿特拉斯的故事，即前文提到过的赫拉克勒斯用肩膀支撑天空的壮举。[67] 然而，除主要观点之外，在评判哪些是试炼哪些不是的问题上存在着灵活性，因为这无关乎重点。无论如何，赫拉克勒斯都是凭借自己的能力击败了危险而怪异的对手，强调独立自强的品质，在许多欧洲国家的政治意识形态中发挥着主导作用。这种强调也注定某些功绩必然优越于其他功绩，相比之下，刻律涅牝鹿、亚马孙女王的腰带和奥吉亚斯牛棚这类事件必然会相形见绌。①

若要谈及文艺复兴时期的赫拉克勒斯，意大利是最好的出发

① 这几项试炼中，有的并非全部凭借赫拉克勒斯自身的力量完成，未能体现其独立自强的品质，有的并不涉及战胜可怕凶残的怪物。——译者注

点。自 1281 年起，赫拉克勒斯的形象就出现在佛罗伦萨的印章上，印章的象征意义体现了佛罗伦萨对赫拉克勒斯的英雄业绩引以为豪，彰显了其击败暴政和邪恶的理念。[68] 巴乔・班迪内利（Baccio Bandinelli）的雕塑代表作《赫拉克勒斯和卡科斯》(*Hercules and Cacus*）被放置在韦基奥宫（Palazzo Vecchio）的入口处，与米开朗琪罗的《大卫》(*David*）为邻。在费拉拉（Ferrara），与赫拉克勒斯有关的图像在埃斯特宫廷（Este court）中最为盛行，它们被广泛运用于雕塑、绘画、挂毯和喷泉设计中。埃斯特家族声称自己是赫拉克勒斯的后裔，这种夸耀尤其体现在埃斯科尔・埃斯特（Ercole d'Este）① 的名字上，他于 1471 年—1505 年统治意大利。伊莎贝拉・埃斯特（Isabella d'Este）的儿子费德里科二世冈萨加（Federico II Gonzaga）则被描绘成赫拉克勒斯的形象，他的画像被置于曼图亚公爵府的佐迪亚科厅（Ducal Palace at Mantua）的天花板上，画中，他手持一根棍子，棍子周围有一条金丝带，上面刻着"力量至上"。[69] 维泰博（Viterbo）的安尼乌斯（Annius）的著作提供了一些伪史资料，为赫拉克勒斯的意大利化身们提供了伪装。安尼乌斯是一位 15 世纪的多米尼加修士（Dominican friar），他编造了一套伪历史，除了已知的神话故事，他声称英雄从西班牙到意大利旅行，还成了意大利公民，并且有相关细节记载。[70]

因为塔西佗的权威，赫拉克勒斯也和德国人之间建立了联系。根据塔西佗的说法，"他们说赫拉克勒斯也曾经拜访过他们，上战场之前，他们为他歌唱，歌颂这位敢为人先的勇士。"[71] 在 15 和 16 世纪，这种联系被广泛运用。神圣罗马帝国皇帝马克西米利安一世（Maximilian I）被描绘成一个相当离奇的日耳曼式的赫拉克勒斯。马克西米利安的孙子兼继任者查理五世（Charles V）也多次被与赫拉克勒斯联系在一起。

① Ercole: 意大利话中意为赫拉克勒斯。

马克西米利安一世皇帝，日耳曼式的赫拉克勒斯（木刻画，1495—1500）

帕尔米吉尼诺（Parmigianino）的一幅皇室画作（约 1530）将赫拉克勒斯描绘成一个蹒跚学步的孩子，他将一幅巨大的世界地图递给查理。还有一幅肖像，由荷尔拜因（Holbein）为马丁·路德（Martin Luther）所绘，比马克西米利安和查理五世的画像更引人注目，画中形象显然是一位超级英雄式的日耳曼大力士，他用邪恶的带刺棍棒将一些名人志士打得落花流水，其中有亚里士多德和托马斯·阿奎那（Thomas Aquinas）。路德的鼻子上挂着一个鼻环，上面是微型的教皇利奥十世，教皇戴着三个头饰，也许是革律翁的象征。[①]

① 利奥十世（Pope Leo X）作为佛罗伦萨天主教教皇，视推动宗教改革的马丁·路德为异端，马丁·路德揭露天主教的黑暗腐朽，与利奥十世形成对立，正如赫拉克勒斯与革律翁的对立一般。画像体现出以赫拉克勒斯神话为灵感，并且以宗教改革为背景的政治寓意。——译者注

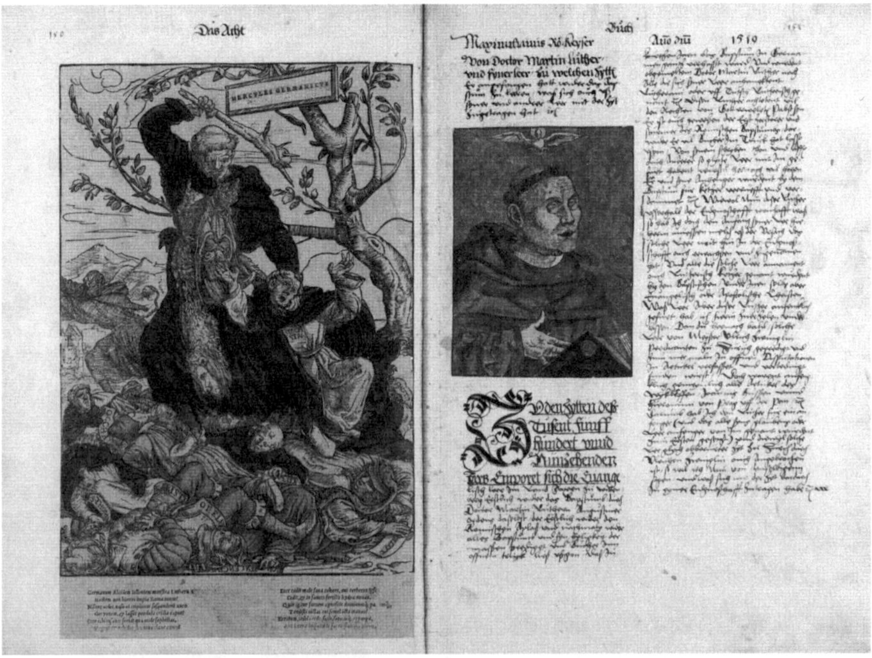

马丁·路德肖像，日耳曼式的赫拉克勒斯（小荷尔拜因，1519）

其他十几个欧洲国家也都或多或少地寻找着本国的赫拉克勒斯。包括英国、法国诗人和历史学家伯纳德·安德烈亚斯（Bernard Andreas，约 1500）在《亨利七世的三重奏》（*Les douze triom-phes de Henry VII*）中颂扬了都铎王朝第一位国王的功绩。书中，“三重”显然是关键词。[72] 这种现象在法国最为普遍，历代君主都致力于加深与赫拉克勒斯的联系以提高威望。与德国一样，法国也追溯着古典神话中的例证。根据狄奥多罗斯的记载，赫拉克勒斯在往返于西班牙的盖里昂（Geryon）王国时，曾建立了一座阿莱西亚城（Alesia），它位于今天的勃艮第。当时，他与一位美丽的凯尔特少女云雨之后，少女为他生了一个儿子，名叫加拉茨（Galates），是高卢人的祖先。[73] 从弗朗索瓦一世（François I，1515—1547）开始，一直到 18 世纪，不论是来自国王自己还是他人的描述，法国国王都有着高卢赫拉克勒斯的形象。[74] 最让亨利四世引以为豪的事件是他与第二任妻子玛丽·德·美第奇（Marie de Medici）的婚姻，1600年，他们以游行的方式进入阿维尼翁（Avignon），这一事件被记录在安德烈·瓦拉迪埃（André Valladier）的《高卢皇家迷宫》（*Labyrinthe royal de l' Hercule gaulois triomphant*，1601）一书中，其中包括七个凯旋门的版画，每一幅版画都试图呈现赫拉克勒斯的试炼与亨利国王的壮举的对应关联。

英雄叙事与社会变革的现代联系

与俄狄浦斯、美狄亚和普罗米修斯等具有象征意义的人物相比，很难说赫拉克勒斯依然能够被用于审视当今人类的状况，并占据一个独特的社会心理学位置。即使我们从更长远的角度来看，回顾整个文艺复兴之后的文化，也会得出类似的结论。赫拉克勒斯的各项试炼确实有着相对有限的存在意义，但若要探讨他神话形象的阴暗面，上述结论却不那么适用。他的阴暗面包含了一种软弱与狂暴的矛盾结合，这种结合既带来了向外的暴力毁灭，也难免向内在的自我侵蚀。

对于赫拉克勒斯神话形象的阴暗面，也有一些极富代表性的剧作改编或想象重构的艺术作品，但与那些基于其他神话人物创作的希腊悲剧的作品相比，数量相对较少。欧里庇得斯的《疯狂的赫拉克勒斯》和索福克勒斯的《特拉奇斯的女人》（*Women of Trachis*）分别描述了英雄毁灭家庭的疯狂以及他死于第二任妻子之手的痛苦。弗兰克·韦德金德（Frank Wedekind）的戏剧《赫拉克勒斯》（写于1917年，首演于1919年）探讨了赫拉克勒斯的失败，但与其说是探讨，不如说是对失败的严峻探索。这部巨作戏剧化地讲述了一个令人沮丧的故事，它用十二场剧幕讲述了赫拉克勒斯心理恶化的故事。十二场试炼构成了十二个阶段，这是一段充满屈辱的下坡路，但最后，赫拉克勒斯依然走向了成神之路。英国戏剧家马丁·克里普（Martin Crimp）的《残酷与温柔》（*Cruel and Tender*，2004）做出了更富想象力的创新，它以动荡不安的全球环境为背景。剧作中的统帅打算通过在非洲的血腥运动来铲除象征恐怖主义的九头蛇，他最终成为一个死不悔改的战犯，而他的妻子则用枕头包裹的生化武器对他进行了致命的报复。

与上述极端严肃的处理方式相比，也有一些有趣的作品，这些作品主要描述了拥有巨大二头肌的大力士形象，试炼也重新回到了人们的视野中。最容易被喜剧化的一场壮举是清理奥吉亚斯牛棚。1842年，奥诺雷·杜米埃在一幅石版画中描绘了赫拉克勒斯在完成这项琐碎任务时的光辉形象。他有公牛一般的脖子，严重肥胖，身上除一双涉水鞋之外一丝不挂，这个强大的男人正与一头牛的屁股对峙。杜米埃不是唯一一个在赫拉克勒斯和粪堆的关系中找到幽默灵感的人。瑞士戏剧家弗里德里希·迪伦马特（Friedrich Dürrenmatt）写下了令人难忘的讽刺剧《赫拉克勒斯和奥吉亚斯牛棚》（*Hercules and the Augean Stables*，1954），他以独特的视角呈现了现代和旧时代的瑞士的困境。当英雄清理牛棚粪便的巧妙的计划被无休止的官僚主义所阻挠时，他该怎么办呢？比起向一系列委员会和部委获得许可和授权，清除大量的淤泥不算什么难事。不过，在另一个层面上，这部剧不仅仅趣味横生，还戏剧化地表现了政府在处理环境灾难方面的无能。

说到现代作品对十二项试炼的再创作，那便不得不提及阿加莎·克里斯蒂的一套名为《大侦探十二奇案》的短篇小说集。正如我们在上一章末尾提到的，这部小说明确采用了神话传说中的母题，讲述了侦探赫尔克里·波洛侦破的一系列案件。波洛身材矮小，痴迷于自己完美的小胡子，对着装有着严格的要求，由此看来，波洛与那位强大的神话原型的相似之处并不是身体层面的。“说说这位赫拉克勒斯吧——”[①]波洛感叹道，“不过就是个肌肉发达、智力低下，还有犯

① 阿加莎·克里斯蒂：《赫尔克里·波洛的丰功伟绩》，六翼天使译，新星出版社，2019。——译者注

罪倾向的大块头！”小说与神话有着巧妙的联结，波洛故意设计了一系列的类比，以反驳一个古板的老牛津经典推崇者，这个人断言：“你要做的和赫拉克勒斯不一样，不是那些苦差事”。波洛侦破的最后一个案件，相当于赫拉克勒斯击败地狱犬，故事讲述了波洛忍受伦敦地铁的折磨后，到了一个以地狱为主题的夜总会，这里由“波洛这辈子见过的最大、最丑，也是最黑的狗”[75]作为看守。

《奥吉亚斯的牛棚》(奥诺雷·杜米埃，1842)

克里斯蒂对十二试炼的改编十分巧妙，引人入胜，但其深刻程度有待商榷。对于十二试炼，更发人深省的改编是新西兰艺术家玛丽安·马奎尔（Marian Maguire）的一系列视觉化作品。她的一组石版画（2007—2008）探讨了赫拉克勒斯作为殖民扩张者、土地征服者的形象。马奎尔的作品呈现了一系列复杂的文化流变，赫拉克勒斯想要征服的是新西兰这块土地，还有居住在那里的毛利人，赫拉克勒斯被想象成殖民者，在他广阔的殖民扩张过程中到达了南太平洋。作品大体的视觉框架是由古希腊的黑绘瓶画提供的，殖民者赫拉克勒斯的到来为这些图像进行了补充。尽管他在试图塑造殖民地秩序的过程中偶尔会感到沮丧，但他保留了一贯的强悍和英雄主义，他的对手也充分地保留了尊严，由此可见，作者在伦理问题的处理上没有任何的简单化。① 在“赫拉克勒斯写家书”这一场景中（见彩插图 13），值得注意的是随意披在椅背上的狮子皮，对此，新西兰古典主义作家格雷塔·霍斯（Greta Hawes）曾出色地写道：“在这个南太平洋的前哨站，赫拉克勒斯在给谁写信呢？给他被谋杀的妻子和孩子？他缺席的父亲？还是他那永远充满敌意的继母？哪里才是他的‘家’？马奎尔的赫拉克勒斯融入了对新西兰殖民历史的探讨，这是因为赫拉克勒斯神话具有广泛的适应性。赫拉克勒斯是一个特别的个体，醒目、孤独、能力超群，而且总是与周围格格不入。”[76]

赫拉克勒斯的神话接受史中还有一个方面需要提及，那就是他高大威猛的形象让他成为极具大男子气概的战斗英雄。这一特点体现在历久弥新的电影、电视改编中，在漫画和电子游戏中也始终有所体现。[77] 在电影演员中，体格最适合这一角色的是史蒂夫·里夫斯（Steve Reeves）、阿诺德·施瓦辛格（Arnold Schwarzenegger）以及凯文·索伯（Kevin Sorbo）。赫拉克勒斯的漫画形象诞生于 20 世纪 60 年代的漫威漫画作品中，从此一发不可收。不论是拯救世界的

① 赫拉克勒斯的对手通常是充满怪异性的“他者”形象，但在殖民语境下，赫拉克勒斯的对手保留了尊严，这说明作者做到了伦理平衡，在伦理问题的处理上具有严肃性和深刻性。——译者注

超级英雄还是威胁世界的超级恶棍，赫拉克勒斯在与他们的交互过程中，一直有着超人一般、甚至是神一样的力量，尽管有时候，他也被卑鄙的对手暂时压制。他的战斗技能包括传统的射箭和肉搏，有时也涉及现代武器，如突击步枪。与他在古典神话中的形象相称的是，他经常单打独斗，但同样地，他也经常加入一些难以想象的强大团体，比如冠军团和复仇者联盟。漫画作品中的赫拉克勒斯离开了神话思想实验，加入了无敌的战斗军团。他遇到了许多脱离传统的角色，比如永生者（Immortus）、泽莫男爵（Baron Helmut Zemo）和超级反派征服者康（Kang the Conqueror）。尽管如此，赫拉克勒斯仍然有一些可识别的经久不衰的人格特质，如希腊神话讲述者所描述的那样，漫画中的赫拉克勒斯在摇篮中便扼杀了赫拉派来攻击他的蛇，并几经磨难地前往了奥林匹斯山。

《赫拉克勒斯：大力士的传奇旅行》剧照（1995）

第8章

艺术和爱情的永恒主题

俄耳甫斯的旋律

具有神奇天赋的歌手和琴师俄耳甫斯用音乐让他周围的环境为之深深着迷，鸟类和其他动物、树木、河流，甚至岩石都难以抵御音乐的魅力。为了拯救挚爱之人欧里狄克，俄耳甫斯进行了一次危险的冥界旅行，却因为忍不住回头看她，让她永远留在死亡的国度。

他一面弹着竖琴，
一面说了这番话，
旁边那些无血无肉的鬼魂听了
也都黯然泪下。
坦塔罗斯也不追波逐浪了；
伊克西翁也惊讶不已，
连轮子都不转动了；
秃鹰也不去啄提堤俄斯的肝脏了；
达那伊得斯姐妹也不装水入瓮了；
西绪福斯，连你也坐在石头上不动了。
据传说，复仇女神也被他的音乐感动，
第一次脸上流下眼泪。

——《变形记》

第 8 章

艺术和爱情的永恒主题　俄耳甫斯的旋律

在赫拉克勒斯的神话生涯中，有一个鲜为人知的插曲，他在青少年时期上过音乐课，由一名出色的老师教授，老师名为利诺斯（Linos），据说是缪斯女神之子。由于对赫拉克勒斯的音乐表现不满意，利诺斯打了这个差劲的学生，赫拉克勒斯怒从中来杀死了他的老师，有一种说法认为他是用自己的琴将对方重击致死的。而本章占据中心位置的神话人物则不同，在大多数方面，他似乎和利诺斯这个不懂音乐的学生形成鲜明对照。赫拉克勒斯通过蛮力主宰了自然界，尤其是其中的野生动物，而具有神奇天赋的歌手和琴师俄耳甫斯用音乐让他周围的环境为之深深着迷的，鸟类和其他动物、树木、河流，甚至岩石都难以抵御音乐的魅力。然而，赫拉克勒斯和俄耳甫斯并非全然不同。和赫拉克勒斯一样，俄耳甫斯也惨死于女人之手。另外，俄耳甫斯也像赫拉克勒斯一样进行了一次危险的冥界旅行，并在返回时讲述了这个故事。在充满了禁忌和阴暗的冥界，两位英雄有着全然不同的经历。[1]

俄耳甫斯的父母使他生来近神，他的母亲是缪斯女神卡利俄珀（Calliope），他的父亲若非太阳神阿波罗，就是色雷斯国王奥亚格罗斯（Oiagros），奥亚格罗斯虽为凡人，却有着战神阿瑞斯的血统。

艺术、爱情与失落的古典神话

但战争从来不是俄耳甫斯神话的重点，俄耳甫斯也没有参与其他英雄那些四方杀伐以示勇武的集体行动。唯一的例外是在阿波罗尼奥斯的史诗《阿耳戈船英雄纪》(*The Voyage of the Argo*)中，书中叙述了伊阿宋带领阿耳戈英雄们进行冒险，俄耳甫斯正是其中之一。但即使在那次男性荷尔蒙激荡的远征中，俄耳甫斯选择的武器也不是矛或剑，而是琴与音。在前往科尔喀斯的旅途中，两个阿耳戈人之间发生了争吵，当情况愈演愈烈，是俄耳甫斯通过歌唱转移了双方的注意力，让他们平静下来。他歌唱了鸿蒙初始时诸神的原始功绩：

> 这是他独有的曲子。曲毕，他细细检查了琴，回味着神圣的声音，尽管一曲已罢，其他人仍侧耳倾听。余音缭绕，不绝于耳，这就是俄耳甫斯的音乐动人心魄的魔力。[2]

后来，在回程中，他再次利用他的音乐才能，化解了塞壬(Siren)带来的潜在致命危险，促进了探险的成功。他的曲调活泼而急促，那些的音符阻挡并消解了塞壬婉转的魅惑之音，将它们对听者的威胁降到了最低。[3]

我们对俄耳甫斯神话的探析将以诗人阿波罗尼奥斯作品中的一段话作为开始，这并非巧合。神话学家主要以散文叙述神话情节，这也是神话研究的重要文学来源，赫拉克勒斯的试炼就是一个最好的例子。①但即便如此，俄耳甫斯的神话故事以其充耳不绝的壮阔音乐和动人心魄的歌声，为诗歌创作提供了绝佳的主题。阿波罗尼奥斯绝不是第一个因俄耳甫斯而灵感泉涌的诗人，古希腊抒情诗人西蒙尼德

① 上一章提到，阿波罗多罗斯等神话学家都以散文形式记述了赫拉克勒斯的试炼。——译者注

（Simonides）的一段诗篇中提到了俄耳甫斯的音乐对自然界的影响："无数的鸟儿在他头顶飞翔，鱼儿从深蓝色的海中跃起，只因他动人的歌声。"[4] 欧里庇得斯也曾写过俄耳甫斯式的抒情篇章。[5] 西顿（Sidon）的诗人安提帕特（Antipater，前 2 世纪）曾伤感地写下一首短小的墓志铭：

当世间再无俄耳甫斯，
被你施了魔法的橡树、岩石和野兽，
它们便不再沉迷乐声，恢复了自身的意志。
你再也不会让咆哮的飓风和冰雹在歌声中沉眠。
漂流的雪，海浪的轰鸣都不为所动，
因为你已经死去。
你的母亲卡利俄珀，
缪斯女神为你涕泪不止，
哀声不竭。
我们为死去的儿子哀悼，
是如此的徒劳，
因为连高高在上的神明，
都救不回死去的孩子。[6]

这些希腊式的哀思很快就被两位罗马诗人对比鲜明的宏伟诗篇掩盖了，这两位诗人分别是维吉尔和奥维德。

奥维德《变形记》第十卷的全部内容和第十一卷的开头，主要讲述的都是俄耳甫斯的事迹，包括他遭受的苦难与他动人的歌声。俄耳甫斯与仙女欧里狄克结婚当天，新娘与她的仙女姐妹们在草地上闲逛，一条毒蛇咬住了她的脚踝，使她丧命。悲痛欲绝的俄耳甫斯通过泰纳隆角（Cape Tainaron）下到冥界，就像赫拉克勒斯所做的那样。为了在哈迪斯和珀尔塞福涅面前申辩，从而找回妻子，伴随着琴声，俄耳甫斯由衷倾诉着他无以复加的悲伤。他是这样申辩的："旧日传说你的王后就是被你抢来的，如果此话不虚，那么你也和爱神有过瓜葛。我请求你告诉我，我的短命的欧里狄克的命运究竟如何了。我的妻子，等她尽了天年，也终究会归你管辖的。我求你开恩，把她赏还给我。但是如果命运拒绝我的权利，不还我妻子，那我就决定不回去了。"这段申辩感人肺腑，甚至暂时推翻了冥界的生死准则。此话一出，甚至连对罪大恶极的犯人施加的永生永世的酷刑都被暂时搁置：

他一面弹着竖琴，
一面说了这番话，
旁边那些无血无肉的鬼魂听了也都黯然泪下。
坦塔罗斯也不追波逐浪了；
伊克西翁也惊讶不已，
连轮子都不转动了；
秃鹰也不去啄提堤俄斯的肝脏了；
达那伊得斯姐妹也不装水入瓮了；
西绪福斯，连你也坐在石头上不动了。
据传说，复仇女神也被他的音乐感动，
第一次脸上流下眼泪。[7]

哈迪斯和珀尔塞福涅同意了，他们允许俄耳甫斯带领他的爱人回到光明的人界。但有一个规定，他不能回头看她，否则她将被永远留在死亡的国度。依据神话和民间传说的惯例，这样的先决条件注定是要被打破的。然而，"不回头"的含义尽管表面上为人们所熟知，但其实并不明确，它可能与"身后之物"的神圣性和隐秘性有关，这与冥界的特质非常契合。欧里狄克刚刚脱离死亡，她仍然比她丈夫更接近冥界。[8]无论如何，需要强调的是，在奥维德的叙述中，没有责备，只有爱和相互理解：

他们沿着一条上坡小路走着，

走过的地方一片死寂，毫无声响。
路很陡，看不清楚，淹没在一片漆黑之中。
走着走着，眼看快到人间的边界了，
这时他忽然怕她没有跟着他，
很想看看她，
就忍不住回头看了一下，
立刻她就滑下黑暗的深渊中去了。
他连忙伸出手去，
想把她揪住，
想要拉住她的手，
但是，倒霉的人，
他扑了一个空。
她虽然第二次又死去，
但是她并没有埋怨丈夫，
她能埋怨什么呢？
丈夫爱她啊！
她最后只说了一声“再见”，
她丈夫恐怕并没有听见，
她便又落回原来出发的地方去了。[9]

很长一段时间，俄耳甫斯都沉溺于锥心刺骨的悲恸与自我消沉之中。后来，奥维德笔下的俄耳甫斯还是回到了色雷斯这片无情的土地。他排斥与女人的一切接触，情欲的偏好转向了小男孩，据说他是第一个将这种癖好引入色雷斯王国的人。[10]

这位心烦意乱的诗人在一个没有遮挡的山坡上坐下来，开始弹奏他的琴。很快，他就享受到树荫如盖，原来是因为一棵又一棵的树在乐声中拔地而起，橡树、杨树、月桂树、榛树、山灰树，还有其他十几种，它们将枝叶向着俄耳甫斯伸来，那里是流淌令人心碎的旋律的源头。各种各样的野生动物也加入其中，成了陶醉的观众。

俄耳甫斯面对这个杂乱无章的自然集会，讲述着刻骨铭心的爱情故事。其中有阿波罗与挚爱许阿金托斯（Hyacinthus）生死永隔的故事，还有普罗波缇黛丝（Propoetides）的悲惨命运，故事中，她因为否认维纳斯的神性而被罚卖淫为生。女神密拉（Myrrha）的故事也同样令人不安，她与父亲乱伦，生下了芳华早逝的美少年阿多尼斯，这也让阿多尼斯的情人维纳斯即便坐拥神力还是尝尽爱别离之苦。这些歌曲与俄耳甫斯情绪崩溃的状态互为映衬，相得益彰。

演奏结束后，俄耳甫斯被一群色雷斯妇女发现，她们正进行着一场野蛮的狂欢仪式。由于诗人拒绝了她们的求爱，为了报复，她们向他投掷了色雷斯标志性的武器：石头和树枝，还有被一群农民所遗弃的石制农工用具。尽管俄耳甫斯请求怜悯，依然没能打动这些狂暴的女人，她们把他的身体撕成了碎片。即便如此，她们仍无法扼杀他的音乐。他的头颅和琴被扔到附近的希伯来斯河（Herbrus）里，漂流入海，他最后被冲到了莱斯伯斯岛（Lesbos），但它们始终吟唱着悲凉的曲子。至于俄耳甫斯的灵魂，最终还是回到了冥界。在那里，他与欧里狄克在爱意里达成了和解，这对曾经天人永隔的恋人终于迎来了幸福的反转：

> 他们从此就在这地府的乐土上并肩漫步，
> 有时候她在前面走，俄耳甫斯跟在后面，
> 也有时候他走在前面。
> 他走在前面的时候，
> 也不怕回过头来看看他的欧里狄克了。[11]

比奥维德早一代的维吉尔，在他的第四部田园诗中，以俄耳甫斯和欧里狄克的神话为基础创作了他自己的版本。这段叙述在很多地方都对奥维德的故事有所预告，事实上，奥维德是有意识地致敬了伟大前辈的作品。但维吉尔所强调的一个神话母题被奥维德忽略了，该母题涉及与阿里斯塔俄斯（Aristaeus）相关的一连串事件，包括他的越

界行为和其为此付出的代价。

与俄耳甫斯一样，阿里斯塔俄斯是一个特立独行的人物，他是阿波罗和仙女库瑞涅（Cyrene）的儿子，致力于各种农业事务，特别是放牧和养蜂。但是，尽管他有精湛的技术，他的畜牧业还是遭遇了严重的挫折，他的蜜蜂莫名其妙地死于疾病和饥荒。在母亲的建议下，阿里斯塔俄斯咨询了无所不知的海神普洛透斯（Proteus）。普罗迪斯解释说，罪魁祸首正是阿里斯塔俄斯本人。原来，在很久以前，阿里斯塔俄斯曾追求欧里狄克，想和她发生关系，她在匆忙逃离的时候没有注意到她脚下的毒蛇。欧里狄克的仙女姐妹们在悲愤之余便惩罚了这个罪魁祸首，使他的蜜蜂死去。因而，只有让仙女息怒，才能使蜜蜂再生。阿里斯塔俄斯宰杀了一些公牛和母牛，并把它们的尸体曝于天光之下，竟然奇迹般地从中飞出了一群新的蜜蜂。

至于俄耳甫斯，维吉尔对他的描写则没有奥维德那么富有同情心。俄耳甫斯显得心不在焉，而在某一个时刻，他仿佛魔怔了一般，回头看了欧里狄克。[①] 回头看这个主题可能是维吉尔的发明，这无可挽回地破坏了他与冥界之神的协定。[12] 接下来的故事顺序与奥维德版本的一样，他在经历失去、哀叹、退缩之后被色雷斯妇女们大卸八块。但是，极乐世界并没有幸福的结局，他的头颅在河边反复呼喊着“欧里狄克”，然而，只有河岸和流水回应着他的哀歌。

① “心不在焉”维吉尔的原文是“immemor”，意思是“远古的，无法追忆的”，也可以理解为“仿佛世事已成定局”。“魔怔了一般”的原文是“dementia, furor”，意思是“精神错乱、狂乱”。——译者注

俄耳甫斯之死（钟乳石器，归属于柯蒂画家，约前 440—前 430）

俄耳甫斯的头颅（阿提卡红绘提水罐，约前 440）

尽管维吉尔和奥维德的版本对后世产生了深远的影响，但这个故事还有更多的版本，一些早期的神话讲述者已经有了自己的说法。引人注目的是，在一些改编中，俄耳甫斯成功地使他的妻子起死回生，但这种改编版本是否广为人知则不得而知了。欧里庇得斯的《阿尔刻斯提斯》（*Alcestis*，前 438）中的一些段落可能带有这类暗示。[13] 柏拉图的《座谈会》（*Symposium*，公元前 4 世纪初）里有一段讲到，对话中的一位发言者表示，诸神让俄耳甫斯带回去的欧里狄克只是一个幻影。这可能表明存在一个更主流的版本，那就是俄耳甫斯带回了真实的、有血有肉的欧里狄克。[14] 但我们必须后溯至公元前 3 世纪才能看到这样的版本，在赫尔迈西亚纳克斯（Hermesianax）所写的一首诗中，俄耳甫斯确实将他的妻子带回了人界。[15] 顺便一提，赫尔迈西亚纳克斯称俄耳甫斯的妻子为艾吉欧普（Agriope）或艾吉欧佩（Argiope），而不是欧里狄克。这里再次体现出希腊神话中神话人物名字的多变性。所以，最重要的似乎不是神话人物的身份，而是他们在叙事中的作用。而值得注意的是，大多数具有可变性的名字都属于女性。

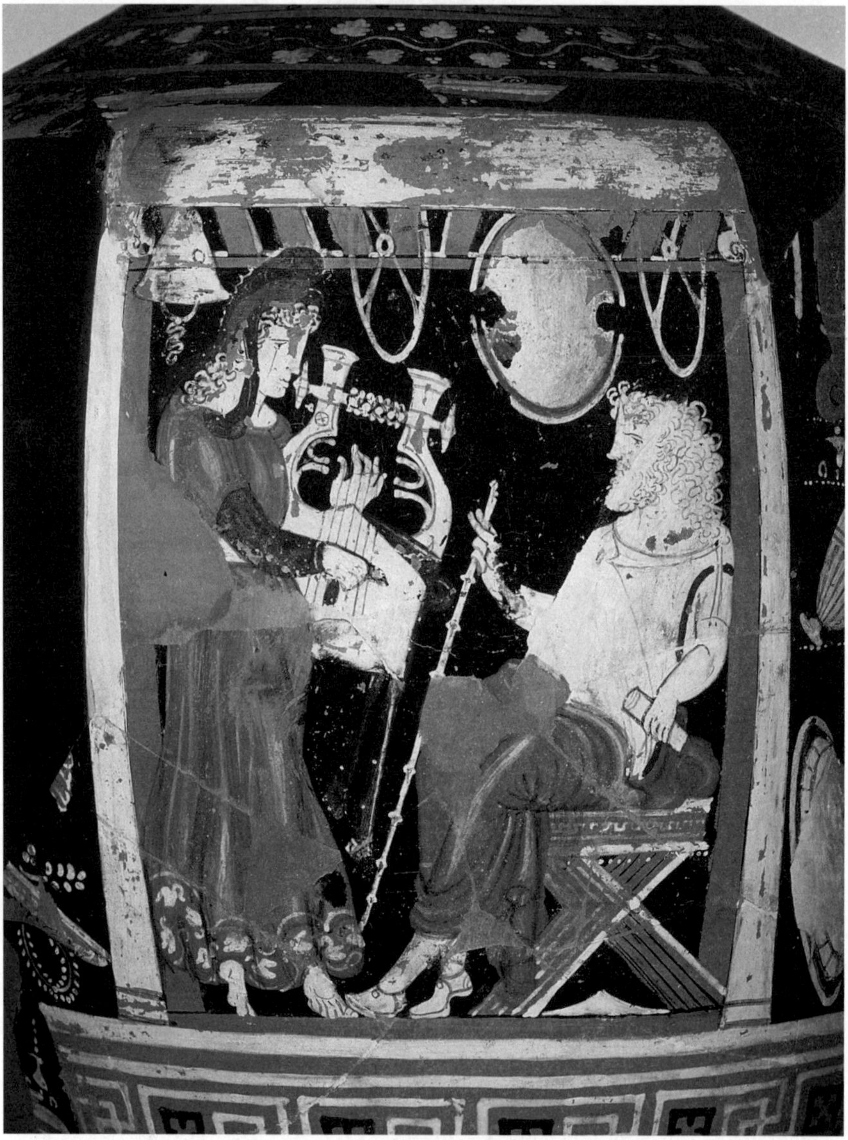

俄耳甫斯在死者的世界里弹奏他的琴
（阿普利亚双耳瓶，伽倪墨得斯画家，前 330 或前 320）

第 8 章
艺术和爱情的永恒主题 俄耳甫斯的旋律

俄耳甫斯与动物［罗马马赛克，巴勒莫（Palermo），前 3 世纪］

在视觉艺术中，俄耳甫斯大多数时候比他在诗歌中显得低调，其中有四类图案比较突出。第一类是俄耳甫斯死于色雷斯妇女之手，以及他被砍下的头颅的形象。第二类是他前往冥界寻找欧里狄克，该主题强调的是俄耳甫斯的音乐在亡灵界的力量，而不是它用以拯救其妻子的作用。还有一类图像凸显了俄耳甫斯作为音乐家的形象：俄耳甫斯雅然自得，动物观众们趋之若鹜、全神贯注。马赛克是这一场景的流行形式。最后一类相对比较少见，它描绘的是俄耳甫斯、欧里狄克和赫尔墨斯的形象，这类作品中最著名的是罗马人的雕塑浮雕复制品，其希腊原作可追溯到公元前 5 世纪。这一场景十分动人，画中俄耳甫斯刚刚转过身来，而赫尔墨斯作为亡灵的向导，他一只手置于欧里狄克身上，要将她重新带回冥界。尽管有这些令人印象深刻的表现，但大部分的视觉证据表明，描绘欧里狄克与俄耳甫斯天人永隔场景的作品，其受欢迎程度远远胜过那些描写夫妻如胶似漆场景的作品。

最后，关于古典时期的俄耳甫斯，有一个方面值得一提，那就是他在宗教和文学交汇领域的独特地位。作为一名歌唱者，他深入亡灵世界的经历使他获得了普通凡人无法获得的知识，人们认为他储备有大量的神学论著和末世论诗歌，其内容与赫西奥德等人记录的传统大相径庭。这些诗歌的一个特别之处在于其对狄俄尼索斯的记述，据称他被泰坦杀死并吃掉了，宙斯用雷电惩罚了凶手，在天罚之后的灰烬中，不仅出现了人类，还出现了重生的狄俄尼索斯。俄耳甫斯式的神秘主义文本顺理成章地被巴克斯（Bacchic）的信徒用于神秘崇拜。至于所谓的俄耳甫斯式记述，即来也论，也被用于现实世界的宗教仪式实践。被称为“俄耳甫斯入会者”或者说“俄耳甫斯起源论者”（Orpheotelestai）的祭司们挨家挨户地传播教义，并辅以看起来极有说服力的俄耳甫斯式的文献。祭司们劝说人们在现世进行相应仪式，并向他们承诺在彼世的有利待遇。这些以往生规劝现世的做法很容易引起人们的嘲讽。欧里庇得斯的《希波吕托斯》中就有一个特别尖锐的例子，忒修斯嘲笑儿子希波吕托斯虚伪的清教徒式的道德姿态，并

第 8 章
艺术和爱情的永恒主题　俄耳甫斯的旋律

赫尔墨斯、欧里狄克和俄耳甫斯（大理石浮雕，约前 420）

把他和俄耳甫斯起源论者联系在一起，他认为这群骗子把精力花在虚无缥缈的著作上以及巴克斯神秘主义仪式上，据说这些人甚至推崇素食主义。[16] 尽管有这种轻蔑的否定，俄耳甫斯起源论者的存在还是进一步证实了俄耳甫斯这位神话人物在公众历史印象中的重要地位，相比之下，他与欧里狄克的关系则显得微不足道了。

中世纪的寓言式反思 [17]

早期基督教对俄耳甫斯的理解中有一种根深蒂固的矛盾性。一方面，他可以被看作一个巫师，能够对动物和周围的环境施展一种魔鬼般的不可思议的力量。因此，对于神学家亚历山大的革利免（公元前2—公元前3世纪）来说，俄耳甫斯和安菲翁、阿里翁之类的音乐家兼魔法师没什么不同，这些人只不过是些欺骗者：①

> 他在诗歌的幌子下败坏了生活，被狡猾的巫术控制了精神，只为了走向败坏，并且在狂欢中犯罪，把人类的悲痛变成宗教崇拜的材料，是第一个引诱人们走向偶像崇拜的人。[18]

然而，俄耳甫斯身上也有基督的特质。首先，人们认为他和基督教的救世主一样都曾下到亡灵世界，俄耳甫斯这样做是为了拯救欧里狄克，而有些人认为，基督在受难后下到了地狱，是为了拯救正义虔诚之人的灵魂，某些基督教作家将这段经历描述为所谓“地狱之苦”。其次，还有一个类比同样重要，那就是驯服动物的俄耳甫斯和基督的良善牧人形象，这种相似性经常以图画的形式表现出来，特别是通过某些鸟类和动物，比如鸽子和羊，这些动物在基督教意识形态中具有特殊意义。

① 安菲翁（Amphion），宙斯的儿子，以竖琴的魔力建立了底比斯的宫殿；阿里翁（Arion），古希腊时期的一位传奇诗人与音乐家。安菲翁和阿里翁通常被并列引用，用以形容音乐的魔力。——译者注

在古典时期晚期和中世纪时期，有许多对俄耳甫斯和欧里狄克关系的寓言式反思。波埃修斯直截了当地指出，俄耳甫斯向后方或向下方看的动作有着象征性的寓意。波爱修的结论是，在追求光明的道路上，如果你不能一往无前，而在中途回头看向黑暗，那么你就有可能失去一切。[19] 波爱修的同代人福根提乌斯提出了更为复杂的音乐主题寓言。[20] 福根提乌斯采用他标志性的词源学路线，他认为俄耳甫斯代表“最好的声音”（best sound/voice），欧里狄克代表“深刻的判断”（deep judgement），而为了理解音乐的奥秘，这种判断不可或缺。当俄耳甫斯失去欧里狄克时，实际上，他被剥夺的是理解的深刻性，这也是阿里斯塔俄斯一直在寻找的东西。顺便一提，福根提乌斯从词源上把阿里斯塔俄斯解读为“最好的男人”（the best man），将这样的赞美给予一个蓄意强奸之人，显著地体现了寓言家的思维方式，也揭示了寓言叙事的表层意义和寓言所挖掘的深层意义之间的巨大差距。

福根提乌斯的解读方式将俄耳甫斯的雄辩之声置于神话的中心，其影响延续到中世纪。根据薄伽丘的说法，俄耳甫斯试图将象征着性爱激情的欧里狄克带离冥界，而欧里狄克之所以坠入冥界，是因为她试图逃离象征着美德的阿里斯塔俄斯，任何无法经受住诱惑、被性爱激情吞噬的人，都将陷入不幸，回头看的人因放弃了对美德的追求而前功尽弃。[21] 关于阿里斯塔俄斯、欧里狄克、俄耳甫斯的三角关系远有更多解读，比如皮埃尔·伯苏尔（Pierre Bersuire）14 世纪所著的《道德化的奥维德》（*Ovidius Moralizatus*）一书。伯苏尔认为，从某个角度来看，俄耳甫斯代表着基督，而欧里狄克代表着被魔鬼诱惑的人类灵魂，因为她是被毒蛇咬伤的。[22] 不过，伯苏尔认为，俄耳甫斯的神话也可能不是基督的寓言，俄耳甫斯失去了欧里狄克，就如同一个失去了灵魂的罪人，只能通过在歌声中不断忏悔和祈祷，以求重获灵魂。很多人因为过度执着于世俗事物而痴爱自己的灵魂：“他们过度执迷于找回象征灵魂的妻子，以至于屈服于肉体欲望……于是再次失去了她，地狱又把她拖入深渊。”[23]

寓言式的解读在中世纪之后仍然盛行。15 世纪的苏格兰诗人罗伯特·亨利森（Robert Henryson）对这个神话进行了生动精彩的描述，例如，阿里斯塔俄斯因追寻欧里狄克“欲火焚身”：

这是欧里狄克的故事，
在五月的清晨，她漫步其间，
自在畅游，直到天亮，
吸取春息，静看春华。
在这位女士的身边，在一个小屋里。
一个身材魁梧的人，名为阿里斯塔俄斯，
怡然自得，躺在树下，
当他看到这位女士独自一人，
亭亭玉立，影影绰绰，
顿时淫心大动，想不顾一切，
欺身而上，将她据为己有。
她一看到他，就慌忙逃走，
当她跑得满头大汗，
碰上了伺机而动的毒蛇。[24]

故事在寓言中达到高潮，俄耳甫斯代表智力，欧里狄克代表情感，情感被理性吸引，也被感官享受迷惑，阿里斯塔俄斯代表“美德”，而蛇代表致命的罪恶。

弗朗西斯·培根在他的《论古人的智慧》第 11 节中表达了不同的看法，但仍以积极的方式描绘俄耳甫斯。对培根而言，俄耳甫斯代表了两种类型的哲学，正如被他的音乐吸引而来的两种观众。第一种观众是被俄耳甫斯音乐在冥界的感染力吸引而来，与之对应的是自然哲学，或者我们可以称之为“科学”，它可以延缓老化和死亡。① 第

① 前文提到，俄耳甫斯的音乐在冥界甚至推翻了生死准则，培根认为自然科学研究也许有一天可以达成类似的效果，比如延缓衰老，让肉身不朽。——译者注

二类听众是自然界的生物，则对应道德或政治哲学，可以引导人们抛开偏见，构建有益的社区。培根还添加了一个具有厌女色彩的结束语，大意是说，俄耳甫斯最终拒绝了女性是朝着正确的方向迈出了一步，“因为甜美的婚姻和儿女情长常常阻碍了男性为国家做出伟大崇高的贡献，让他们仅满足于在种族和血统上而不是在事业上获得永恒”[①]。在神话史上，俄耳甫斯的故事不止一次被用于讨论与两性关系相关的紧迫问题，这不是第一次也不是最后一次。

从时间上看，神话改编与寓言解读相伴而生，而随着寓言的衰微，神话改编逐渐占据了主导地位，这些改编以去寓言化的形式探讨了神话引起的当代共鸣，有时在艺术上取得了辉煌的成果。其中占主导地位的两个主题也是相互关联的，那就是拯救挚爱之人的执念，以及音乐的神奇力量。

在这些改编中，最吸引人的一个可以追溯到 14 世纪，也就是中古英语长诗《奥菲欧爵士》(*Sir Orfeo*)[②]。它是希腊罗马神话和凯尔特神话的独特融合，构思十分超前，甚至领先于许多近半个世纪以来的现代漫画、电影和电子游戏，虽然这些作品往往采用一种跨越边界的创作方式，并具有后现代主义的特征。[③]《奥菲欧爵士》讲述了温彻斯特国王奥菲欧(King Orfeo of Winchester)的故事，作者指出，这个城市在当时被称为“特拉西恩斯”(Traciens)。当国王的妻子希罗迪斯(Herodis)被精灵王绑架后，奥菲欧放弃了他的王国，踏上了孤独的追寻之旅。他花了十年时间，在荒野中弹奏他的竖琴，向闻声而来的动物们唱出他的哀歌。然后有一天，他在树林里发现了一群

① 培根：《论古人的智慧》，李春长译，华夏出版社，2006。为调整前后文逻辑关系有轻微改动。——译者注

② 奥菲欧是该作品中俄耳甫斯的另一译法，后文相关内容遵循这一译法。——译者注

③ 融合性与多元性是后现代主义的重要特征。许多现代作品漫画、电影和电子游戏的世界观设定融合了希腊罗马神话和凯尔特神话的，比如《魔兽世界》。14 世纪的中古英语长诗便做到了这样的创新融合，可以说具有十足的前瞻性和创新性。——译者注

仙女，其中就有希罗迪斯。他跟着她们来到精灵王的宫殿，在那里，他诉说着自己的经历，一个可怜的、流浪的吟游诗人。精灵王对吟游诗人的音乐非常满意，邀请他说出自己的奖赏，并承诺会给予奖励。当奥菲欧恳求精灵王把妻子还给他时，他的请求得到了无情的回应。精灵王感叹道：你们并不相配，你自己又瘦又粗糙，还被太阳晒黑了，相比之下，她却明媚可爱，没有瑕疵。但承诺就是承诺，精灵王还是让对重逢的夫妇回到了温彻斯特。刚回去时，奥菲欧仿佛一个卑微瑟缩的乞丐，就像奥德修斯刚回到伊萨卡（Ithaca）时一样。但最终，奥菲欧和希罗迪斯还是幸福地生活在一起，再无任何隐忧或者遗患可以破坏他们的幸福。

现代艺术表达与情感共鸣

现代早期的作家，包括其中最伟大的几位，都曾反复描述俄耳甫斯音乐的神奇效果。在莎士比亚的《维洛那二绅士》中，作为对应标题的主角之一——普洛透斯也在书中解释了如何用诗意的哀歌来赢得一位女士的心：

> 因为俄耳甫斯的琴是用诗人的神经做弦，
> 一加拨动就能感动铁石，
> 驯服老虎，巨鲸会离开大海，
> 而到沙滩上跳舞。[25]①

在《威尼斯商人》中，屈服于音乐魅力的不是跳舞的利维坦，而是两个陶醉其中的恋人。在贝尔蒙特（Belmont）的花园里，音乐家们在月光下演奏，洛伦佐（Lorenzo）向他心爱的杰西卡（Jessica）求婚：

① 莎士比亚：《维洛那二绅士》（*Two Gentlemen of Verona*），梁实秋译，中国广播电视出版社，2001。——译者注

所以诗人
会造出俄耳甫斯用音乐感动木石、平息风浪的故事，
因为无论怎样坚硬顽固狂暴的事物，
音乐都可以立刻改变它们的性质
灵魂里没有音乐，
或是听了甜蜜和谐的乐声而不会感动的人，
都是擅于为非作恶、使奸弄诈的；
他们的灵魂像黑夜一样昏沉；
他们的感情像鬼蜮一样幽暗；
这种人是不可信任的。[26]

在视觉艺术中，也有许多作品呈现了俄耳甫斯的音乐家形象：他的音乐如此动人，有着不可抗拒的力量。一个有趣的例子是卢卡·德拉·罗比亚（Luca della Robbia）为佛罗伦萨大教堂广场上乔托钟楼（Giotto's Campanile）外墙创作的六角形浮雕。鸟儿和野兽都被这位歌手和他的诗琴所吸引。雅各布·霍夫纳格尔（Jacob Hoefnagel）的设想甚至更加迷人：一群音乐会听众，包括狮子、刺猬、豪猪和豹子，还有它们所有的伙伴，它们梦幻般地并肩聆听着俄耳甫斯的演奏。但也有作品呈现了俄耳甫斯音乐的黑暗面。杨·勃鲁盖尔一世（Jan Brueghel）的画作中，俄耳甫斯茕茕孑立，在冥王和珀尔塞福涅面前演奏，周围是各种各样令人毛骨悚然的怪物（见彩插图 14）。这幅作品与勃鲁盖尔和汉斯·罗滕哈默（Hans Rottenhammer）合作创作的《基督坠入地狱》（*Christ's Descent into Limbo*）有惊人的相似之处，由此可见，俄耳甫斯和基督的类比绝非仅限于中世纪时期。与以上这些都不同的是阿尔布雷希特·丢勒（Albrecht Dürer）的《俄耳甫斯之死》（*The Death of Orpheus*）这幅画。画中，诗人被持棍的妇女殴打致死，而他的琴却被遗弃在脚下。画面上方的横幅写道“俄耳甫斯，第一个鸡奸者”。丢勒的艺术创作为俄耳甫斯塑造了一种顽固而持久的神话形象，一个拒绝女性并将同性嗜好引入色雷斯的人。

《俄耳甫斯》（卢卡·德拉·罗比亚，约 1337—1339）

《俄耳甫斯的音乐跨越物种的魅力》
（*Orpheus Charming the Animals*，雅各布·霍夫纳格尔，1613）

艺术家们给予了俄耳甫斯极大的关注，其中以诗人尤甚，尽管如此，在现代早期，还有一种艺术形式有着超凡卓绝的影响力，那就是歌剧。[①] 一系列意大利作曲家，如雅各布·佩里（Jacopo Peri）、克劳迪奥·蒙特威尔地（Claudio Monteverdi）、路易吉·罗西（Luigi Rossi）和安东尼奥·萨托里奥（Antonio Sartorio），他们的作品都精彩纷呈，但他们的光芒最终都被克里斯托弗·威利巴尔德·格鲁克（Christoph Willibald Gluck）的《俄耳甫斯与欧里狄克》所掩盖。该剧于 1762 年在维也纳首次上演，旋律优美，具有显著的开拓性，大获成功。

① 原文认为歌剧在现代早期有着举足轻重的地位，这种地位甚至超过了所有神话人物，译者认为该表达有夸张成分，译作“有着超凡卓绝的影响力”更便于理解。——译者注

《俄耳甫斯之死》（阿尔布雷希特·丢勒，1494）

剧中的关键人物是爱神阿莫尔（Amore）。在第一幕中，在欧里狄克的墓前，阿莫尔回应了俄耳甫斯动人的哀叹，并且允许这位失去亲人的诗人下到冥界去找回他的妻子，但他不能回头看。一切都很顺利，直到快要看见天光的那一刻，俄耳甫斯拒绝解释发生的一切，欧里狄克感到困惑，于是缠着他说明白，以至于俄耳甫斯转身看她。俄耳甫斯再次失去了她，此处，他用一段咏叹调表达了悲痛，这段咏叹调至今仍是整个歌剧剧目的高峰之一："没有欧里狄克我该怎么办？"这时，阿莫尔第二次介入了，他劝说俄耳甫斯不要自杀，并最终使欧里狄克死而复生。这一切从某种意义上说确实显得轻而易举，一切的关键就是音乐，这也是俄耳甫斯最重要的力量。

当我们跟随俄耳甫斯走向现代时，可以发现他的接受趋势十分可观。对诗人进入现代语境的重构仍在继续，其中最令人难忘的莫过于雪莱的作品。雪莱被认为是最浪漫的浪漫主义者，他在《俄耳甫斯》（约 1820）一诗中设想了具有希腊悲剧色彩的一个片段，戏剧化地表现了合唱团和信使之间的对话。信使说，当俄耳甫斯第一次失去欧里狄克时，这位孤独的竖琴演奏者"戚戚然倚在一个未凿开的石头上，那里遍布漆黑的地衣，在一个没有人烟的平原上"，在那里他倾诉了"他暴风般的悲伤"。但随着时间的推移，这块平原不再是一片荒芜，因为各种树木和花朵都在肆意生长，仿佛要"以锦绣铺满他的诗词，所构筑的殿堂"。而且不仅仅是植物：

在他的脚下，坐着凶相狰狞的狮子。
孩子们因爱而无畏，匍匐在他的居巢附近。
即使是盲目的虫子似乎也能感受到这声音。
鸟儿沉默不语，低垂着头，栖息在树的最低枝头，
甚至善歌的夜莺也没有妄自添加一个音符
对这无可比拟的乐声，连夜莺都听得入迷。[27]

与雪莱的诗歌片段相比，文学界也从精神领域和神秘主义层面探索

了俄耳甫斯神话，但更晦涩也更复杂。从歌德到里尔克（Rainer Maria Rilke）和马拉美（Stéphane Mallarmé），德语和法语的作家们率先进行了探讨。在艺术作品中，俄耳甫斯时而也作为一个神秘人物出现，比如在奥迪隆·雷东（Odilon Redon）的粉彩画（约 1903—1910，见彩插图 15）中，诗人遭受的暴力斩首被蓝色与紫色混合的色调转化为一种宁静而清冷的画面，这种混合在象征层面将歌手和琴声巧妙地融为一体。

当然，俄耳甫斯还有另一面，毕竟不是每个创作者都喜欢严肃认真的模式。雅克·奥芬巴赫（Jacques Offenbach）的喜剧作品就是如此，《地狱中的俄耳甫斯》（*Orphée aux enfers*）于 1858 年在巴黎首次上演，1874 年进行了大幅修改，此后又无数次地重演。剧中场景是底比斯附近的乡村，俄耳甫斯和欧里狄克的婚姻陷入了窘境。俄耳甫斯是一位小提琴教师，与一位牧羊女有染，而欧里狄克则爱上了她的邻居，牧羊人阿里斯蒂，他实际上是冥王普鲁托（Pluto），或者说哈迪斯的化身。最糟糕的是，欧里狄克无法忍受俄耳甫斯的音乐，她说："你的小提琴很烦人，就像你的诗句一样。"

当俄耳甫斯和普鲁托密谋杀死欧里狄克，好让死神可以独占她，情节变得更加复杂。故事里，欧里狄克被蛇咬而死，下到地狱与她的冥界爱人团聚。对俄耳甫斯来说不幸的是，一个名为"公共意见"（L'Opinion publique）的人物迫使他前去拯救他的妻子。他首先前往奥林匹斯山，在那里他演奏了格鲁克的《没有欧里狄克我该怎么办》（*Che farò seza Euridice*）的片段，以获得神的同情。然后，场景转移到冥界，在那里，普鲁托并不是热情似火，而是把欧里狄克关在家里，朱庇特也爱慕她，所有的神都来到冥府狂欢，其中的重头戏是"地府狂奔"（galop infernal），该片段更多地被称为"康康舞曲"（can-can），此处，奥芬巴赫使用了一些喜闻乐见的古典故事情节，包括"不要回头"，在这里，是朱庇特投下了的一道雷电导致俄耳甫斯打破禁令。最后谢幕之前，俄耳甫斯、普鲁托和朱庇特都将欧里狄克弃若敝屣，而欧里狄克最终成为一个妓女。

从古典时期以来，在漫长的岁月里，欧里狄克很少受到像在奥芬巴赫作品中那样糟糕的待遇。然而，即使她以积极或理想化的方式出现，她的角色也几乎总是被动的。在俄耳甫斯和欧里狄克的关系中，她是一个陪同者，而且往往是缄默无声的。她经常作为受害者出现，且屡遭迫害，无论是来自阿里斯塔俄斯这样的男性的追求，还是来自俄耳甫斯的，甚至是来自哈迪斯的男权控制。有时，因为这些男人相互冲突的需求，她的存在几乎被割裂开来。[①]

然而，20 世纪和 21 世纪的一些神话讲述者，特别是女性，终于给了欧里狄克一个嘹亮的声音。最早这样做的诗人之一是希尔达·杜利特尔（Hilda Doolittle），在她的《欧里狄克》（*Eurydice*，1917）中，欧里狄克再次坠入了地狱，她对苟延残喘的丈夫大发雷霆，指责他做事轻率，不顾后果：

所以你本可以带我离开，
我本可与大地之上鲜活的灵魂同行，
我本可以躺在生机盎然的花丛中；
所以，因为你的傲慢
和你的无情
我又坠入了
那个死气沉沉
遍是枯枿朽株的地方……[28]

除此之外，在杜利特尔笔下，死去的欧里狄克声称自己比活着的俄耳甫斯“更热情”“更光明”。

① 欧里狄克在与俄耳甫斯的婚礼上，因为阿里斯塔俄斯的追求而被毒蛇咬伤致死，后又陷入了冥界势力与俄耳甫斯的拉扯，这种撕裂感在前文提到的浮雕作品中尤其鲜明，俄耳甫斯与赫尔墨斯依依不舍，而赫尔墨斯作为亡灵的向导，他的一只手置于欧里狄克身上。所以欧里狄克一直深陷于男性追求以及男权控制互相拉扯的势力中。——译者注

雅克·奥芬巴赫的《地狱中的俄耳甫斯》海报
[朱尔斯·谢雷特（Jules Chéret），1878]

近一个世纪后，在另一首诗作《欧里狄克》(1999)中，卡罗尔·安·达菲(Carol Ann Duffy)从欧里狄克的视角呈现了一个自以为是、滑稽做作、自怜自艾的俄耳甫斯，他的妻子常年来不堪其扰。真正激怒欧里狄克的不是音乐，而是俄耳甫斯自视甚高的诗歌，在欧里狄克看来，它们无比荒谬：

俄耳甫斯趾高气扬。
毫无血色的幽灵们泪流满面。
西西弗斯多年来第一次坐在他的岩石上。
坦塔罗斯喝了几杯啤酒。
那个女人几乎不相信自己的耳朵。
不管你喜不喜欢。
都必须跟随他回到原本的生活。
欧里狄克，俄耳甫斯的妻子，
被强行嵌入他的画作、隐喻和比喻，
八行诗、六行诗，四行诗和英雄双韵体，
挽歌，打油诗，短歌，
历史，神话……

达菲笔下的欧里狄克正想着如何从俄耳甫斯的斗篷里偷出他的诗，最后她灵机一动，当俄耳甫斯走到她跟前时，她停下来，用颤抖的声音说出了他所渴望的最高赞美："俄耳甫斯，你的诗真是旷世杰作。"伟大的诗人因为她高昂的赞美心醉神迷，他谦虚地笑了笑，然后，以"那岂非显而易见"的表情转过身来看着她。达菲借欧里狄克之口得出了精准的结论，用修辞学的利刃进行了尖锐的讽刺：

我注意到他没有刮胡子，
然后挥了挥手，转身离开。[29]

对大男子主义的希腊英雄的批判带有女性主义和修正主义的色

彩，这种批判观点如今已经从边缘进入主流。当这些观点来自富有天赋的作家时，它们便会向我们展现全新的情感领域，比如达菲，或者是玛格丽特·阿特伍德（Margaret Atwood）。阿特伍德在她的《俄耳甫斯 1》《欧里狄克》和《俄耳甫斯 2》中都呈现了类似的观点，作者还在诗歌创作中采用了如歌的语言，这与神话传统里俄耳甫斯本人的特质相得益彰。

与达菲的《欧里狄克》几乎同时代的作品是萨尔曼·拉什迪（Salman Rushdie）的小说《她脚下的土地》（*The Ground Beneath Her Feet*，1999），小说探索了俄耳甫斯和欧里狄克神话的一些深刻内涵，包括“音乐、爱情和生死，这三者”。[30] 这是一部非凡卓绝、热情洋溢、规模宏大、技艺精湛的作品。在小说中，摇滚乐以及与摇滚世界相关的酷炫的现代行话，占据了剧情的中心，或者说是小说的核心关注之一，它们同时也是“进入冥界（katabasis）”这一概念的现代化身。书中有三个中心人物，一个是奥姆斯·卡马（Ormus Cama），他来自古老的孟买家庭；第二位是维娜·阿普莎拉（Vina Apsara），她的父亲是印度人，母亲是希腊裔美国人；第三位是雷·梅切特（Rai Merchant），他也是一个孟买人，还是一个著名的摄影师，同时也是维娜的情人。全书的焦点是奥姆斯和维娜，他们相遇时，维娜是一个非常早熟的 12 岁孩子，而奥姆斯是一个俊美非凡的 19 岁少年。在适当的时机，他们具有轰动性的个人魅力伴随并支持着他们成为轰动全球的音乐巨星，直到摇滚天后维娜在墨西哥的一次地震中不幸坠入地底。有时奥姆斯的名字听起来确实像俄耳甫斯，“他是一个精通音律的巫师，他的旋律可以让城市的街道纵情起舞，高楼大厦随着他们的节奏摇摆，一个非凡的游吟诗人，他的歌词极富跳跃性，甚至可以打开地狱之门，他使歌手和作曲家化身为萨满及其代言人，并成为这个时代偏爱的叛逆天才。”[31] 尽管维娜的生命终结于地震中的墨西哥，仿佛坠入冥界的裂缝，但她有着欧里狄克所不具有的音乐才能：“奥姆斯有远见，但维娜有声音，而且也因声音而死……”[32] 她死后，无数维娜的模仿者涌现出来，这是另一种从冥界返回的形式。至于奥姆斯，他也走向了死亡。他被一个神秘而孤独的女人用手枪射杀，警方将此案归结为“一个随机滥杀的疯子”的行为。但是雷不那么认为，也许是一如既往地口无遮拦，他认为凶手就是维娜本人。[33]

有时，拉什迪似乎对与神话相关的古典和后古典历史信手拈来，从维吉尔到里尔克，后者的《致俄耳甫斯的十四行诗》（*Sonnets to Orpheus*）提供了书信材料。然而，一位评论家认为：“警觉的读者别无选择，只能试问拉什迪所吹嘘的对俄耳甫斯神话的‘再书写’到头来是不是不过一套强硬武断、牵强附会、东拉西扯的类比。”[34]例如，当奥姆斯陷入昏迷，似乎病入膏肓，他把自己后来的康复归功于仿佛听到欧里狄克的声音。[35]然而，与其说这些类比是勉强的或牵强的，不如欣然接受它们的存在，就像雷和维娜玩语言游戏时，他们像一对极聪明的孩子一样，引用了恩多摩耳甫斯（Endomorpheus）、艾克托摩耳甫斯（Ectomorpheus）、沃尔多夫・阿斯特耳甫斯（Waldorpheus Astorpheus，旅馆之神）和汉斯・卡斯特耳甫斯（Hans Castorpheus，神奇的登山家）①等自创的人物名字。[36]

拉什迪是一位丰富多变的大师，脱离常理的幽默是她的特质。但幽默背后，一些更严肃的事情不断地叫人心悬。书中的第一句话恰到好处地揭示了这种严肃性，它宣布维娜在 1989 年 2 月 14 日遭遇了地震死亡，也是在这一天，法特瓦②发布了追杀拉什迪的追缉令。也就是说，作者自己的“地下”蛰居之旅的开始日期与维娜・阿普萨拉坠入地下的日期相吻合。作家的生活和作家的想象创作之间从来都不是简单对应的关系，但不得不承认，但丁・阿盖里奇，作为一位描绘地下世界的最伟大的作家，神曲《地狱篇》的作者，他确实在生命的最后 20 年里经历了佛罗伦萨的政治流放，他被禁止回家，否则将被

① 不同词根加上“俄耳甫斯”（orpheus）进行融合的语言游戏。——译者注
② 法瓦特，写作“fatwa”，是伊斯兰国家圣令。——译者注

处死。这种对应也许并不完全是巧合，这说明作家拥有的地下经历至少为其创作和想象提供了一条重要途径。

俄耳甫斯和欧里狄克依然扎根于当代的想象世界中，并没有松动的迹象。尼尔·盖曼（Neil Gaiman）的漫画《睡魔》(*The Sandman*，1989年起连载）和西蒙·阿米蒂奇的BBC广播剧《欧里狄克和俄耳甫斯》(*Eurydice and Orpheus*，2015)，都是英国作家极富个性和想象力的创作尝试。[37] 在21世纪，比利时的一个音乐研究中心和乔治亚州亚特兰大的一个啤酒厂都以“俄耳甫斯”命名。俄耳甫斯神话也为一部关注气候变化的百老汇音乐剧提供了一个主题。除此之外，一个澳大利亚哥特式摇滚乐队的专辑名称也以“俄耳甫斯”命名。以上所举的都是非常典型的例子，它们说明了神话具有历久弥新的生命力，不仅是本书所讨论的古典神话，还有我们无暇顾及的许多其他希腊罗马故事，它们都有着可供深入探究的潜力。

结语

希腊神话与现代思维的对话

真正的好故事有一种独特的力量，给予我们震撼，同时激发我们去感受、去思考、去质疑，希腊罗马神话就是有史以来最好的故事之一。事实证明，这些故事将一如既往地持续塑造着我们的思维方式。

我想展示神话的后世改编所具有的生机活力、不稳定和不可预测性，它们有时呈现出一种喧嚷的乐趣，有时隐含着一种威胁感，这些都是神话讲述的重要组成部分。

结　语
希腊神话与现代思维的对话

我在本书中讲述的故事涉及一些次要的情节。在描述古典神话的讲述方式时，我始终强调它们在古典社会中的嵌入性，以及它们探索具有深远意义的社会和个人问题的惊人能力。本书强调了以下主题：家庭、怪异的外来“他者”、起源、政治、抉择以及人神关系。家庭，尤其是具有破坏性的家庭关系，在美狄亚、俄狄浦斯、俄耳甫斯和欧律狄克、代达罗斯和伊卡洛斯的神话中占据核心地位。“他者”的概念是亚马孙人的故事的基础，“他者”的特质也不断地被赫拉克勒斯打败的一连串怪物所阐释。普罗米修斯的神话探讨了宇宙和人类的起源。与其他一些神话（比如典型的例子是安提戈涅的神话）相比，政治主题在目前所探讨的神话中也许显得不那么重要，但从《俄狄浦斯王》和《俄狄浦斯在科洛诺斯》中可以发现，俄狄浦斯与克瑞翁和忒修斯的交互关系都根植于古希腊城邦的生活理念中。“帕里斯的裁决”是对抉择这一主题的终极探索。至于人与神之间的关系，在我们所讨论的神话中，每一个都挖空心思、细致入微地研究了这一主题。

书中每一章都至少有一半篇幅致力于探讨神话在后古典时期的接受情况。书中提及的案例，只是浩如烟海的神话改编与神话再述中的一部分，这一点无可避免，因为神话经历了历史流变，具有复杂性和多样性。当然，神话在古典时期的传统记述也并非无可指摘，神话传统有时会因为它的精英主义视野和文化上的鸵鸟立场而受到抨击。针对这种批评，我想展示神话的后世改编所具有的生机活力、不稳定性和不可预测性，它们有时呈现出一种喧嚷的乐趣，有时也隐含着一种威胁感，这些都是神话讲述的重要组成部分。

说希腊和罗马神话“塑造了我们的思维方式”，绝非仅是市场驱动下的夸大之词，至少在本书的探讨过程中，这一点已经很清楚了。书名中“我们的思维方式”中的“我们”是问题的关键。“我们”这一概念下的群体从未像现在这样丰富多样。接受希腊－罗马神话的不再只是一个同质化的、排他性的俱乐部，曾经，这样的俱乐部有着极高的入会门槛，其成员需要接受高等古典语言的教育方能相谈甚欢。如今，放眼全球海量的电影观众，他们并未进入高等学府接受希腊语或是拉丁语的教育，也能对前几章所讨论的几个神话的电影改编如数家珍，这与曾经的受众形成了鲜明的对比。神话世界的版图正在不断扩大，在这个世界中，古典神话被不断改编与再述，这是值得高兴的事情。然而，如果只关注这些改编与再述，而忽略了对古典时期背景和神话的古典内涵的研究，那将是极其目光短浅的。无论是索福克勒斯还是贝科夫，无论是维吉尔还是拉什迪，无论是庞贝壁画还是保罗齐的拼贴画，无论是奥林匹亚的陨石还是马奎尔的石膏画，都不可或缺。

任何一个当代的读者或观众都会有所体悟，与其他作品相比，古典神话文本和图像显然更有吸引力和启发性，或者说更令人不安、震惊甚至厌恶。随着意识形态的变化，人们对性别问题、政治理念，以及人类与环境关系的看法都在变化。并非每一个古典神话都传递着同一种信息，或建立在与现代人的喜好相吻合的假设之上，这无可厚非，而且并不构成问题。人们如果只读那些完全符合自己喜好的书，就和一个只喜欢对着镜子凝视自己几个小时作为消遣的人没什么不同，就像那喀索斯（Narcissus）一样，对着一个倒映出自我形象的宁静池子，一味欣赏自己的可爱动人。真正的好故事有一种独特的力量，给予我们震撼，同时激发我们去感受、去思考、去质疑，希腊－罗马神话就是有史以来最好的故事之一。事实证明，这些故事将一如既往地持续塑造着我们的思维方式。

参考文献

Aguirre/Buxton, Cyclops	M. Aguirre and R. G. A. Buxton, *Cyclops*: *The Myth and its Cultural History* (Oxford, 2020)
Bartel/Simon, *Medea*	H. Bartel and A. Simon (eds.), *Unbinding Medea: Interdisciplinary Approaches to a Classical Myth from Antiquity to the 21st Century* (London, 2010)
Bremmer, *Oedipus*	J. N. Bremmer, 'Oedipus and the Greek Oedipus Complex', in Bremmer (ed.), *Interpretations of Greek Mythology* (Beckenham, 1987), 41–59
Bull, *Mirror*	M. Bull, *The Mirror of the Gods: Classical Mythology in Renaissance Art* (London, 2005)
Burkert, *GrRel*	W. Burkert, *Greek Religion: Archaic and Classical* (Oxford, 1985)
Burkert, *Structure*	W. Burkert, *Structure and History in Greek Mythology and Ritual* (Berkeley, 1979)
Buxton, *Imaginary*	R. G. A. Buxton, *Imaginary Greece: The Contexts of Mythology* (Cambridge, 1994)
	C. Dougherty, *Prometheus* (London, 2006)

Dougherty, *Prometheus*	
Fletcher, *Underworld*	J. Fletcher, *Myths of the Underworld in Contemporary Culture: The Backward Gaze* (Oxford, 2019)
Fowler, *EGM*^{2}	R. L. Fowler, *Early Greek Mythography*, vol. 2: *Commentary* (Oxford, 2013)
LIMC	*Lexicon Iconographicum Mythologiae Classicae* (Zurich and Düsseldorf, 1981–2009)
Mayor, *Amazons*	A. Mayor, *The Amazons*: *Lives and Legends of Warrior Women across the Ancient World* (Princeton, 2014)
Miles, *Classical Mythology*	G. Miles (ed.), *Classical Mythology in English Literature: A Critical Anthology* (London, 1999)
Moog-Grünewald, *Reception*	M. Moog-Grünewald (ed.), *The Reception of Myth and Mythology* (Brill's New Pauly, Supplements 4; Leiden, 2010)
Morse, *Medieval*	R. Morse, *The Medieval Medea* (Cambridge, 1996)
PMG	D. L. Page (ed.), *Poetae Melici Graeci* (Oxford, 1962).
Raggio, *Prometheus*	O. Raggio, 'The Myth of Prometheus: Its Survival and Metamorphoses up to the Eighteenth Century', *Journal of the Warburg and Courtauld Institutes*, vol. 21 (1958), 44–62
Reid, *ClMyth*	J. D. Reid, *The Oxford Guide to Classical Mythology in the Arts, 1300–1990s*, 2 vols. (Oxford, 1993)
Renger, *Oedipus*	A.-B. Renger, *Oedipus and the Sphinx* (Chicago, 2013)
	S. Rushdie, *The Ground Beneath her Feet*

Rushdie, *Ground*	(London, 1999)
Segal, *Orpheus*	C. Segal, Orpheus: *The Myth of the Poet* (Baltimore, 1989)
Stafford, *Herakles*	E. Stafford, Herakles (London, 2012)
ThesCRA	*Thesaurus Cultus et Rituum Antiquorum* (Los Angeles, 2004–14)
Warner, *Monuments*	M. Warner, *Monuments and Maidens: The Allegory of the Female Form* (London, 1985)

注 释

引 言 神话的力量与现代心灵

1 P. Larkin, *Required Writing: Miscellaneous Pieces 1955–1982* (London, 1983), 69.

2 Clement of Alexandria, *Protrepticus*, ch. 2.

3 J. Addison, *Spectator*, no. 523 (30 October 1712); B. de Fontenelle, on the opening page of his *De l'origine des fables* (Paris, 1724).

4 Buxton, *Imaginary*.

5 Pausanias, *Description of Greece* 3.24.10.

第 1 章 认知的边界 普罗米修斯的火

1 Buxton, *Imaginary*, 212–13.

2 M. Griffith, *The Authenticity of 'Prometheus Bound'* (Cambridge, 1977).

3 Aeschylus, *Prometheus Bound* 64–70, trans. P. Vellacott (London, 1961).

4 同上书，第 248—251 页（有改动）。

5 Pindar, *Isthmian* Ode 8.

6 Ovid, *Metamorphoses* 1.82–86.

7 Aesop, Fables 516; cf. Dougherty, *Prometheus*, 17.

8 Dougherty, *Prometheus*.

9 Tertullian, *Apologeticum* 18.2.

10 Lactantius, *Institutiones divinae* 2.11.

11 Augustine, *De civitate Dei* 18.8.

12 Petrus Comestor, *Historia scholastica*, ch. 86.

13 Boccaccio, *Genealogia deorum gentilium* 4.44; cf. Servius on Virgil's *Eclogue* 6.42, Fulgentius, *Mythologiae* 2.6.

14 Natale Conti, *Mythologiae* (Paris, 1583), IV.6.

15 Raggio, *Prometheus*, 56–57 with fig. 8b.

16 Hartmann Schedel, *Liber Chronicarum* (Nuremberg, 1493), fol. XXViii recto; cf. Raggio, *Prometheus*, fig. 7a with 52–53; Moog-Grünewald, *Reception*, 558.

17 Servius on Virgil's Eclogue 6.42; Hyginus, *Astronomica* 2.15.

18 *Discovery*, ed. B. P. Copenhaver (Cambridge, Mass., 2002), 2.21 (pp. 323–29).

19 西塞罗《图斯库兰论辩集》(*Tusculan Disputations*，威尼斯，1510）手稿的木版画，位于第二卷。该插图由拉乔（Raggio）在《普罗来修斯》第 53 页中进行了讨论，并附有图 7f 作为参考。

20 在 16 世纪和 17 世纪艺术作品中受刑的普罗米修斯的类似版本，可参见拉乔的第 9 和第 10 幅图。

21 *Goethes Werke*, ed. E. Trunz (Munich, 1998), vol. I, 44 – 46.

22 1817 年 10 月 12 日写给约翰·默里（John Murray）的信。A. González-Rivas Fernández, 'Aeschylus and *Frankenstein*, or *The Modern Prometheus*, by Mary Shelley', in R. F. Kennedy (ed.), *Brill's Companion to the Reception of Aeschylus* (Leiden, 2017), 292–322, at 299.

23 The *Works of Lord Byron*, ed. E. H. Coleridge (London, 1901), vol. IV, 48–51.

24 M. Shelley, *Frankenstein*, ch. 5.

25 A. Griffin, 'Fire and Ice in *Frankenstein*', in G. Levine and U. C. Knoepflmacher (eds.), *The Endurance of 'Frankenstein': Essays on Mary Shelley's Novel* (Berkeley, 1979).

26 Dougherty, *Prometheus*, 114.

27 K. Marx, Werke, Artikel, *literarische Versuche bis März* 1843 (= vol. I of the *Marx-Engels-Gesamtaufgabe*, Berlin, 1975), 15; J. Bentley, 'Prometheus versus Christ in the Christian–Marxist Dialogue', *Journal of Theological Studies*, N.S. vol. 29 (1978), 483–94; Th. Ziolkowski, 'Aeschylus in Germany', in R. F. Kennedy (ed.), *Brill's Companion to the Reception of Aeschylus* (Leiden, 2017), 225–42, at 230–31.

28 V. Riedel, 'Wandlungen des Antikebildes in der Literatur der DDR', *International Journal of the Classical Tradition*, vol. 1 (1994), 105–16, at 107.

29 Dougherty' *Prometheus*, 124–41; E. Hall, 'Tony Harrison's Prometheus: A View from the Left', Arion, vol. 10, no. 1 (2002), 129–40; H. Morales, *Classical Mythology: A Very Short Introduction* (Oxford, 2007), 36–38.

30 T. Harrison, *Prometheus* (London, 1998), 62.

31 同上书，第 55 页。

32 N. Catellani-Dufrêne, 'Mythes antiques et humour dans The Last Hero de Terry Pratchett', in M. Bost-Fievet and S. Provini (eds.), *L'Antiquité dans l'imaginaire contemporain: fantasy, science-fiction, fantastique* (Paris, 2014), 421–35.

33 T. Pratchett, *The Last Hero* (London, 2001), 174.

第 2 章　情感的深渊　美狄亚的激情

1 Apollonius of Rhodes, *Argonautica* 3.844–68.

2 Book 10 of Homer's *Odyssey*.

3 Apollonius of Rhodes, *Argonautica* 3.648–51, trans. R. L. Hunter; R. G. A. Buxton, 'How Medea Moves: Versions of a Myth in Apollonius and Elsewhere', in Bartel/Simon, *Medea*, 25–38, at 26.

4 Apollonius of Rhodes, *Argonautica* 3.756 – 60.

5 同上书，第 3 卷第 766—769 页，由 R. L. 亨特（R. L. Hunter）翻译。

6 Apollodorus, *Bibliotheca* 1.133.

7 e.g. the Talos episode. Buxton, 'How Medea Moves'.

8 Apollodorus, *Bibliotheca* 1.143; Diodorus Siculus 4.50.1; Ovid, *Metamorphoses* 7.162–63，251–93. the *hypothesis* to Euripides' *Medea*。诗行引用自史诗 *Nostoi*，来自传奇史诗的残卷。

9 尤其参见奥维德在《变形记》中的叙事（*Metamorphoses* 7.350–92），描述了她乘坐蛇驭战车穿越希腊领空的情节。

10 Eumelos, *Korinthiaka* fr. 3a Davies (如 Pausanias 在 *Description of Greece* 2.3.10 所记述的那样)；对 Pindar, *Olympian Ode* 13.74. 的注释见 E. Griffiths, *Medea* (Abingdon, 2006), 16。

11 Scholia to Euripides, *Medea* 264.

12 伊迪斯·霍尔敏锐指出，在欧里庇得斯的《美狄亚》中，美狄亚只有在看到无子女对埃勾斯造成的心理伤害后，才明白无子女将给伊阿宋带来的痛苦。E. Hall, 'Medea and the Mind of the Murderer', in Bartel/Simon, *Medea*, 16 –24, at 21.

13 Apollodorus, *Bibliotheca* 1.147.

14 Ibycus fr. 291 in *PMG*；Simonides fr. 558 in ibid.

15 莫尔斯（Morse）对此有精彩的评论，见于 *Medieval*, 10–11。

16 Seneca, *Medea* 1026–27.

17 Ovid, *Tristia* 2.526.

18 M. Carucci, 'The Representation of Medea in the Roman House', in Bartel/Simon, *Medea*, 53– 65, at 62– 63.

19 C. Léglu, '"A New Medea" in Late Medieval French Narratives', in Bartel/Simon, *Medea*, 68–79, at 69–71.

20 *The Book of the City of Ladies*, trans. R. Brown-Grant (London, 1999), 63

and 174–75 (adapted).

21 E. Kepetzis, 'Changing Perceptions: Medea as Paradigm of the Ideal Marriage', in Bartel/Simon, *Medea*, 80–93.

22 由插图 3、5 和 6 所示，见于莫尔斯的 *Medieval*。

23 见于莫尔斯的 *Medieval* 第 148—184 页，尤其是第 173 页。

24 同上，第 160—61 页。

25 见列表 Reid, *ClMyth*, s.v. 'Medea'。

26 B. 阿尔金斯（B. Arkins）的"Three Medeas from Modern Ireland"，以及 D. 卡瓦拉罗（D. Cavallaro）的"Giving Birth to a New Woman: Italian Women Playwrights' Revisions of Medea"，分别在 Bartel/Simon，*Medea*，186–94 和 195–208。

27 Arkins, 190 and 193 n. 35.

28 我充满感激地借鉴了阿尔金斯在上书第 191 页的分析。

29 Cavallaro, 199–202.

30 Cavallaro, 200.

31 P. E. Easterling, 'The Infanticide in Euripides' Medea', *Yale Classical Studies*, vol. 25 (1977), 177–91.

32 Hall, 'Medea and the Mind of the Murderer', 16–17.

第 3 章 探索的勇气 代达罗斯的翅膀

1 Diodorus Siculus 1.61.3.

2 Ovid, *Ars amatoria* 2.25–28; Hyginus, *Fabulae* 40.

3 Homer, *Iliad* 18.590–92.

4 Virgil, *Aeneid* 6.14–33.

5 G. Hawes, *Rationalizing Myth in Antiquity* (Oxford, 2014), 207–12.

6 Diodorus Siculus 4.77.8–9, trans. C. H. Oldfather (London, 1939) (adapted).

7 Ovid, *Ars amatoria* 2.43–47, trans. P. Turner, *Ovid: The Technique of Love*

and Remedies for Love (London, 1968) (adapted).

8 Ovid, *Metamorphoses* 8.203–34, trans. M. M. Innes, The Metamorphoses of Ovid (London, 1955).

9 Ovid, *Metamorphoses* 8.259.

10 Apollodorus, *Epitome* 1.14–15.

11 Lucian, *Somnium sive Gallus* 23; *Imagines* 21.

12 Lucian, *De astrologia* 14.

13 Lucian, *Navigium* 42–46.

14 Lucian, *Icaromenippus* 12, trans. H. W. and F. G. Fowler (Oxford, 1905). 这段引文以一句在荷马作品中熟悉的短语结束。

15 *LIMC*, 'Daidalos et Ikaros', vol. III, p. 317, no. 23a.

16 同上，第 316 页，第 15 号。

17 J. E. Nyenhuis, *Myth and the Creative Process* (Detroit, 2003), 38.

18 *LIMC*, 'Daidalos et Ikaros', vol. III, p. 318, no. 38.

19 同上，第 36 号。

20 *LIMC,* 'Pasiphae', vol. VII, p. 196, no. 11.

21 *LIMC Supp.* 2009, add. 5.

22 Plato, *Meno* 97–98.

23 B. Greiner and J. Harst, 'Daedalus and Icarus', in Moog-Grünewald, *Reception*, 202–9, at 202.

24 *Ovide moralisé* 8.1819–24.

25 *The Works of Francis Bacon,* vol. VI: *Literary and Professional Works* i, ed. J. Spedding, R. L. Ellis and D. D. Heath (Cambridge, 2011; 首次发表于 1858 年), p. 754.

26 C. Ginzburg, 'The High and the Low: The Theme of Forbidden Knowledge in the Sixteenth and Seventeenth Centuries', in Ginzburg, *Myths, Emblems, Clues* (London, 1990), 60–76.

27 Erasmus, as cited in Ginzburg, 同上，60–61 with n. 6。

28 Thomas à Kempis, *The Imitation of Christ,* Book 1, ch. 2.

29 Alciati, *Emblemata* 104.

30 Fig. 5 in Ginzburg, 'The High and the Low', 72; Virgil, *Aeneid* 7.308.

31 由尼亚尔·拉德（Niall Rudd）翻译，C. 马丁代尔（C. Martindale）编辑的，*Ovid Renewed: Ovidian Influences on Literature and Art from the Middle Ages to the Twentieth Century* (Cambridge, 1988), 40。

32 K. Kilinski II, 'Bruegel on Icarus: Inversions of the Fall', *Zeitschrift für Kunstgeschichte*, vol. 67, no. 1 (2004), 91–114.

33 Theatre: Frank Ceruzzi's play *Round Went the Wheel* (2019). Poetry: W. H. Auden, 'Musée des Beaux Arts' (1938); William Carlos Williams, 'Landscape with the Fall of Icarus' (1960). Sci-fi cinema: *The Man Who Fell to Earth* (1976). Rock music: the Titus Andronicus song 'Upon Viewing Brueghel's "Landscape with the Fall of Icarus"' (2008).

34 K. Kilinski II, 101–2.

35 J. Collins, *Eduardo Paolozzi* (Farnham, 2014), 285.

36 M. Aguirre Castro, 'Tecnología convertida en mito: la obra artística de Eduardo Paolozzi', Icono 14, vol. 15 (2017), 204–30.

37 P. Boitani, *Winged Words: Flight in Poetry and History* (Chicago, 2007).

38 J. E. Nyenhuis, *Myth and the Creative Process*, xvii.

39 F. Esposito, 'Icarus Rising: D'Annunzio, the Flying Artificer of Myth', in Esposito, *Fascism, Aviation and Mythical Modernity* (Basingstoke, 2015), 80–114; M. G. di Paolo, 'D'Annunzio's Icarian Mythopoiesis', *Forum Italicum* vol. 44, no. 2 (2010), 287–300; L. Hughes-Hallett, *The Pike: Gabriele D'Annunzio Poet, Seducer and Preacher of War* (London, 2013).

40 Gabriele D'Annunzio, *Prose di romanzi*, ed. A. Andreoli and N. Lorenzini (Milan, 1988–89), vol. II, 566; 被 di Paolo 引用，'D'Annunzio's Icarian Mythopoiesis', 290。

41 M. Ayrton, *The Maze Maker* (London, 1967), 282.

42 M. Ayrton, *The Testament of Daedalus* (London, 1962), 14.

43 Ayrton, *The Maze Maker*, 63.

44 D. Miller, *The Icarus Paradox* (New York, 1990).

第 4 章　性别的重塑　亚马孙人的神话

1　Diodorus Siculus 2.45, trans. C. H. Oldfather (London, 1935).

2　Strabo 11.5.

3　Mayor, *Amazons*, 85–86.

4　Fowler, *EGM*^{2}, 291; J. H. Blok, *The Early Amazons: Modern and Ancient Perspectives on a Persistent Myth* (Leiden, 1995), 21–37.

5　Mayor, *Amazons*, 87–88.

6　I. Sluiter, 'Ancient Etymology: A Tool for Thinking', in F. Montanari, S. Matthaios and A. Rengakos (eds.), *Brill's Companion to Ancient Greek Scholarship*, vol. II (Leiden, 2015), 896–922; Aguirre/Buxton, *Cyclops*, 194, with refs. in n. 2.

7　同主题的一个较为温和的版本，由阿波罗多罗斯［《图书馆》(Bibliotheca) 2.98］记述，亚马孙女战士可以一边保留产妇的身份，一边继续从事战斗：她们勒紧（而非烧灼）右侧乳房，以便左侧自由哺乳。

8　Strabo 11.5.1.

9　Herodotus 4.110–17.

10　同上，4.114。

11　Apollonius of Rhodes, *Argonautica* 2.990–91.

12　Fowler, EGM^2, 290.

13　Quintus of Smyrna 1.24–25.

14　Apollodorus, *Bibliotheca* 2.98.

15　Apollonius of Rhodes, *Argonautica* 2.966 – 69.

16　Apollodorus, *Bibliotheca* 2.101–2.

17　Homer, *Iliad* 6.186.

18　See Fowler, *EGM*^{2}, 485–86; Mayor, *Amazons*, 259–70.

19　Plutarch, *Life of Theseus* 26 –27.

20　Pausanias, *Description of Greece* 1.2.1.

21　Virgil, *Aeneid* 7. 806.

22　同上书，第 11 卷第 655—663 页。

23 同上书，第 7 卷第 812—817 页。

24 Diodorus Siculus 2.44.2, trans. Oldfather.

25 Fowler, *EGM*^{2}, 486–87; Mayor, *Amazons*, 271–86.

26 Plutarch, *Life of Theseus* 27.

27 Lysias, *Funeral Oration* 4 – 6, trans. W. R. M. Lamb (London, 1930).

28 Moog-Grünewald, *Reception*, 58–59.

29 Tertullian, *Adversus Marcionem* 1.1, trans. E. Evans (Oxford, 1972) (adapted).

30 Vv. 14524 and 14779; see C. Brinker-von der Heyde, 'Ez ist ein rehtez wîphere: Amazonen in mittelalterlicher Dichtung', *Beiträge zur Geschichte der deutschen Sprache und Literatur*, vol. 119, no. 3 (1997), 399 – 424, at 421–22.

31 Brinker-von der Heyde, 411.

32 *The Book of the City of Ladies* 1.34; Warner, Monuments, 203.

33 参见 *The Book of the City of Ladies* 由 R. 布朗 – 格兰特 (R. Brown-Grant) 翻译的版本 (London, 1999)，第 1 章第 4 节，第 16—19 页。

34 *The Travels of Sir John Mandeville*, trans. C. W. R. D. Moseley (London, 1983), 116–17.

35 *The Discovery of the Amazon according to the Account of Friar Gaspar de Carvajal and Other Documents*, ed. H. C. Heaton (New York, 1934), 214.

36 Sir Walter Raleigh, *The Discovery of Guiana* (London, 1887), 42– 43.

37 J.-F. Lafitau, Moeurs des sauvages amériquains, comparées aux moeurs des premiers temps (Paris, 1724).

38 Canto 36; see the translation by G. Waldman (Oxford, 1983), 438.

39 Canto 18; see also Canto 19 (pp. 206 and 226 in Waldman).

40 Canto 26 (p. 316 in Waldman).

41 同上 (pp. 310, 316 in Waldman)。Cf. J. C. Bateman, 'Amazonian Knots: Gender, Genre, and Ariosto's Women Warriors', MLN [*Modern Language Notes*], vol. 122, no. 1, *Italian Issue* (2007), 1–23.

42 Warner, *Monuments*, 278.

43 S. Poeschel, 'Rubens' "Battle of the Amazons" 作为 War-Picture. The Modernisation of a Myth', *Artibus et Historiae,* vol. 22, no. 43 (2001), 91–108.

44 我的论述贴合了 S. Georgoudi 富有洞察力的评论，见于 'Creating a Myth of Matriarchy', in P. Schmitt Pantel (ed.), *A History of Women in the West, vol. I: From Ancient Goddesses to Christian Saints* (Cambridge, Mass., 1992), 449 – 63。

45 例如美国妇女参政权倡导者伊丽莎白·卡迪·斯坦顿（Elizabeth Cady Stanton）。H. Morales, *Antigone Rising: The Subversive Power of the Ancient Myths* (London, 2020), 161–62, n. 17.

46 《母权论》（*Das Mutterrecht*，1861）的节选译文来自 Ralph Mannheim (ed.), *Myth, Religion, and Mother Right: Selected Writings of J. J. Bachofen* (Princeton, 1967)，引文见第 150–151 页。

47 Burkert, GrRel, 351, n. 22; cf. S. Pembroke, 'Women in Charge: The Function of Alternatives in Early Greek Tradition and the Ancient Idea of Matriarchy', in *Journal of the Warburg and Courtauld Institutes*, vol. 30 (1967), 1–35. 对巴霍芬的女权主义方法的批判参见 C. Eller, *The Myth of Matriarchal Prehistory* (Boston, Mass., 2000), and Gentlemen and Amazons: *The Myth of Matriarchal Prehistory*, 1861–1900 (Berkeley, 2011)。

48 Mayor, *Amazons*.

49 S. D. Goldhill in the *Times Literary Supplement* (6 March 2015) and J. R. Porter.

50 J. Wyndham, *Consider Her Ways and Others* (London, 2014).

51 Helen Diner and Monique Wittig. 请参阅由 D. G. 克劳德（D. G. Crowder）撰写的“亚马孙人”词条，收录于 C. J. 萨默斯（C. J. Summers）主编的 *The Gay and Lesbian Literary Heritage*（修订版，阿宾登，2013 年），第 21—23 页。

52 J. Russ, *The Female Man* (New York, 1975), Part I.

53 Warner, *Monuments*, 175.

54 同上。

第 5 章 自我发现之旅 俄狄浦斯的追问

1 Homer, *Odyssey* 11.272–80, trans. R. Lattimore (New York, 1965) (adapted).

2 Apollodorus, *Bibliotheca* 3.53.

3 Sophocles, *Oedipus Tyrannus* [OT] 219 –20.

4 同上，第 264 页。

5 同上，第 362, 366—367 页。

6 同上，第 432—441 页。

7 Bremmer, *Oedipus*, 45.

8 同上，54–55：俄狄浦斯不可能对约卡斯塔有情结，因为他是被养母梅罗珀抚养长大的。尽管如此，存在着"希腊俄狄浦斯情结"的证据。正如俄狄浦斯在 *OT* 中所说："许多人在梦中与他们的母亲同床共眠"（981–82）；还有在阿特米学鲁斯（Artemidorus）的《梦的解析》1.79 中关于这类梦的长篇讨论。布雷默（Bremmer）认为，从公元前 5 世纪开始，上层阶级的孩子在家里接受妇女的密切照料，从家庭情况的角度看，俄狄浦斯情结的可能性更大。

9 *OT* 1014–16.

10 同上，第 1051—53 页。

11 同上，第 1142—45 页。

12 同上，第 1171—72 页。

13 同上，第 1182—85 页。

14 同上，第 1186—96 页。

15 同上，第 1368 页。

16 同上，第 1369—74 页。

17 同上，第 1529—30 页。

18 Aristotle, *Poetics* 1452^{a}32–33.

19 对 Euripides 的 *Phoenician Women* 26 的注释。

20 Euripides fr. 541; Fowler, *EGM*^{2}, 408. 对于这一片段是否归属于欧里庇得斯的详细讨论，请参见 V. Liapis 'The Fragments of Euripides' Oedipus:

A Reconsideration', *Transactions of the American Philological Association*, vol. 144, no. 2 (2014), 307–70, at 316–24。

21 Euripides, *Phoenician Women*.

22 参见如今残缺不全的史诗 *Oidipodeia* (fr. 1), 由 Pausanias 引用 , *Description of Greece* 9.5.11; cf. Fowler, *EGM*², 404–5.

23 Seneca, *Oedipus* 15–27.

24 同上，703—4。

25 同上，857—59。

26 Tacitus, Annals 14.8, 14.2; 另见 Seneca, *Octavia* 366-72。参见 C. Star，Seneca（London，2016），85。

27 Sophocles, *Oedipus at Colonus* 1656 – 65.

28 同上，1756–57 and 1769–72。

29 C. Calame, 'Le nom d'Oedipe', in B. Gentili and R. Pretagostini (eds.), *Edipo: Il teatro greco e la cultura europea* (Rome, 1986), 395– 407.

30 Bremmer, *Oedipus*, 44–45.

31 Reid, *ClMyth*, vol. II, 754–62; Moog-Grünewald, *Reception*, 458–69; 以及 Renger, *Oedipus*, 91–92, nn. 3 and 5 的一些额外参考书目。

32 译本改编自 *Bacon's Essays and Wisdom of the Ancients*（Boston, 1884）。

33 解读参见 M. Erkelenz, 'The Genre and Politics of Shelley's Swellfoot the Tyrant,' Review of English Studies, vol. 47, no. 188 (1996), 500–520。

34 Act I, 3–10.

35 拉丁语歌词为：

"PASTOR ET NUNTIUS.

In monte reppertus est, a matre derelictus;

In montibus repperimus.

Laio Jocastaque natus!

Peremptor Laii parentis!

Natus Laio et Jocasta!

Coniux Jocastae parentis!

Utinam ne diceres, oportebat tacere nunquam dicere istud:

a Jocasta derelictum in monte reppertus est.

OEDIPUS

Natus sum quo nefastum est, concubui cui nefastum est,

cecidi quem nefastum est.

Lux facta est."

36 A. W. Johnson and D. Price-Williams, *Oedipus Ubiquitous: The Family Complex in World Folk Literature* (Stanford, 1996), 3.

37 Renger, *Oedipus*, 55.

38 S. Freud, *The Interpretation of Dreams*, trans. and ed. James Strachey (New York, 2010), 280.

39 参考 Moog-Grünewald, *Reception*, 468–69。

40 Renger, *Oedipus*, 48–49.

41 H. Morales, *Classical Mythology: A Very Short Introduction* (Oxford, 2007), 78.

42 私人收藏 ; 见 W. Spies and S. Rewald (eds.), *Max Ernst: A Retrospective* (New York, 2005), cat. no. 36, p. 141.

43 E. M. Legge, *Max Ernst: The Psychoanalytic Sources* (Ann Arbor, 1989), 36–39.

44 Act 1, scene 2.

45 Act 2, scene 2.

46 *OT* 1186–88.

第 6 章　价值观的抉择　帕里斯的裁决

1 Hyginus, *Fabulae* 92.

2 Hesiod, *Works and Days* 11–26.

3 Hesiod, *Theogony* 226–30; Homer, *Iliad* 4.440 – 45.

4 Apollodorus, *Bibliotheca* 2.113.

5 Stafford, *Herakles*, 47.

6 C. A. Faraone, 'Aphrodite' s ΚΕΣΤΟΣ and Apples for Atalanta: Aphrodisiacs in Early Greek Myth and Ritual', *Phoenix*, vol. 44 (1990), 224 – 43; *ThesCRA*, vol. VI, 92–93.

7 Lucian, *Dialogi marini* 7.1.

8 关于在一个情爱背景下刻有苹果的另一个神话，请参阅奥维德特别提到的"the tale of Acontius and Cydippe" in Heroides 20 and 21。

9 Cypria fr. 1, in A. Bernabé (ed.), *Poetarum epicorum graecorum: Testimonia et fragmenta*, Part 1 (Leipzig, 1987); Euripides, *Helen* 36 – 41; *Orestes* 1639– 42; Apollodorus, *Epitome* 3.1.

10 Hyginus, *Fabulae* 92.

11 L. Kahn, *Hermès passe ou les ambiguïtés de la communication* (Paris, 1978); Burkert, *GrRel*, 156–59.

12 Apollodorus, *Bibliotheca* 3.150.

13 Lucian, *Dearum iudicium* 1.

14 Apuleius, *Metamorphoses* 10.30, trans. P. G. Walsh, *The Golden Ass* (Oxford, 1994).

15 Euripides, *Cyclops* 182–84.

16 Basel, *Antikenmuseum*, BS 434 = LIMC 'Paridis iudicium', vol. VII, p. 178, no. 14.

17 Cypria fr. 4 Bernabé.

18 Lucian, *Dearum iudicium* 9.

19 Apuleius, *Metamorphoses* 10.31; trans. P. G. Walsh.

20 E.g. Euripides, *Trojan Women* 924–31; Lucian, *Dearum iudicium* 11–16; Apollodorus, *Epitome* 3.2; Hyginus, *Fabulae* 92.

21 在其他地方，有关欧里狄克的失传悲剧 *Alexandros* 中讲述了这个故事；见 I. Karamanou 饰演的版本 (Berlin, 2017)。

22 D. B. Dodd and C. A. Faraone (eds.), *Initiation in Ancient Greek Rituals and Narratives* (London, 2003).

23 Homer, *Iliad* 3.390–94.

24 Apollodorus, *Epitome* 5.3.

25 Quintus of Smyrna, *The Fall of Troy* 10.253–489.

26 Fulgentius, *Mythologiae* 2.1.

27 Dares Phrygius, *De excidio Troiae historia* 7.

28 Gower, Confessio Amantis 5.7408–19. nam 意为“带来”; dede me to wite 意为“使我知晓”; putt hem upon me 意为“将自己寄托于我”。

29 Bull, *Mirror*, 345.

30 F. Healy, *Rubens and the Judgement of Paris: A Question of Choice* (Turnhout, 1997), 125.

31 Marsilio Ficino, *Opera omnia* (Turin, 1959), vol. I, 920; cf. Bull, Mirror, 348.

32 *Merchant of Venice*, II. vii. 5–9.

33 *Merchant of Venice*, III. ii. 106.

34 *King Lear*, I. i. 53.

35 *King Lear*, I. i. 95.

36 *Merchant of Venice*, III. ii. 41.

37 参考 Moog-Grünewald, *Reception*, 510。

38 Agatha Christie, *The Labours of Hercules* (New York, 1947).

第 7 章 英雄主义的现代诠释 赫拉克勒斯的试炼

1 G. K. Galinsky, *The Herakles Theme: The Adaptations of the Hero in Literature from Homer to the Twentieth Century* (Oxford, 1972); Stafford, Herakles; Burkert, Structure, 78–98.

2 Lucian, *Iuppiter tragoedus* 21.

3 Hesiod, *Theogony* 954–55; cf. Pindar, *Nemean Ode* 1.67–72.

4 Stafford, *Herakles*, 137–70.

5 Pindar, *Olympian Ode* 10.

6 See Fowler, *EGM*², 271.

7 宙斯神庙：参见 Stafford, Herakles, 24–25。另可参考 Theocritus, *Idylls* 24.80–81; Apollonius of Rhodes, *Argonautica* 1.1317–20。

8 10: Apollodorus, *Bibliotheca* 2.73; 1,000: Virgil, *Aeneid* 8.291–93; 10,000: Sophocles, *Trachinae* 1101; cf. Fowler, *EGM*², 272–73.

9 Homer, *Iliad* 19.95–133.

10 同上，第 19 卷第 105 页。

11 E.g. Pindar, *Nemean Ode* 1.60–72; Sophocles, *Philoctetes* 1418–20; Theocritus, *Idylls* 24.77–83; Diodorus Siculus 4.10.7.

12 Apollodorus, *Bibliotheca* 2.72–73.

13 同上，第 2 卷第 75 页。

14 同上，2.77–80, trans. R. S. Smith and S. M. Trzaskoma (Indianapolis, 2007)。

15 Diodorus Siculus 4.11.5, with Stafford, *Herakles*, 34.

16 Euripides, *Hercules furens* 375–79.

17 Pindar, *Olympian Ode* 3.25–32.

18 Apollodorus, *Bibliotheca* 2.81–82.

19 同上，第 2 卷第 87 页。

20 Diodorus Siculus 4.13.3.

21 Apollodorus, *Bibliotheca* 2.88–91.

22 同上，第 2 卷第 92 页。Diodorus Siculus 4.13.2; Hyginus, *Fabulae* 30.6; Pausanias, *Description of Greece* 8.22.4.

23 Euripides, *Alcestis* 492–96.

24 Aguirre/Buxton, *Cyclops*, 40.

25 Diodorus Siculus 4.15.3.

26 同上，4.15.4; Apollodorus, *Bibliotheca* 2.96.

27 Apollodorus, *Bibliotheca* 2.97.

28 见前文关于亚马孙人的描述。

29 Diodorus Siculus 4.16.

30 Stafford, *Herakles*, 42–45.

31 Apollodorus, *Bibliotheca* 2.106.

32 同上，第 2 卷第 112 页。

33 关于这一事件的丰富详细描述，请参阅 Fowler, *EGM*^{2}, 291–99。

34 E.g. Diodorus Siculus 4.26.4.

35 Apollodorus, *Bibliotheca* 2.119-20, trans. R. S. Smith and S. M. Trzaskoma.

36 Apollonius of Rhodes, *Argonautica* 4.1432–40, trans. R. L. Hunter (Oxford, 1993).

37 E.g. Ovid, *Metamorphoses* 7.408–19; 其他引自 Fowler, *EGM*^{2}, 305, n. 157。

38 Hesiod, *Theogony* 311–12.

39 同上，第 770—773 页。

40 Virgil, *Aeneid* 6.126.

41 Ovid, *Metamorphoses* 7.407 and 409.

42 Homer, *Odyssey* 11.625–26.

43 Apollodorus, *Bibliotheca* 2.126.

44 See G. Hawes, *Rationalizing Myth in Antiquity* (Oxford, 2014), 37–91.

45 Palaephatus, *On Unbelievable Tales* 18.

46 同上，第 38 页。

47 See Aguirre/Buxton, *Cyclops*, 22–28.

48 Stafford, *Herakles*, 124–29.

49 Arrian, Discourse 3.24.13; Cicero, De natura deorum 2.62.

50 Heraclitus, *Homeric Problems* 33, trans. D. A. Russell and D. Konstan (Atlanta, 2005).

51 Lucretius, *De rerum natura* 5.22–54, trans. R. E. Latham (Harmondsworth, 1951).

52 Tertullian, *Ad nationes* 2.14.

53 Lactantius, *Institutiones divinae* 1.9, trans. W. Fletcher.

54 Justin, *First Apology* 21.

55 B. Berg, ‘Alcestis and Hercules in the Catacomb of Via Latina’, *Vigiliae Christianae*, vol. 48 (1994), 219–34.

56 G. Scafoglio, ‘Dante’s Hercules’, in A. Allan, E. Anagnostou-Laoutides and E. Stafford (eds.), *Herakles Inside and Outside the Church: From the*

First Apologists to the End of the Quattrocento (Leiden, 2020), 155–70.

57 Canto 6, 16–18, trans. D. L. Sayers (Harmondsworth, 1949).

58 Canto 17.

59 Dante, *Epistle* 7.6.

60 *Ovide moralisé* 9.475–77.

61 Stafford, *Herakles*, 205, on Christine de Pizan.

62 G. Chaucer, *The Canterbury Tales* 2095–2112 and 2139-42; modern English version by Nevill Coghill (Harmondsworth, 1951), 208–10.

63 J. Chance, *Medieval Mythography*, vol. 3: *The Emergence of Italian Humanism*, 1321–1475 (Gainesville, Fla., 2015), 394–426.

64 Stafford, Herakles, 205.

65 R. O. Iredale, 'Giants and Tyrants in Book Five of The Faerie Queene', *Review of English Studies*, vol. 17 (1966), 373–81.

66 这整个话题在 Bull 的研究中得到了出色的探讨，Mirror, 86 –140。

67 Boethius, *Consolatio* 4.7; cf. Bull, Mirror, 100–101.

68 L. D. Ettlinger, 'Hercules Florentinus', in *Mitteilungen des Kunsthistorischen Institutes in Florenz*, vol. 16, no. 2 (1972), 119 – 42.

69 K. Lippincott and R. Signorini, 'The Camera dello Zodiaco of Federico II Gonzaga', *Journal of the Warburg and Courtauld Institutes*, 54 (1991), 244– 47.

70 C. R. Ligota, 'Annius of Viterbo and Historical Method', *Journal of the Warburg and Courtauld Institutes*, vol. 50 (1987), 44 –56.

71 Tacitus, Germania 3.

72 D. 霍宾斯（D. Hobbins）译为 *The Life of Henry VII* (New York, 2011)。

73 Diodorus Siculus 4.19.1–2; 5.24.1–3.

74 C. Vivanti, 'Henry IV, the Gallic Hercules', *Journal of the Warburg and Courtauld Institutes*, vol. 30 (1967), 176–97.

75 A. Christie, *The Labours of Hercules* (London, 2001); 引文分别来自 16, 14 和 380。

76 M. Johnston and T. Köntges, 'Of Heroes and Humans: Marian Maguire's

Colonization of Herakles' Mythical World', in M. Johnson (ed.), *Antipodean Antiquities: Classical Reception Down Under* (London, 2019), 195–207.

77 Stafford, *Herakles*, 232–41.

第8章 艺术和爱情的永恒主题 俄耳甫斯的旋律

1 Segal, *Orpheus*; F. Graf, 'Orpheus: A Poet Among Men', in J. N. Bremmer (ed.), *Interpretations of Greek Mythology* (Beckenham, 1987), 80–106; also the 65-item bibliography compiled by Berhard Huss in Moog-Grünewald, *Reception*, 493–94.

2 Apollonius of Rhodes, *Argonautica* 1.512–15, trans. R. L. Hunter (Oxford, 1993).

3 同上，第4卷第905—909页。

4 Simonides fr. 567 in *PMG*.

5 Euripides, *Hypsipyle* fr. 752g. 8–14.

6 *Anthologia Palatina* 7.8, trans. K. Rexroth, in P. Jay, *The Greek Anthology* (London, 1973).

7 Ovid, *Metamorphoses* 10. 40–46, trans. adapted from D. Raeburn (London, 2004).

8 Jan Bremmer, 'Don't Look Back: From the Wife of Lot to Orpheus and Eurydice', in Bremmer, *Greek Religion and Culture, the Bible and the Ancient Near East* (Leiden, 2008), 117–32.

9 Ovid, *Metamorphoses* 10.53 – 63, trans. D. Raeburn.

10 Phanocles fr. 1.7–10, in J. U. Powell (ed.), *Collectanea Alexandrina* (Oxford, 1925), with Segal, *Orpheus*, 57.

11 Ovid, *Metamorphoses* 11.64–66, trans. D. Raeburn (amended).

12 Virgil, *Georgic* 4.488, 491 and 495.

13 Euripides, *Alcestis* 357–62.

14 Plato, *Symposium* 179d.

15 Hermesianax fr. 7.1–14 in Powell, *Collectanea Alexandrina*.

16 Euripides, *Hippolytus* 952–57; cf. also Plato, *Republic* 364e – 65a.

17 J. B. Friedman, *Orpheus in the Middle Ages* (Cambridge, Mass., 1970).

18 Clement of Alexandria, *Protrepticus* 1.

19 Boethius, *Consolatio* 3.12.

20 Fulgentius, *Mythologiae* 3.10.

21 Boccaccio, *Genealogia deorum gentilium* 5.12.

22 Pierre Bersuire, *Ovidius moralizatus fols*. 58r–59r in the 1509 (Paris) edn, reprinted New York, 1979. 关于薄伽丘和伯苏尔的比较，见 P. Cherchi, 'The Inventors of Things in Boccaccio's De genealogia deorum gentilium', in I. Candido (ed.), *Petrarch and Boccaccio: The Unity of Knowledge in the Pre-modern World* (Berlin, 2018), 244 – 69, 262 – 64。

23 Trans. by G. Miles in Miles, *Classical Mythology*, 91.

24 Henryson, 'Orpheus and Eurydice', in R. L. Kindrick (ed.), *The Poems of Robert Henryson* (Kalamazoo, Mich., 1997), lines 92–105. ['Buss' = 'bush'].

25 *Two Gentlemen of Verona*, III. ii. 78–81.

26 *Merchant of Venice*, V. i. 79–88.

27 Percy Bysshe Shelley, 'Orpheus', 68–69; 81; 117–18; 118–24. In *The Works of Percy Bysshe Shelley*, ed. H. B. Forman (London, 1880), vol. IV, 56.

28 In H. D., *Collected Poems* 1912–1944 (New York, 1986).

29 In Carol Ann Duffy, *The World's Wife: Poems* (London, 1999).

30 Rushdie, *Ground*, 22. 见 C. 罗拉森（C. Rollason）的深入分析，"Rushdie's Un-Indian Music: The Ground Beneath Her Feet". Also Fletcher, *Underworld*, 173–85。

31 Rushdie, *Ground*, 89.

32 同上，第 157 页。

33 同上，第 571 页。

34 Rollason, 'Rushdie's Un-Indian Music', 11.

35 Rushdie, *Ground*, 322.

36 同上，第 456 页。

37 Fletcher, *Underworld*, especially 47–52 and 64–86.

图片来源

扉背列支敦士登，利希滕斯坦亲王收藏，瓦杜兹－维也纳。摄影：列支敦士登，利希滕斯坦亲王收藏，瓦杜兹－维也纳 / 斯卡拉，佛罗伦萨 025 上梵蒂冈博物馆，梵蒂冈城。摄影：布里奇曼图像 025 下雅典国家考古博物馆。摄影：De Agostini/Getty Images 026 上洛杉矶保罗·盖蒂博物馆。由斯坦利·温加赠送 026 下马德里普拉多博物馆 029 伦敦大英博物馆。摄影：大英博物馆受托人 031 照片：环球图像集北美有限责任公司 /De Agostini/ 阿尔米库库存照片 032 奥克兰艺术画廊托伊奥塔马基，购于 1965 年 037 卡尔纳瓦莱历史博物馆，巴黎 040 © 火神 049 那不勒斯国家考古博物馆。照片 © 卢西亚诺·佩迪奇尼 051 伦敦大英博物馆。照片：大英博物馆受托人 054 俄罗斯圣彼得堡艾尔米塔什博物馆。照片：圣彼得堡艾尔米塔什博物馆 055 那不勒斯国家考古博物馆 059 上巴黎装饰艺术博物馆 059 下，060 法国国家图书馆，巴黎 061 伯明翰博物馆和艺术画廊 / 伯明翰博物馆信托 062 里尔美术宫 066 照片：特蕾莎·伊萨西 / 米拉麦克斯 / Canal+/ 索杰辛 / 酷宝 / Shutterstock 067 华盛顿特区国会图书馆，印刷和摄影部 068 照片：基斯通图片美国 / Shutterstock 079 罗马阿尔巴尼别墅。照片：贝特曼 / 盖蒂图片社 080 伦敦大英博物馆。照片：大英博物馆受托人 081 维提庇家，庞贝古城 082 康布里加单体博物馆－国家博物馆 / 文化遗产总局 087 C.G. 荣格作品基金会，苏黎世 089 上马德里普拉多博物馆 089 下康涅狄克州卫斯理大学戴维森艺术中心。由 M. 克诺德勒公司赠送，1958 年 090 法林登收藏，巴斯科特公园。照片 akg-images 092 剑桥耶稣学院。照片：罗伯特・埃文斯 / 阿尔米库库存照片 094 迈克尔・艾尔顿遗产收藏。© 迈克尔・艾尔顿遗产 104 纽约大都会艺术博物馆。1931 年罗杰斯基金 105 上 维也纳艺术史博物馆 /KHM-博物馆协会 105 下伦敦大英博物馆。照片：大英博物馆受托人 106 纽约大都会艺术博物馆。1931 年罗杰斯基金。约翰・D・洛克菲勒 Jr. 1932 年赠送 107 伦敦大英博物馆。照片：大英博物馆受托人 108 巴黎卢浮宫。照片：卢浮宫，分销 RMN- 大皇宫 / 克里斯蒂安・拉里厄 115 伦敦维多利亚和艾伯特博物馆。照片：艺术世界 / 阿尔米库库存照片 117 上巴黎卢浮宫 117 左下维也纳艺术史博物馆。照片 akg-images/Erich Lessing 117 右下康涅狄克州卫斯理大学戴维森艺术中心。购买资金，1965 年。照片 M. 约翰斯顿 118 慕尼黑老绘画馆，巴伐利亚州立绘画馆。照片：斯卡拉，佛罗伦萨 /bpk，柏林艺术，文化和历史图片代理机构 123 左照片：乔尔根森 / Shutterstock 123 右照片：埃弗里特收藏公司 / 阿尔米库库存照片 131 波士顿美术馆。马丁・布里默太太遗赠。照片波士顿美术馆。保留所有权利 / 斯卡拉，佛罗伦萨 136 锡拉库萨考古和风景公园摄影文档费用 145 伦敦大英图书馆。照片：大英图书馆 / 布里奇曼图像 149 巴黎卢浮宫 150 纽约大都会艺术博物馆。威廉・H・赫里曼遗赠，1920 年 151 上华盛顿特区国家美术馆。艾尔莎・梅隆・布鲁斯基金 151 下照片由新奥尔良 M.S. Rau 提供 155 照片 TCD/Prod.DB/ 阿尔米库库存照片 167 罗马国家博物馆阿尔坦普斯宫 168 卡尔斯鲁厄巴登州立博物馆。照片托马斯・戈尔德施密特 169 左纽约大都会艺术博物馆。F. W. 莱特兰德赠送，1898 年 169 右纽约大都会艺术博物馆。罗杰斯基金，1907 年 170 那不勒斯国家考古博物馆。照片 akg-images/Mondadori Portfolio/Electa 171 Forvm MMX 项目 - 哈恩大学 - 卡斯特洛考古遗址 178 伦敦大英图书馆。照片大英图书馆理事会。保留所有权利 / 布里奇曼图像 179 巴黎卢浮宫。照片：克里斯托费尔艺术 / 环球图像集 / 盖蒂图片社 180 伦敦皇家收藏信托 187 上 © Mary Ellen Croteau 187 下 马德里普拉多博物馆 199 伦敦大英博物馆。照片 英国大英博物馆受托人 202 马德里国家考古博物馆。照片 安格尔・马丁内斯・莱瓦斯 205 曼彻斯特大学曼彻斯特博物馆致谢 207 巴黎卢浮宫。照片 RMN-Grand Palais (卢浮宫)/Stéphane Maréchalle 209 奥林匹亚考古博物馆 212 巴黎卢浮宫。照片 RMN-Grand Palais (卢浮宫)/Hervé Lewandowski 217 照片 De Agostini/Getty Images 219 维多利亚州国家美术馆，墨尔本。费尔顿遗赠，1920 年 222 伦敦大英博物馆。照片，英国大英博物馆受托人 223 苏黎世中央图书馆 226 洛杉矶艺术博物馆。斯坦利 · 塔尔皮斯先生和夫人赠送 228 照片 United Archives GmbH/Alamy 库存照片 238 哈佛艺术博物馆 / 亚瑟 · M · 萨克勒博物馆。大卫 · M · 罗宾逊遗赠。照片 哈佛学院主席和成员 239，240 巴塞尔古代博物馆和路德维希收藏。照片 巴塞尔古代博物馆和路德维希收藏 241 照片 akg-images/Erich Lessing 243 那不勒斯国家考古博物馆。照片 迪米特里 · 莫罗兹 /Alamy 库存照片 250 佛罗伦萨圣玛丽亚大教堂工程 251 摩根图书馆和博物馆，纽约 252 汉堡艺术馆，铜版画馆。照片 布里奇曼图像 256 法国国家图书馆，巴黎。

彩插图片来源

I 费城艺术博物馆。1950 年用 W. P. Wilstach 基金购买 II 斯特拉斯堡美术馆。摄影：斯特拉斯堡博物馆 /M. Bertola III 巴黎卢浮宫。摄影：RMN- 大皇宫 (卢浮宫博物馆) / 莫里斯和皮埃尔 · 舒泽维尔 IV 纽约斯旺拍卖画廊提供 V 曼努埃尔 · 科恩 / 斯卡拉，佛罗伦萨 VI 比利时皇家美术博物馆，布鲁塞尔。摄影：Superstock/A. Burkatovski/Fine Art Images VII 加齐安泰普考古博物馆 VIII 伦敦大英图书馆。摄影：大英图书馆管理局 /Leemage/Bridgeman Images IX 巴塞尔艺术博物馆 X © 埃莉诺 · 安汀。艺术家和纽约罗纳德 · 费尔德曼画廊提供 XI 费城宾夕法尼亚大学博物馆提供。物品编号 L-64-185 XII 洛杉矶保罗 · 盖蒂博物馆 XIII 伦敦皇家博物馆格林尼治。© 玛丽安 · 马奎尔 XIV 佩蒂宫，乌菲兹美术馆，佛罗伦萨 XV 克利夫兰艺术博物馆。由 J · H · 韦德赠送 1926.25

致　谢

写出这样一本书，实在是一个呕心沥血的过程，需要兼顾几届学生的教学相长的成果，还得纠缠着同事和朋友们征求意见，四处“劫掠”图书馆资源，不断打搅图书管理员。从这群为我搜肠刮肚的同事中挑出几个名字致谢，似乎有故意偏袒之嫌，但也必不可少，而且荣幸之至。首先，我想到了泰晤士和哈德逊公司的几位同事。优秀卓越的科林·里德勒（Colin Ridler）最初委托我编写这本书，他的继任者本·海斯（Ben Hayes）一直是这个项目孜孜不倦的支持者，还有萨姆·怀特（Sam Wythe）、尼科斯·科索普洛斯（Nikos Kotsopoulos）、詹·摩尔（Jen Moore）和伊莎贝拉·卢塔（Isabella Luta）以图片和文字编辑的专业精神为最终成果做出了巨大贡献。还有几个图书馆的工作人员，首先是布里斯托尔大学的工作人员，我在那里度过了我职业生涯的大部分时间，他们对我不断提出的要求从来都给予迅捷而善意的回应。当我不得不去其他地方时，日内瓦的哈特基金会，在其图书馆馆长萨布丽娜·西阿多（Sabrina Ciardo）的带领下，为我提供了大量的资料，我由衷感激。当时，由于前所未有的全球环境，学术机构之间的实际探访已经成为一种挑战，而且后期无法克服，所以作罢。最后，从个人角度来说，我很感谢梅赛德斯·阿吉雷（Mercedes Aguirre），在我们无数次的交谈中，她不仅给希腊神话的主题诸多启发，也阐明了神话故事讲述的深刻重要性。

The Grreek Myths
That Shape The Way We Think

索　引

考虑到环保的因素，也为了节省纸张、降低图书定价，本书编辑制作了电子版的索引。请扫描下方二维码，直达图书详情页，点击“阅读资料包”获取。

未来，属于终身学习者

我们正在亲历前所未有的变革——互联网改变了信息传递的方式，指数级技术快速发展并颠覆商业世界，人工智能正在侵占越来越多的人类领地。

面对这些变化，我们需要问自己：未来需要什么样的人才？

答案是，成为终身学习者。终身学习意味着永不停歇地追求全面的知识结构、强大的逻辑思考能力和敏锐的感知力。这是一种能够在不断变化中随时重建、更新认知体系的能力。阅读，无疑是帮助我们提高这种能力的最佳途径。

在充满不确定性的时代，答案并不总是简单地出现在书本之中。“读万卷书”不仅要亲自阅读、广泛阅读，也需要我们深入探索好书的内部世界，让知识不再局限于书本之中。

湛庐阅读 App：与最聪明的人共同进化

我们现在推出全新的湛庐阅读 App，它将成为您在书本之外，践行终身学习的场所。

- 不用考虑“读什么”。这里汇集了湛庐所有纸质书、电子书、有声书和各种阅读服务。
- 可以学习“怎么读”。我们提供包括课程、精读班和讲书在内的全方位阅读解决方案。
- 谁来领读？您能最先了解到作者、译者、专家等大咖的前沿洞见，他们是高质量思想的源泉。
- 与谁共读？您将加入优秀的读者和终身学习者的行列，他们对阅读和学习具有持久的热情和源源不断的动力。

在湛庐阅读 App 首页，编辑为您精选了经典书目和优质音视频内容，每天早、中、晚更新，满足您不间断的阅读需求。

【特别专题】【主题书单】【人物特写】等原创专栏，提供专业、深度的解读和选书参考，回应社会议题，是您了解湛庐近千位重要作者思想的独家渠道。

在每本图书的详情页，您将通过深度导读栏目【专家视点】【深度访谈】和【书评】读懂、读透一本好书。

通过这个不设限的学习平台，您在任何时间、任何地点都能获得有价值的思想，并通过阅读实现终身学习。我们邀您共建一个与最聪明的人共同进化的社区，使其成为先进思想交汇的聚集地，这正是我们的使命和价值所在。

图书在版编目（CIP）数据

启智之火：塑造我们思维方式的希腊神话 /（英）理查德·巴克斯顿（Richard Buxton）著；黄悦，王新月译 .— 南京 ：江苏凤凰文艺出版社，2025. 7.
ISBN 978-7-5594-9828-1
Ⅰ . B932.198.4
中国国家版本馆 CIP 数据核字第 2025QN3651 号

江苏省版权局著作权合同登记号：10–2025–204 号

启智之火：塑造我们思维方式的希腊神话

（英）理查德·巴克斯顿著；黄悦　王新月译

责任编辑　白　涵
责任印制　杨　丹
封面设计　展开设计
出版发行　江苏凤凰文艺出版社
　　　　　南京市中央路 165 号，邮编：210009
网　　址　http://www.jswenyi.com
印　　刷　北京盛通印刷股份有限公司
开　　本　700mm × 1000mm　1/16
印　　张　20.75
字　　数　299 千字
版　　次　2025 年 7 月第 1 版
印　　次　2025 年 7 月第 1 次印刷
书　　号　ISBN 978-7-5594-9828-1
定　　价　129.90 元

江苏凤凰文艺版图书凡印刷、装订错误，可向出版社调换，联系电话 025-83280257

彩插图 1 《被缚的普罗米修斯》(彼得·保罗·鲁本斯，约 1611—1618)

彩插图 2 《普罗米修斯神话》(皮耶罗·迪·科西莫，约 1515)

彩插图 3 《美狄亚弑子》

［坎帕尼亚双耳瓶，

伊克西翁（Ixion）画家，

约前 340—前 330］

彩插图 4 《梅黛》

［莎拉·伯恩哈特（Sarah Bernhardt）

在巴黎文艺复兴剧院演出的海报，

阿尔方斯·穆卡，1898］

彩插图 5 《伊卡洛斯的坠落》

（壁画，庞贝的阿芒杜斯祭司之家，约前 20—50）

彩插图 6 《伊卡洛斯坠落的风景》(老彼得 · 勃鲁盖尔，约 1555)

彩插图 7 《代达罗斯与伊卡洛斯》[泽乌玛市（Zeugma）的罗马马赛克，2 世纪]

彩插图 8　克里斯蒂娜·德·皮桑和密涅瓦的缩影

（出自克里斯蒂娜·德·皮桑的《武器和骑士的故事》，1434）

彩插图 9 《帕里斯的裁决》（老卢卡斯·克拉纳赫，1528）

彩插图10 《帕里斯的裁决》(出自《海伦的奥德赛》，埃莉诺·安廷，2007)

彩插图 11　涅墨亚雄狮

［克莱奥弗拉德斯（Kleophrades），阿提卡贮酒罐，约前 490—前 480］

彩插图 12　勒拿沼泽里的九头蛇

（凯莱提水罐，鹰派画家，前 520—前 510）

彩插图 13 《赫拉克勒斯十二试炼，板块八：赫拉克勒斯写家书》

（玛丽安·马奎尔，2007—2008）

彩插图 14 《俄耳甫斯在冥界》(杨·勃鲁盖尔一世，1594)